全国高职高专“十三五”规划教材·城市轨道交通系列
全国行业紧缺人才、关键岗位从业人员培训推荐教材
城市轨道交通创新人才培养丛书

城市轨道交通行车组织与实训指导

主　编　胡兴丽　徐　敏
副主编　刘　杰　张　凯

北京交通大学出版社
·北京·

内 容 简 介

本书结合重庆轨道交通集团、广州地铁集团等相关企业实际岗位的需求，以城市轨道交通企业行车岗位所需的理论知识和操作技能为主线，按模块的形式，从城市轨道交通行车组织基础、行车调度指挥工作、车站行车作业组织、车辆段行车作业组织、非正常情况下的行车组织、施工作业管理、行车安全7个模块进行阐述。每个模块包含相应的实训内容，理论结合实际，让学生真正掌握相关知识、技能。

本书适合作为高等职业院校城市轨道交通相关专业的教学用书，也可供相关技术、管理人员参考。

图书在版编目（CIP）数据

城市轨道交通行车组织与实训指导 / 胡兴丽，徐敏主编. —北京：北京交通大学出版社，2016.11（2018.7 重印）

ISBN 978-7-5121-3031-9

Ⅰ.①城… Ⅱ.①胡… ②徐… Ⅲ.①城市铁路—行车组织—高等学校—教学参考资料 Ⅳ.①U239.5

中国版本图书馆 CIP 数据核字（2016）第 215365 号

城市轨道交通行车组织与实训指导

CHENGSHI GUIDAO JIAOTONG XINGCHE ZUZHI YU SHIXUN ZHIDAO

责任编辑：陈跃琴　　助理编辑：李荣娜

出版发行：北京交通大学出版社　　电话：010-51686414　　http://www.bjtup.com.cn

地　　址：北京市海淀区高梁桥斜街 44 号　　邮编：100044

印 刷 者：北京鑫海金澳胶印有限公司

经　　销：全国新华书店

开　　本：185mm×260mm　　印张：13　　字数：300 千字

版　　次：2016 年 11 月第 1 版　　2018 年 7 月第 3 次印刷

书　　号：ISBN 978-7-5121-3031-9 / U·246

印　　数：4001～5500 册　　定价：32.00 元

本书如有质量问题，请向北京交通大学出版社质监组反映。对您的意见和批评，我们表示欢迎和感谢。

投诉电话：010-51686043，51686008；传真：010-62225406；E-mail：press@bjtu.edu.cn。

前　言

随着我国城市轨道交通发展步伐不断加快，对人才的需求也相应增大。目前国内开设城市轨道交通相关专业的高等院校逐渐增多，以培养相关企业所需的既具有专业职业素养，又掌握相关岗位所需要的理论知识和操作技能的高素质技能型人才。我国高等职业教育倡导教学做一体的教学方式，让学生在理论学习中掌握实际岗位所需的知识和技能，缩短与现场岗位的差距，本书遵循以上教学理念，精心编写。

城市轨道交通系统技术含量较高，设备先进，结构复杂，要保障城市轨道交通行车安全，需要依靠与之相协调的高素质管理和操作人员。结合“十三五”规划要求，职业教育更注重按职业岗位的要求来进行相关教学。本书依托重庆轨道交通集团、广州地铁集团等相关企业实际岗位的需求，结合了编者教学工作中的实践及在教学内容上的探索改进，反复雕琢，最终定稿。

本书以城市轨道交通企业行车岗位所需的理论知识和操作技能为主线，对城市轨道交通行车组织进行了阐述。本书将不同的知识内容进行模块化处理，主要从城市轨道交通行车组织基础、行车调度指挥工作、车站行车作业组织、车辆段行车作业组织、非正常情况下的行车组织、施工作业组织、行车安全 7 个模块进行编排，每个模块包含相应的实训内容，理论结合实际，让学生真正掌握相关知识、技能。

本书由胡兴丽、徐敏担任主编，刘杰、张凯担任副主编，具体分工如下：胡兴丽负责本书整体结构和编写思路的设计工作，并编写了本书的理论部分，徐敏编写了本书的实训内容，刘杰、张凯负责提出修改意见及完成辅助工作。

本书是 2016 年重庆市高等职业院校专项能力建设（骨干专业）项目城市轨道交通运营管理专业及重庆公共运输职业学院在线开放课程“城市轨道交通行车组织”课程建设的阶段性成果，在编写过程中，参考、引用了部分城市轨道交通企业的运营资料及相关文献，在此表示衷心的感谢，鉴于编者水平及实践经验有限，对各种问题的分析和处理不免有偏颇和不足之处，敬请读者批评指正。

编　者

2016 年 6 月

目　录

1 城市轨道交通行车组织基础

【模块描述】

城市轨道交通行车组织工作是城市轨道交通的中心工作，它担负着指挥列车运行、保证行车安全、提高运输效率的重要任务，是城市轨道交通运营的核心。本模块从列车开行计划、列车运行图、行车闭塞法、行车信号基础及行车组织规章等角度对城市轨道交通行车组织工作进行概述。

【知识目标】

1. 了解城市轨道交通行车组织的特点；
2. 熟悉列车运行计划的编制；
3. 掌握列车运行图的格式、分类及基本要素；
4. 掌握城市轨道交通闭塞、信号、联锁及 ATC 系统的相关知识；
5. 了解城市轨道交通行车组织规章。

【能力目标】

1. 能熟练编制列车运行计划；
2. 能熟悉列车运行图的基本要素及分类；
3. 能掌握列车运行图的编制步骤及基本方法。

【情景导入】

重庆轨道 3 号线新增 4 列 8 辆编组列车　调整运营组织方式

重庆轨道 3 号线鱼洞—江北机场段是目前世界上城市单轨里程最长、交通客运量最大的线路。随着重庆线网规模的扩大，客流剧增，为缓解客流压力，轨道交通 3 号线于 2016 年 5 月 31 日起每个工作日新增 4 列 8 辆编组列车上线运行，同时调整运营组织方式。具体情况如下。

1. 调整运营组织方式

重庆轨道 3 号线鱼洞—江北机场全线运行方式将进行调整，调整后，将分为 3 个运行区段分段运行，并开行鱼洞—江北机场全程贯通的列车。

3 个运行区段为：鱼洞—江北机场为一个运行区段，四公里—江北机场为一个运行区段，九公里—龙头寺为一个运行区段。

3 个区段的列车交替开行，详细情况如图 1－1 所示。

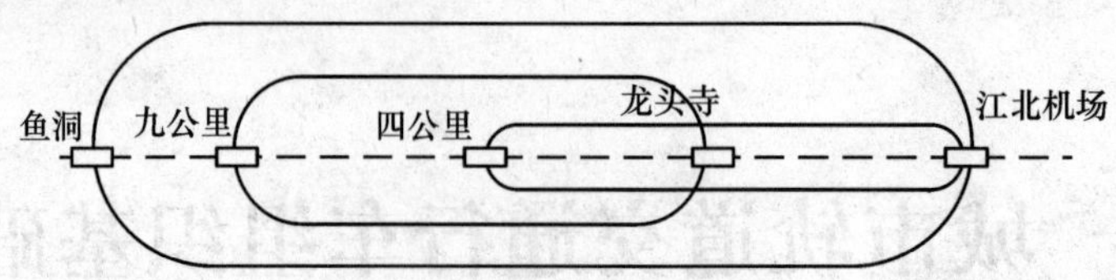

图 1－1　3 个区段列车开行详细情况

以鱼洞—江北机场方向为例进行说明：第一列列车从鱼洞站开往江北机场站，江北机场站为终点站；第二列列车从九公里站开往龙头寺站，龙头寺站为终点站；第三列列车从四公里站开往江北机场站，江北机场站为终点站；第四列列车从九公里站开往龙头寺站，龙头寺站为终点站。

2. 增加 8 辆编组列车数量

高峰时段增加 4 列 8 辆编组列车（达到 15 列），上线列车总数达到 56 列。

平峰时段增加 4 列 8 辆编组列车（达到 12 列），上线列车总数达到 43 列。

3. 调整发车间隔

高峰时段九公里—四公里最小发车间隔由原来的 5 min 缩短至 2 min 30 s。

平峰时段九公里—四公里最小发车间隔由原来的 7 min 缩短至 3 min 20 s。

调整前、后发车间隔如表 1－1、表 1－2 所示。

表 1－1　调整前发车间隔

	运行区段	时段	发车间隔
工作日	鱼洞—九公里	7:30—9:30 16:30—19:30 （高峰时段）	10 min
	九公里—四公里		5 min
	四公里—龙头寺		2 min 30 s
	龙头寺—江北机场		5 min
	鱼洞—九公里	9:30—16:30 （平峰时段）	14 min
	九公里—四公里		7 min
	四公里—龙头寺		3 min 30 s
	龙头寺—江北机场		7 min

表 1－2　调整后发车间隔

	运行区段	时段	发车间隔
工作日	鱼洞—九公里	7:30—9:30 16:30—19:30 （高峰时段）	10 min
	九公里—四公里		2 min 30 s/2 min 30 s/5 min
	四公里—龙头寺		2 min 30 s
	龙头寺—江北机场		5 min

续表

	运行区段	时段	发车间隔
工作日	鱼洞—九公里	9:30—16:30（平峰时段）	13 min 20 s
	九公里—四公里		3 min 20 s/3 min 20 s/6 min 40 s
	四公里—龙头寺		3 min 20 s
	龙头寺—江北机场		6 min 40 s

【知识准备】

城市轨道交通是现代化都市的重要基础设施，为乘客提供安全、迅速、舒适、便利的服务，最大限度地满足市民出行的需要。城市轨道交通系统的安全、速度、输送能力和效率与行车组织工作密切相关，行车组织是城市轨道交通运营的核心，是指导城市轨道交通设计和建设的灵魂，是综合运用各种运输技术设备、组织协调运输生产活动的技术业务。行车组织工作依据客流需求和实际运能配备，制订合理的运输计划（列车运行图），并通过各类行车人员（行车调度员、列车司机、行车值班员等）的紧密配合、协同工作，使列车尽可能按图行车，从而实现运送乘客的最终目标。

1.1 城市轨道交通行车组织概述

城市轨道交通行车组织是采取各种技术手段保证列车运行系统、客运服务系统、检修保障系统的专业设施、设备，正常、合理地运转，从而安全、舒适、快速、准时、便利地运送乘客，以达到保证乘客顺利出行的目的。

1. 城市轨道交通的特点

① 容量大。

② 准时、快速。

③ 安全、正点。

④ 利于环境保护。

⑤ 节省土地资源。

但是城市轨道交通也存在一定的局限性，如建设费用高、建设周期长、技术含量高、建设难度大。一旦遇有自然灾害尤其是火灾，乘客疏散困难，容易造成人员伤亡。城市轨道交通建成后就难以迁移和变动，不像地面公共交通可以机动地调整路线和设置站点，以满足乘客流量和流向变化的需要，并且其运输组织工作远比地面公共交通复杂。

2. 城市轨道交通行车组织的特点

城市轨道交通的信号系统沿袭铁路的制式，但由于其自身的特点，与干线铁路不同。城市轨道交通在整个运输生产过程中，调车作业比较少，行车组织人员主要从事列车运行组织和接发列车工作，一般由控制中心和车站（车场）两级部门完成。具体特点如下。

1）具有完善的列车速度监控功能

城市轨道交通所承担的客运量巨大，对行车间隔的要求远高于铁路（最小行车间隔达到90 s甚至更小），因此对列车运行速度监控的要求极高。

2）联锁关系较简单但技术要求高

城市轨道交通的大多数车站没有配线，不设道岔，甚至也不设地面信号机，仅在少数有岔联锁站及车辆段才设置道岔和地面信号机，故城市轨道交通车站联锁设备的监控对象远少于铁路车站，联锁关系也远没有铁路复杂。除折返站外全部作业仅为旅客乘降，相对简单。通常一个控制中心即可实现全线的联锁功能。

城市轨道交通信号自动控制最大的特点是把联锁关系和 ATP 编/发码功能结合在一起，且包含一些特殊的功能，如自动折返、自动进路、紧急关闭、扣车等，这就增加了技术难度。

3）车辆段独立采用联锁设备

城市轨道交通的车辆段类似于铁路的区段站，功能包括列车编解、接发列车和频繁的调车作业，线路较多，道岔较多，信号设备较多，一般独立采用一套联锁设备。

4）行车调度自动化水平高

由于城市轨道交通的线路长度短，站间距离短，列车种类较少，行车规律性很强，因此它的调度系统中通常包含自动排列进路和运行自动调整的功能，自动化强度高，人工介入极少。

1.2 列车开行计划

1.2.1 客流计划

1. 客流

客流是指在单位时间内，城市轨道交通线路在某个运行方向上通过的乘客人数。客流的概念既表明其在空间上的位移及数量，又强调了这种位移带有方向性和起讫位置。

客流是动态流，随天、时、地的变化而改变，这种变化是城市社会经济活动、生活方式在轨道交通系统的综合反映。客流变化主要体现在时间分布和空间分布两个方面。在现代大都市中，一年内的不同季节、一周内的不同日子、一日内的不同时段，客流分布都有其自身的变化规律。

1）季节性或短期性客流的变化

在旅游旺季或国家规定的法定节日，如元旦、劳动节、国庆节等假期内，城市中流动人口的增加会使轨道交通线路的客流也随之增加，如图 1-2 所示。一般情况下，节假日全天各时段客流都较高，客流分布为全峰型，如图 1-3（a）所示；若一段时间短期性客流激增，客流分布曲线为突峰型，如图 1-3（b）所示。

图 1-2　节假日大客流

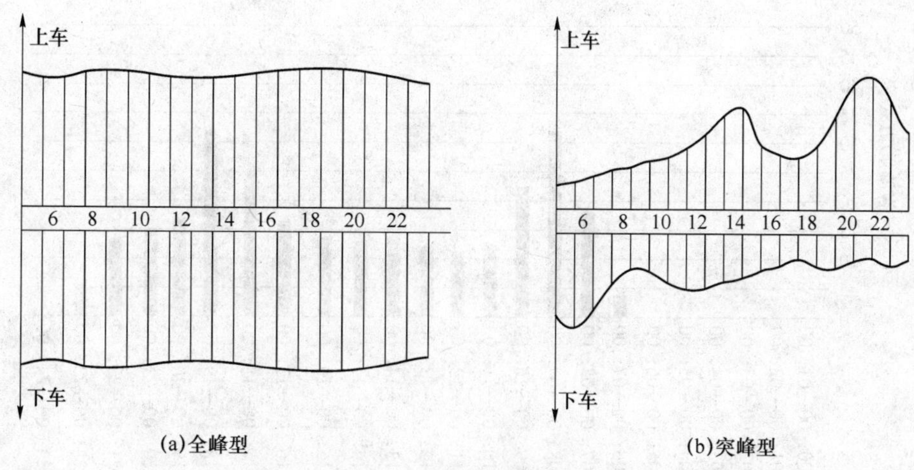

图 1－3 客流分布曲线图（一）

2）一周内每日客流的变化

现代市民的活动规律是以工作日与非工作日为循环的。在每个工作日内，通常会出现早晚两个客流高峰，客流分布曲线为双峰型，如图 1－4（a）所示。而在双休日早晚高峰并不明显，全日客流也较工作日往往有所减少，客流分布为平峰型，如图 1－4（b）所示。

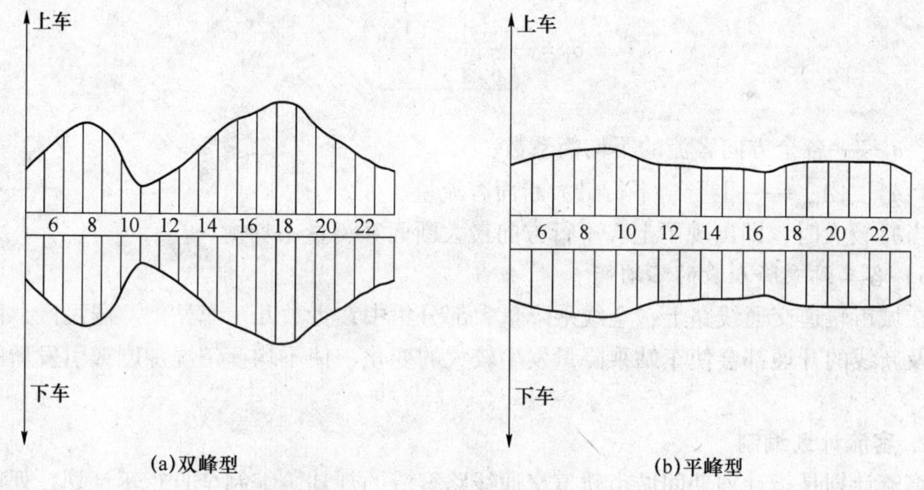

图 1－4 客流分布曲线图（二）

3）一日内各小时的客流变化

小时客流量随人们的生活节奏和出行规律的变化而变化。白天时段客流有多次变化起伏，一般清晨与夜间乘客最少，早晨上班和上学的时段客流达到最高峰，高峰过后渐渐进入低谷，傍晚下班和放学时段客流进入次高峰，而后又进入低谷，如图 1－5 所示。同时客流在高峰时段的分布也是不均衡的，往往会出现 15～20 min 的超高峰时段。

4）各条线路客流的不均衡

各条线路客流的不均衡体现为不同线路的客流量差异和客流量分布的差异。现状客

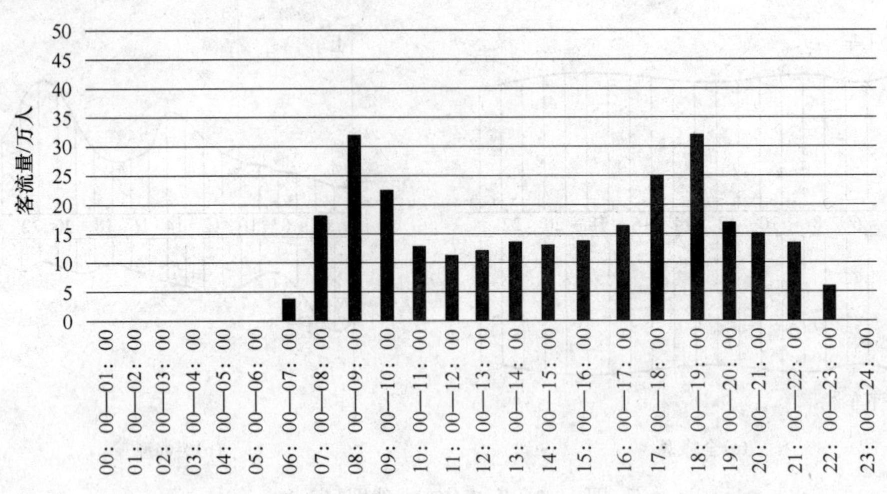

图 1－5　某城市轨道交通线路小时客流变化图

流量分布的不均衡和客流增长的不均衡两个方面，共同构成整个轨道交通网客流分布的不均衡。

5）各个方向客流的不均衡

在城市轨道交通线路上，由于客流的流向不同，各条线路上、下行方向的客流通常是不相等的。

$$\partial_1 = \frac{\max(A_{\max}^{上}, A_{\max}^{下})}{\frac{(A_{\max}^{上} + A_{\max}^{下})}{2}}$$

式中，∂_1——各个方向客流的不均衡系数；

$A_{\max}^{上}$、$A_{\max}^{下}$——上行、下行最大断面客流量，人。

当∂_1较大时，即出现了上、下行方向最大断面客流量不均衡。

6）各车站乘降人数的不均衡

在城市轨道交通线路上，全线乘降量大部分集中在少数几个车站上。居民区、商业中心及新线的开通都会使车站乘降量发生较大的变化，使不均衡情况加剧或引发新的不均衡。

2. 客流计划编制

客流计划是指计划期间城市轨道交通线路客流的规划，编制全日行车计划、列车运行计划和车辆运用计划的基础。在新线投入运营的情况下，客流计划根据客流预测资料进行编制；在既有线路运营的情况下，客流计划根据统计资料和客流调查资料进行编制。

客流计划主要包括站间发、到客流量，各站分方向别上下车人数，分方向站间断面客流量，全日分时最大断面客流量等。

客流计划是全日行车计划编制的基础资料。在客流计划编制过程中，以站间发、到客流量数据为原始资料，通过计算可以得到各站分方向别上下车人数，继而绘制出各方向站间客流断面图，最后分析全日分时最大断面客流量等数据。

1.2.2 全日行车计划

全日行车计划是城市轨道交通营业时间内各个小时开行的列车对数计划，它规定了城市轨道交通线路的日常运输任务。全日行车计划根据营业时间内全日分时最大断面客流量、列车定员数、线路断面满载率及希望达到的服务水平综合考虑编制。

1. 全日行车计划编制资料

1）营业时间

城市轨道交通系统的营业时间依城市而异。营业时间的安排主要考虑了两个因素：一是方便乘客，满足城市居民生活的需要，考虑市民居住、生活、出行等特点；二是满足城市轨道交通系统各项设备检修养护的需要。较长的运营时间，是城市轨道交通系统高服务水平的体现。

2）全日分时最大断面客流量

全日分时最大断面客流量通常在高峰小时最大断面客流量的基础上，根据全日客流分布比例图计算确定。

3）列车定员数

列车定员数是车辆定员数和列车编组辆数的乘积。

车辆定员数由车辆的座位人数和站位人数组成。车辆定员数的多少取决于车辆的类型、尺寸、车厢内座位布置方式和车门设置数。

列车编组辆数的确定以高峰小时最大断面客流量作为基本依据，在客流量一定的情况下，可采用增加列车编组辆数，或缩短行车间隔时间的措施达到预定的运能要求。

4）线路断面满载率

线路断面满载率是指单位时间内特定断面上的车辆载客能力利用率。线路断面满载率通常是指在高峰小时，单向最大客流断面的车辆载客能力利用率，计算公式为

$$\beta = \frac{p_{\max}}{c_{\max}} \times 100\%$$

式中，β——线路断面满载率；

$p_{\max}$——单向最大断面客流量，人；

$c_{\max}$——高峰小时线路输送能力，人。

线路断面满载率反映了高峰小时开行列车在最大客流断面的满载程度，也反映了乘客乘坐的舒适程度。

2. 全日行车计划的编制

1）编制程序

① 计算营业时间内各个小时开行的列车数。

② 计算行车间隔时间。

③ 对各行车间隔时间进行微调。

④ 最终确定全日行车计划。

2）编制方法

① 确定全日分时最大断面客流量数据。

② 计算营业时间内各个小时开行的列车数（分时开行列车数），计算公式为

$$n_i=\frac{p_{max}^i}{p_{列}\times\beta}$$

式中，n_i——分时开行列车数，列或对；

p_{max}^i——该小时最大客流断面客流量，人；

$p_{列}$——列车定员数，人；

β——线路断面满载率，一般高峰小时可取 120%，其他运营时段可取 90% 左右。

③ 计算行车间隔时间，计算公式为

$$T_i=\frac{60}{n_i}\ (\text{min})$$

或

$$T_i=\frac{3\ 600}{n_i}\ (\text{s})$$

式中，T_i——行车间隔时间，min 或 s；

n_i——分时开行列车数，列。

1.2.3　列车运行计划

当轨道交通线路较长，客流分布不均衡时，通过合理、可行的交路组合来安排列车输送能力是一种充分利用有限资源、降低运输成本的有效方法。规定列车交路的方法与过程就是编制列车交路计划。

1. 列车折返作业

1）*列车折返方式*

列车折返是指列车运行至图定的终点或折返站时，进入折返线路，改变运行方向的过程。折返作业是司机驾驶列车到达终点站或折返站，车站行车人员及司机按有关规定完成折返操作的程序与步骤。

列车折返方式分为站前折返、站后折返和混合折返。

（1）站前折返

站前折返指列车在中间站或终点站经由站前渡线进行折返作业，其示意图如图 1－6 所示。其中，图 1－6（a）、（c）所示为列车在终点站利用交叉渡线进行站前折返，图 1－6（b）、（d）所示为列车在终点站利用单渡线进行站前折返。

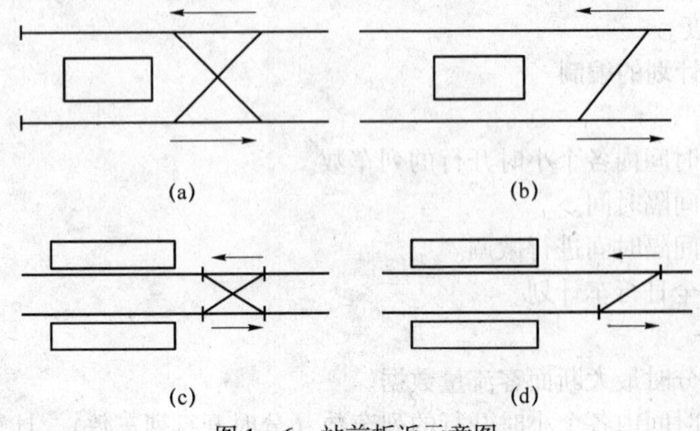

图 1－6　站前折返示意图

① 适用性分析。

采用侧式站台站前折返方式，道岔距离车站端部很近，能够保证具有较大的折返能力。当站前为交叉渡线时［见图 1-6（c）］，由于列车交替使用两个股道，乘客很难选择进入哪侧站台，此种站台形式会延长乘客的候车时间。而且在客流量大时，上下车乘客共用同一站台，客流组织比较混乱。

采用岛式站台站前折返方式，可以避免让乘客选择站台，无论列车停在哪一股道，进入岛式站台的乘客都可以顺利乘车。站前道岔区距离站台相比侧式车站大大增加，列车在道岔区的干扰时间长，折返能力比侧式车站低。

② 站前折返优点。

a）站前折返时，列车空车走行少，折返时间较短。

b）乘客能同时上下车，可缩短停站时间。

c）车站正线兼折返线，能减少投资费用。

③ 站前折返缺点。

a）列车在折返过程中会占用区间线路，从而影响后续列车闭塞，对行车安全有一定威胁，出发列车与到达列车存在敌对进路。

b）进出站时列车侧向通过道岔，列车速度受到限制，影响乘坐舒适感。

c）客流量大时，可能会引起站台客流秩序的混乱。

城市轨道交通中较少采用这种折返方式，特别是行车密度高、列车运行间隔短的条件下，一般不会采用站前折返方式。

（2）站后折返

站后折返指列车由站后尽端折返线折返，其示意图如图 1-7 所示。其中，图 1-7（a）所示为列车在终点站利用交叉渡线进行站后折返，图 1-7（b）所示为列车在中间站利用折返线进行站后折返。

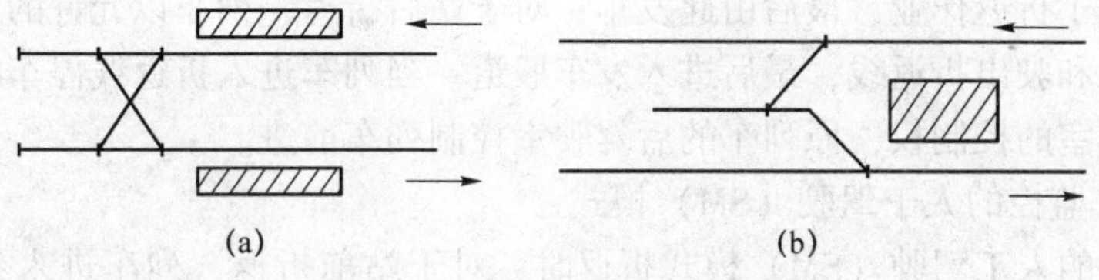

图 1-7 站后折返示意图

站后折返避免了站前折返的进路交叉问题，安全性能较好，而且站后折返时列车进出站速度较高，有利于提高旅行速度。一般来说，站后尽端折返线折返是国内城市轨道交通最常见的方式，站后渡线折返则可为短交路提供方便，其示意图如图 1-8 所示。

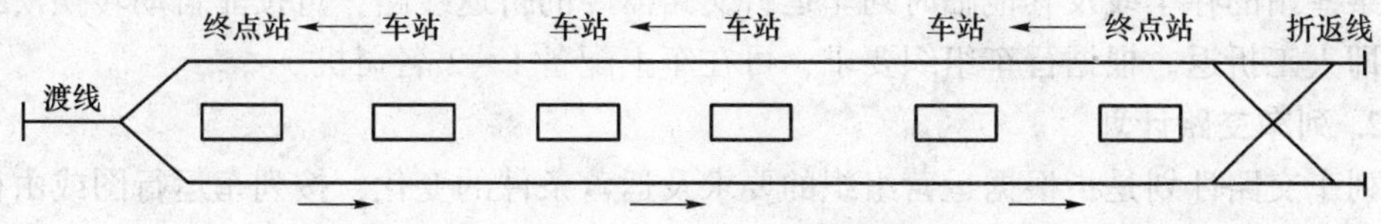

图 1-8 站后尽端折返线折返及站后渡线折返示意图

环形折返也是站后折返的一种方式，其示意图如图 1－9 所示。环形折返设备可保证最大的通过能力，节省设备费用与运营成本，但施工量大，由于列车在小半径曲线上运行，钢轨的磨耗也大，而且不能停放检修列车，也难以进行线路扩展。

站后折返的主要不足是列车折返时间较长。

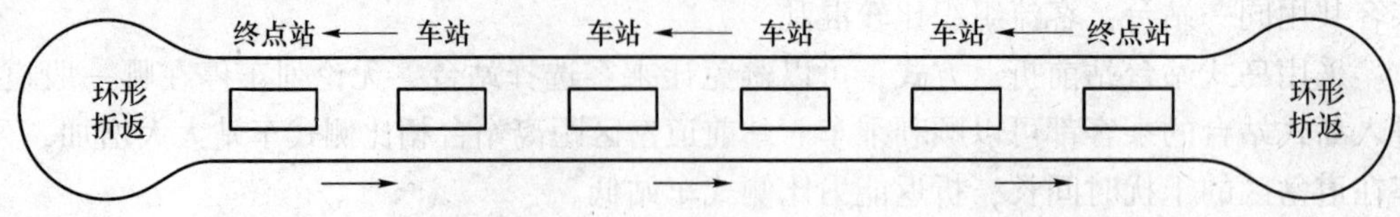

图 1－9　环形折返示意图

（3）混合折返

混合折返指站前、站后混合布置折返线，其示意图如图 1－10 所示。混合折返可提高列车折返能力与线路通过能力，有利于行车组织调整，适用于对折返能力要求较高的端点站。

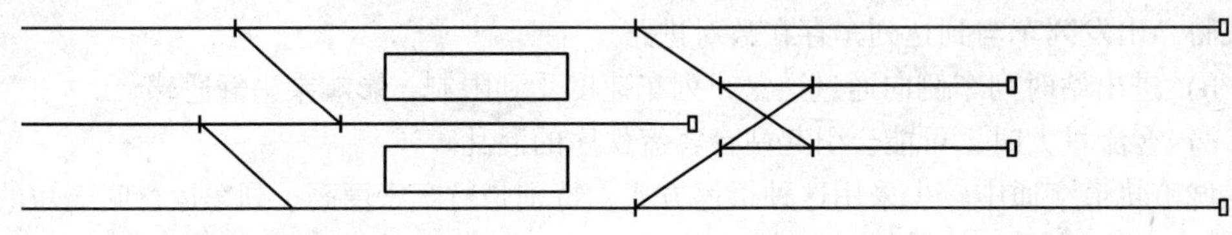

图 1－10　混合折返示意图

2）列车折返模式

（1）列车自动折返（AR）模式

列车自动折返（AR）模式仅在某些特定区段使用。对于站前折返，列车进入到达线站台即完成了折返作业，最后由此发车；对于站后折返，列车以允许的速度从到达线自动驾驶进入和驶出折返线，最后进入发车股道。当列车进入折返线停车时，列车自动转换前后驾驶室的控制权，原列车的后驾驶室控制列车前进。

（2）ATP 监控的人工驾驶（SM）模式

ATP 监控的人工驾驶（SM）模式折返时，对于站前折返，列车进入到达线即完成折返作业，最后由此发车；对于站后折返，列车在司机驾驶下从到达线进入和驶出折返线，最后进入发车股道。当列车进入折返线停车时，列车自动转换前后驾驶室的控制权，原列车的后驾驶室控制列车前进。

（3）人工折返

某些站的存车线及其他临时列车运行交路需要的折返线路，可按非自动转换模式折返，即人工折返。根据行车组织要求，可在车上配备 1～2 名司机。

2. 列车交路计划

列车交路计划是指根据运营组织的要求及运营条件的变化，按列车运行图或由行车调度指挥列车按规定区间运行、折返的列车运行计划。

列车交路计划规定了列车的运行区段、折返车站，以及按不同列车交路运行的列车

对数。列车交路计划的确定应建立在对线路各区段客流量进行统计分析的基础上，充分考虑行车组织与客运组织的条件，进行可行性研究后加以确定。

常见的列车交路有长交路、短交路和混合交路 3 种，其示意图如图 1-11 所示。

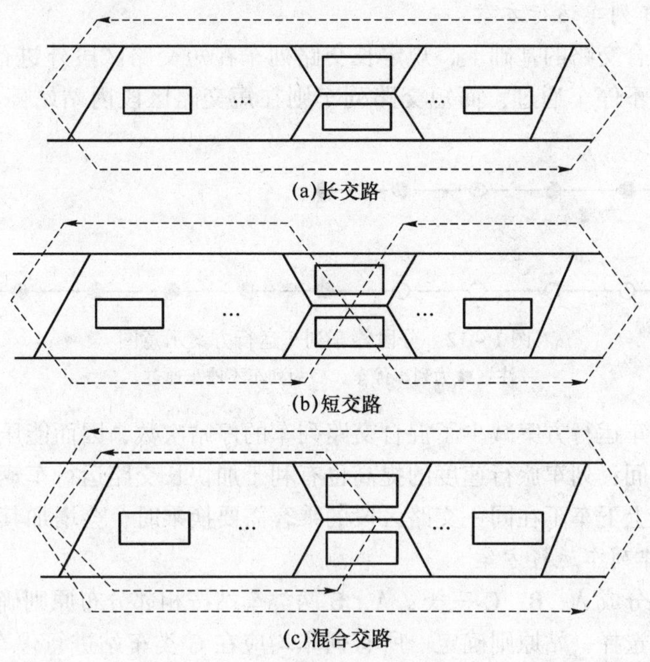

图 1-11　列车交路类型示意图

① 长交路（也称单一长大交路）是指列车在全线各站间运行，为全线提供运输服务，列车到达折返线或站后返回。

② 短交路（也称分段运行交路）是指列车在某一区段内运行，在指定车站折返，它可为某一区段旅客提供服务。

③ 混合交路（也称大小交路或嵌套交路）则指线路上长短交路并存的情形。既能够在两个终点站间折返运行，也能够在中间站折返运行。

长交路具有对中间站折返线路要求不高、行车组织方式简单的优点，但不考虑区段客流量不均衡的因素，在合理运用运能方面有所欠缺。

短交路在城市轨道交通的运营组织中除特殊情况外一般不采用。

混合交路的行车组织方式是比较经济合理的一种运行方案，特别是在区段客流不均衡程度高，某一区段运能不能满足运量的需要时，混合交路的行车组织方式尤为适用。但这种行车组织方式比较复杂，同时对客运组织也有较高的要求。

从行车组织的角度看，长交路要较短交路列车运行组织简单，对中间站设备要求也不高，但在各区段客流量不均衡程度较大的情况下，会产生部分区段运能的浪费。短交路能适应不同客流区段的运输要求，运营较经济，但要求中间站具有两个方向的折返设备及具有方便的换乘条件。混合交路可兼顾不同出行距离乘客的需求，又能提高运营效益。

3. 列车停站设计

我国城市轨道交通在列车停站设计中大多采用站站停的方案。但为提高列车旅行速度及满足乘客的不同需求，根据线路的客流特点，还可采用其他不同的列车运行方案。

1）分段停车列车运行方案

该方案在混合交路的基础上，规定长交路列车在短交路区段外进行站站停车作业，在短交路区段内不停车通过，而短交路列车则在短交路区段内站站停车，其示意图如图 1－12 所示。

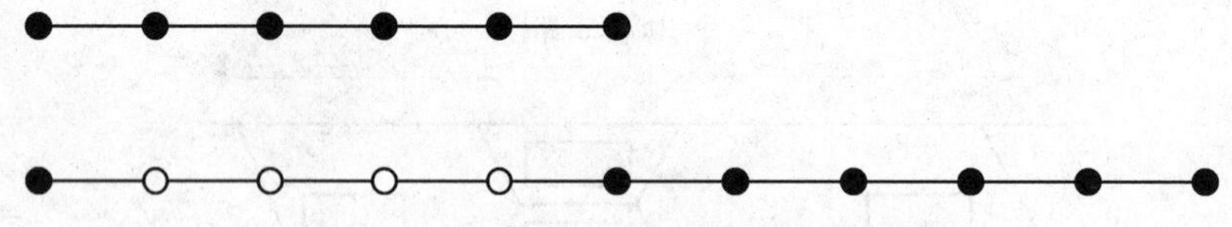

图 1－12　分段停车列车运行方案示意图

注：●为列车停车，○为列车不停车通过。

分段停车列车运行方案减少了混合交路列车的停站次数，因而能压缩长途乘客在列车上的总旅行时间；列车旅行速度的提高也有利于加快长交路运行车辆的周转。该方案的主要问题是：上下车不在同一交路区段的乘客需要换乘时，会增加其全程旅行时间。

2）跨站停车列车运行方案

将全线车站分成 A、B、C 三类，A、B 两类车站按相邻分布原则确定，C 类车站按每隔若干个车站选择一站原则确定。所有列车均应在 C 类车站进行停车作业，但在 A、B 两类车站则分别进行停车作业，其示意图如图 1－13 所示。

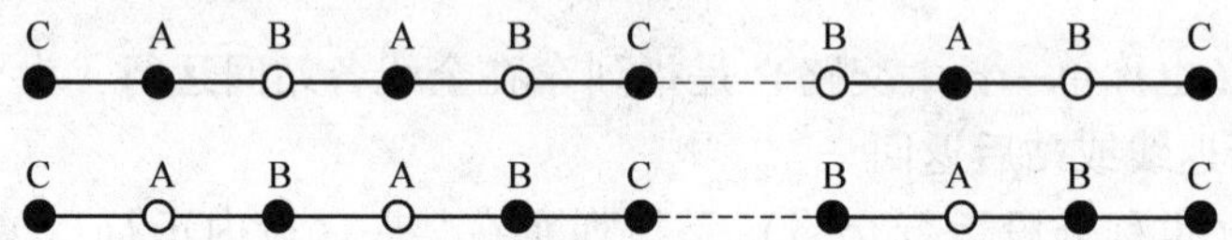

图 1－13　跨站停车列车运行方案示意图

注：●为列车停车，○为列车不停车通过。

跨站停车列车运行方案减少了列车停站次数，因而能压缩列车旅行时间和乘客换乘时间，提高旅行速度；能够加速车辆周转速度，减少车辆使用，降低运营成本。该方案的问题是：由于 A、B 两类车站的列车到达间隔加大，乘客候车时间增加，另外在 A、B 两类车站间乘车的乘客需要在 C 类车站换乘，极其不便。该方案适用于在 C 类车站客流量较大，而在 A、B 两类车站客流量较小，并且乘客平均运距较长的线路。

1.2.4　车辆运用计划

车辆运用计划是指在一定类型的设备和行车组织方法条件下，为完成全线全日行车计划所需要的车辆保有数量计划。车辆配备计划包括运用车辆数、检修车辆数和备用车辆数三部分。

1. 车辆运用

城市轨道交通系统是一个复杂的、技术密集的公共交通系统，它具有高度集中、协

调联动的特点。而车辆运用组织系统又是这个大系统中重要的组成部分之一，它在上级运营指挥部门的统一指挥下，按照运行图完成日常的车辆运用工作。

1）运用车辆数

运用车是为完成日常运输任务而配备的技术状态良好的车辆，运用车的需要数与高峰小时开行列车对数、列车旅行速度及在折返站停留时间等因素有关。运用车辆数计算方法为

$$N = \frac{n_{高峰}\theta_{列}\ m}{60}$$

式中，N——运用车辆数；

$n_{高峰}$——高峰小时开行的列车对数；

m——平均每列列车编组辆数；

$\theta_{列}$——列车周转时间，min。

列车周转时间是指列车在线路上往返一次所消耗的全部时间。它包括列车在区间运行时间、列车在中间站停站时间，以及列车在折返站停留时间。

$$\theta_{列} = \sum t_{运} + \sum t_{站} + \sum t_{折}$$

式中，$t_{运}$——列车在线路上往返一次各区间运行时分；

$t_{站}$——列车在线路上往返一次各中间站停站时间；

$t_{折}$——列车在折返站停留时间。

2）车辆运用过程

列车运转流程是指列车运用过程，包括四个环节，即列车出车、列车正线运行、列车回库收车及列车场内检修与整备。这些作业由车辆运用部门各个岗位协同配合共同来完成。

（1）列车出车

列车出车工作流程分为制订发车计划、出乘作业及发车作业三部分。其中，制订发车计划可分为编制下达发车计划与检修交车确认计划两个环节，出乘作业可细分为司机出勤、出车前检查、列车出库三个环节。

（2）列车正线运行

列车正线运行主要由乘务员（电动列车司机）来完成，主要工作内容包括正线运行中的信息交流、正线交接班作业。

① 正线运行中的信息交流。

a）正线列车或其他行车设备发生故障时，司机应及时报告行车调度员故障车次、故障时间、故障现象、发生故障地点及处理结果。

b）行车调度员将故障车次/车号、故障情况及其他相关信息通报维修部门。

c）司机除汇报行车调度员有关故障信息外，还应将故障信息在司机报单上记录备案。

d）对运营中列车因故障而导致下线的，行车调度员应及时通知运转值班员。

② 正线交接班作业有关规定。

司机在正线交接班时应提前 20 min 至相关地点出勤，出勤方式按部门制定的相关规定执行。

司机在途中交接班时必须向接班人员说明列车的运行技术状态及有关行车注意事项，并填写在司机报单上，内容包括制动性能、故障情况、线路情况、当前有效调度命令及执行情况，以及其他必须交接的情况。

(3) 列车回库收车

列车回库收车工作流程分为接车、回库作业，其中回库作业可细分为列车入库、回库检查及收车、司机退勤三个环节。

(4) 列车场内检修与整备

列车场内检修与整备工作包括：清洗打扫列车内外部，列车回库停稳并按规定收车后与车辆维修部门办理车辆交接手续，再次检查确认车辆符合正线运行要求。运转值班员应及时与车辆维修部门办理车辆交接手续。未办理车辆交接手续的电动列车，未经运转值班员同意，车辆检修部门不得擅自进行检修作业，未经检修负责人同意，运转值班员不得擅自调动使用电动列车。

2. 检修车

处于检修状态的车辆为检修车。车辆经过一段时间的运用后，各部件会产生磨耗、变形或损坏，为保证车辆技术状态良好和延长使用寿命，需要定期对车辆进行检修。车辆检修包括车辆检修级别和车辆检修周期，需根据设计性能、使用寿命及运用环境和运用指标来确定。

车辆的检修级别通常包括日检、双周检、双月检、定修、架修和厂（大）修六类，如表 1 – 3 所示。

表 1 – 3　车辆检修级别、周期及停时

车辆检修级别	车辆运用时间	走行里程数/km	检修停时
日检	1 天	—	—
双周检	14 天	4 000	4 小时
双月检	60 天	20 000	48 小时
定修	1 年	100 000	10 天
架修	5 年	500 000	25 天
厂（大）修	10 年	1 000 000	40 天

检修车辆数需根据运用车辆数综合维修能力、修程修制取得，一般为运用车辆数的 10% ~15%。

车辆检修周期主要是根据设备的磨损程度和可靠性而定的，而车辆运用时间和行走里程数通常是设备磨损和可靠性的表征，因此在实际过程中，就将车辆运用时间和走行里程数作为车辆检修周期的确定标准。

3. 备用车

备用车是为城市轨道交通系统适应可能的临时或紧急的运输任务、预防车辆故障的发生而准备的技术状态良好的车辆。一般来说，这部分车辆数可控制在运用车辆数的 10% 左右。新线路车辆状态较好，客流不大，备用车辆数可适当减少。

4. 车辆运用计划的确定

车场部门在正常运营结束后，对车辆进行检查，并根据车辆的检修修程和状况，向

车场的运转部门提供目前车辆的检修情况及可供使用的列车配备计划。

车场运转部门根据车辆部门提供的车辆配备计划，并综合运行图所需的上线车辆的数量和上线时间，编制车辆运用计划。

1.3 列车运行图

1.3.1 列车运行图的概述

1. 列车运行图的定义

列车运行图是运用坐标原理来描述列车在轨道线路上运行的时间、空间关系，直观地显示出列车在各车站（车辆段）停车或通过、在各区间运行状态的一种图解形式。它规定了列车运行交路、各次列车在每个车站的到达和出发（或通过）时刻、列车折返时间、列车在区间运行时间及在车站停站时间等，是组织全线列车运行的基础。

2. 列车运行图的意义

在城市轨道交通运营生产过程中，列车运行是一个复杂的系统过程，需利用多种技术设备，要求各部门、各工种、各项作业之间互相协调配合，才能保证行车安全，提高运营效率，列车运行图在此发挥着极其重要的作用。为了保证城市轨道交通运营生产过程的协调一致性和计划性，保证列车运行与乘客服务工作的协调一致，保证安全、快捷、经济、准确地运送乘客，合理有效地利用轨道交通技术设备，充分利用轨道交通通过能力，城市轨道交通运营企业必须通过编制列车运行图来实现。

一方面，列车运行图是城市轨道交通运营企业实现列车安全、正点运行和经济有效地组织运营生产工作的列车运营生产计划，它规定了轨道线路、车辆段、电客车、施工检修设备的运用，以及与行车相关各部门（如车站、车辆段、施工检修部门）的工作组织安排，并把整个轨道线网的运营生产工作联系成一个统一的整体，使其严格按照一定运行程序有条不紊地进行工作，保证按图运行。另一方面，列车运行图又是城市轨道交通运营企业面向社会提供运输能力和保证服务水平的一种有效形式，它提供了城市轨道交通线路运营服务时间、首末班车时间和运营时刻表，规定了不同季节、不同日期、不同时段客流需求的运能供给和运营服务能力指标。

因此，列车运行图不仅是城市轨道交通运营生产的一个综合性计划，还是行车组织工作的基础，更是城市轨道交通运营企业经济效益和社会效益的重要体现。

1.3.2 列车运行图的格式及车次号规定

列车运行图为运营调度部门提供一种组织列车在各站和区间运行计划的图解形式，一般由下列内容组成。

1. 横坐标

横坐标表示时间，按要求用一定的比例进行时间划分，城市轨道交通列车运行图一般采用一分格或二分格，即每一等份表示 1 min 或 2 min。

2. 纵坐标

纵坐标表示距离，根据区间实际里程，采用规定的比例，以车站中心线所在位置进行距离定点。

3. 垂直线

垂直线是一族平行的等分线，表示时间等分段，一般整小时和整十分用粗线表示，半小时用虚线表示，一分线或二分线用细线表示。

4. 水平线

水平线是一族平行的不等分线，表示各个车站中心线所在的位置，各水平线间距离的远近基本表示了各站之间的距离远近。

5. 斜线

列车运行轨迹（径路）线即列车运行线，一般以上斜线表示上行列车，下斜线表示下行列车。

6. 列车运行线与车站交点

在列车运行图上，列车运行线与车站的交点表示该列车到达、出发或通过该车站的时刻。

7. 车号、车次

在列车运行图上，每个列车均有不同的车号与车次。一般按发车顺序编列车车次，上行采用双数，下行采用单数。同时按不同的列车类别规定代号与列车车号。

按列车用途分类，列车可分为专运列车、客用列车、空驶列车、试验列车、工程列车和救援列车。各种列车可根据不同的车次号（车次和车号）来识别，表 1 – 4 是国内几条城市轨道交通线路列车车次号的使用规定及比较，列车车次号规定的不同与行车调度指挥设备对列车描述的不同有关。

列车运行图中站名线的确定方法有以下两种。

第一种按区间里程的比率确定，即按整个区段内各车站间实际里程的比率来画横线，每一横线即表示一个车站的中心线。采用这种方法时，列车运行图上站名线间的距离能明显地反映出站间距离的大小。但由于各区间线路的平面和纵断面情况不一，列车运行速度有所不同，列车在整个区段上的运行线往往是一条斜折线，既不整齐，也不容易发现铺画中的错误。所以，一般不采用这种方法。

表 1 – 4　列车车次号的使用规定及比较

项目	北京地铁 1 号线	上海地铁 1 号线	广州地铁 1 号线	深圳地铁	重庆地铁 1 号线
车次号位数	4	5	6	7	8
使用规定	第一位：上下行方向； 第二位：列车种类； 后两位：列车运行次序	前三位：列车种类与运行号； 后两位：列车目的地码	前两位：列车目的地码； 中间两位：服务号； 后两位：序列号，个位偶数为上行，奇数为下行，顺序编号	前三位：列车目的地码； 中间两位：服务号； 后两位：序列号，个位偶数为上行，奇数为下行，顺序编号	前三位：列车目的地码； 中间两位：服务号； 后三位：行程编号

第二种按区间运行时分的比率确定，即按整个区段内下行（或上行）列车在各区间运行时分（当上下行运行时分差别较大时，可加以调整）的比率来画横线。采用这种方法时，列车在整个区段的运行线基本上是一条斜直线，既整齐美观，又便于发现区间运行时分上的问题，所以多采用此法。如图 1－14 所示，甲—乙区段下行方向列车区间运行时分共计 100 min。作图时首先确定甲、乙车站的位置，然后在代表乙站的横线上向右截取等于 100 min 的线段，得 F 点。连接甲、F 两点，得一斜直线。最后按照下行列车在各区间的运行时分标出各车站的位置，通过这些点，即可画出代表 A、B、C、D 车站的横线。

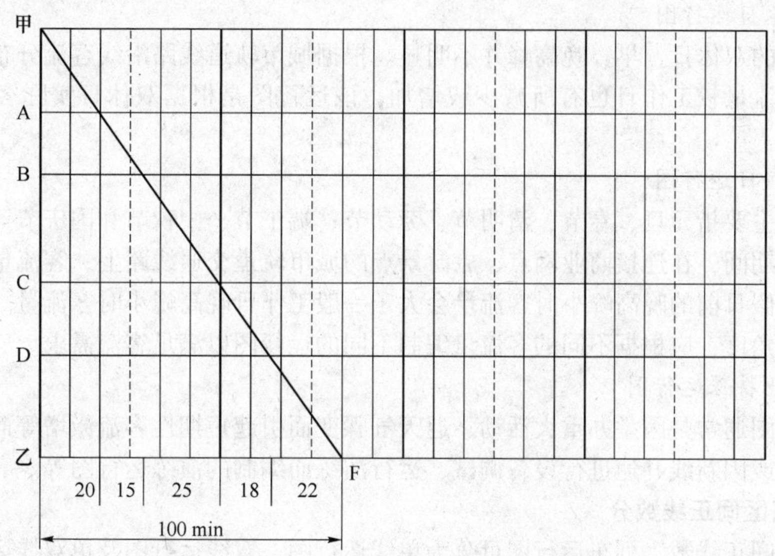

图 1－14　按区间运行时分比率画站名线例图

1.3.3　列车运行图的分类

1. 按照时间轴的刻度分

按照时间轴的刻度，列车运行图可分为一分格运行图、二分格运行图、十分格运行图和小时格运行图。

1）一分格运行图

它的横轴以 1 min 为单位，用细竖线加以划分，十分格和小时格用较粗的竖线表示，主要适用于行车间隔较小的城市轨道交通系统。

2）二分格运行图

它的横轴以 2 min 为单位，用细竖线加以划分，适用于行车间隔稍大的城市轨道交通系统。

3）十分格运行图

它的横轴以 10 min 为单位，用细竖线加以划分，半小时格用虚线表示，小时格用较粗的竖线表示，适用于市郊铁路和城际铁路等轨道交通系统。

4）小时格运行图

它的横轴以小时为单位，用竖线加以划分，主要在编制旅客列车方案图和车底周转图时使用。

2. 按照使用范围分

按照使用范围，列车运行图可分为工作日运行图、双休日运行图、节假日运行图及其他特殊运行图。

1）工作日运行图

该运行图是根据每周工作日出现早、晚两个高峰的客流特征编制的，主要满足城市居民上下班（学）的出行需求。

2）双休日运行图

在每周的双休日，早、晚高峰并不明显。根据城市轨道线路沿线客流分布不同的特征，全日客流量较工作日也有所减少或增加，该运行图是根据双休日实际客流特征编制的。

3）节假日运行图

节假日主要指元旦、春节、清明节、劳动节、端午节、中秋节和国庆节等法定节假日。节假日期间，在连接商业网点、旅游景点的城市轨道交通线路上，客流量往往会有所增加。节假日前的晚高峰小时客流量会大于一般工作日晚高峰小时客流量。所以从运营经济性的角度，应根据不同的客流量编制不同的运行图以满足客流需求。

4）其他特殊运行图

该运行图通常是因举办重大活动、遇天气骤变而引起短期性客流激增等而编制的特殊运行图，或因新线开通进行设备调试、运行演练而编制的演练运行图等。

3. 按照区间正线数分

按照区间正线数，列车运行图可分为单线运行图、双线运行图及单双线运行图。

1）单线运行图

如图 1 – 15 所示，在单线区段，上下行列车都在一条正线上运行，交会只能在车站进行。在城市轨道交通中，单线运行图很少采用，只在非正常情况下的列车运行调整期间，或者在运量较小的市郊铁路才会使用。

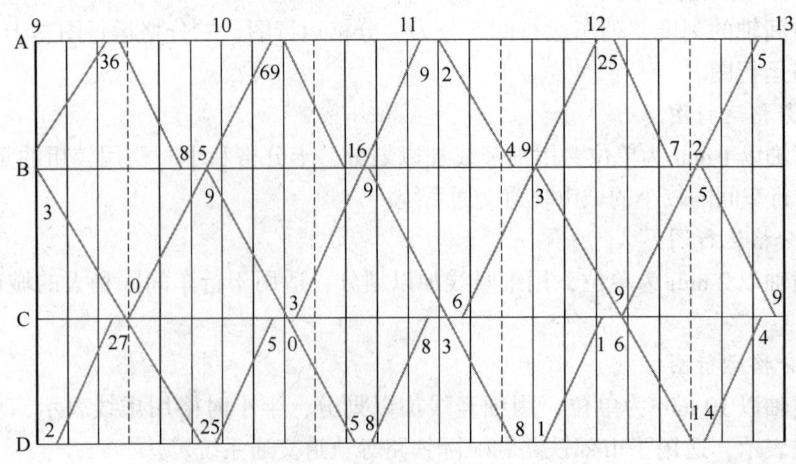

图 1 – 15　单线运行图

2）双线运行图

如图 1－16 所示，在双线区段，上下行列车在各自的正线上运行，互不干扰，可以在区间内或车站上交会，城市轨道交通系统一般都设双线，采用双线运行图。

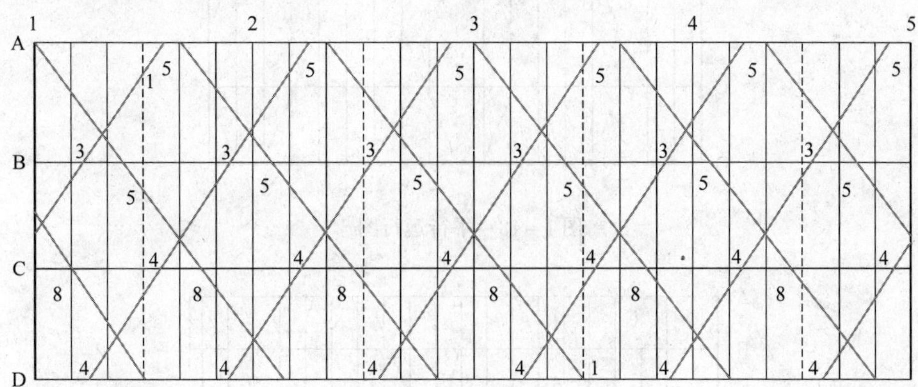

图 1－16　双线运行图

3）单双线运行图

在单线区段和双线区段，各按单线运行图和双线运行图的特点铺画运行线，它兼有单线运行图和双线运行图的特征，如图 1－17 所示。在城市轨道交通中，单双线运行图只在非正常情况下的列车运行调整期间使用。

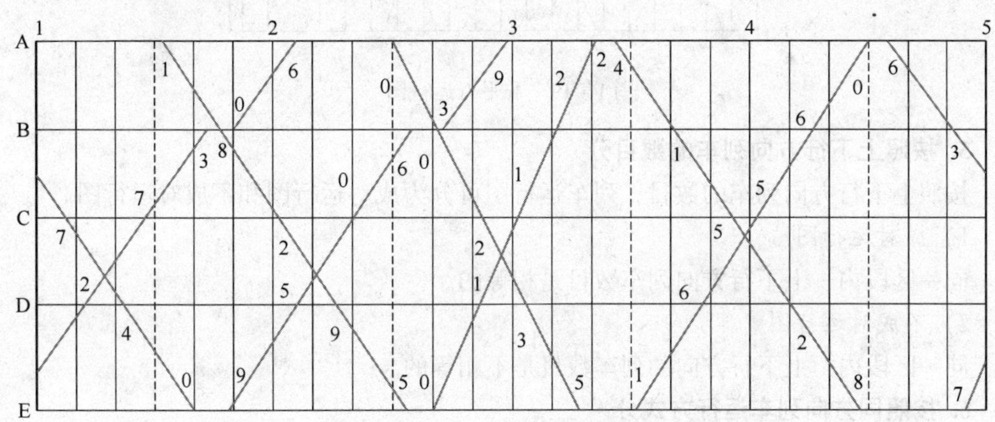

图 1－17　单双线运行图

4. 按照列车之间运行速度差异分

按照列车之间运行速度差异，列车运行图可分为平行运行图和非平行运行图。

1）平行运行图

在同一区间内，同一方向列车的运行速度相同，且列车在区间两端站的到达、出发或通过的运行方式也相同，因而列车运行线相互平行，如图 1－18 所示。

2）非平行运行图

在列车运行图上铺有各种不同速度的列车，且列车在区间两端站的到达、出发或通过的运行方式不同，因而列车运行线不平行，如图 1－19 所示。

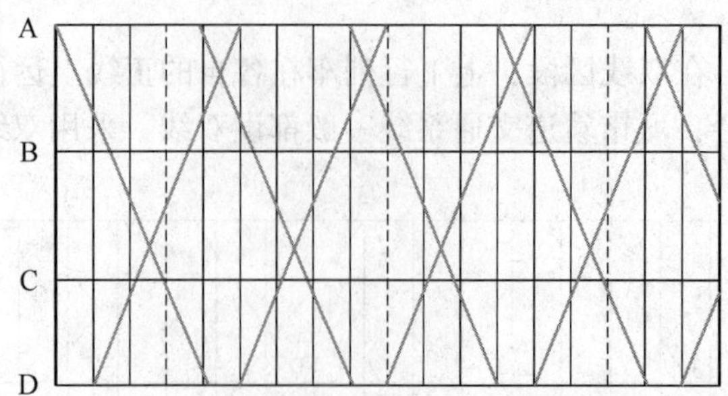

图 1-18　平行运行图

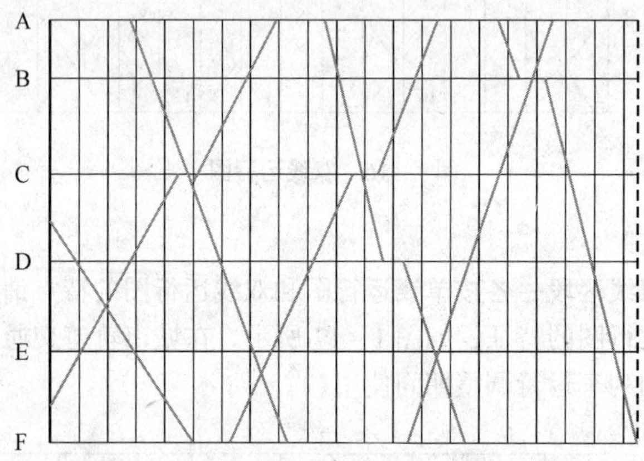

图 1-19　非平行运行图

5. 按照上下行方向列车的数目分

按照上下行方向列车的数目，列车运行图可分为成对运行图和不成对运行图。

1）成对运行图

同一区段内，上下行方向列车数目是相等的。

2）不成对运行图

同一区段内，上下行方向的列车数目是不相等的。

6. 按照同方向列车运行方式分

按照同方向列车运行方式，列车运行图可分为连发运行图和追踪运行图。

1）连发运行图

在这种运行图上，同方向列车以站间区间为间隔连发运行，如图 1-20 所示。在双线区段上下行列车各自连发运行，但在单线区段采用这种运行图时，在连发的一组列车之间不能铺画对向列车。由于城市轨道交通系统基本都采用双线自动闭塞。因此，这种运行图很少采用，只在非正常行车或进行列车运行调整时使用。

2）追踪运行图

在这种运行图上，同方向的列车以闭塞分区为间隔运行，一个站间区间内允许同时有几列列车按追踪方式运行。追踪运行图如图 1-21 所示。

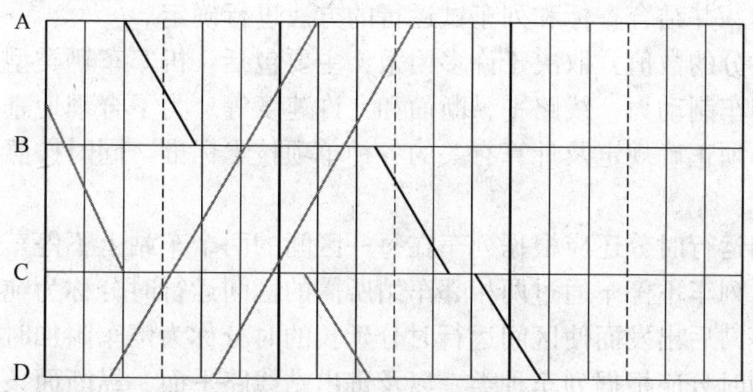

图 1－20　连发运行图

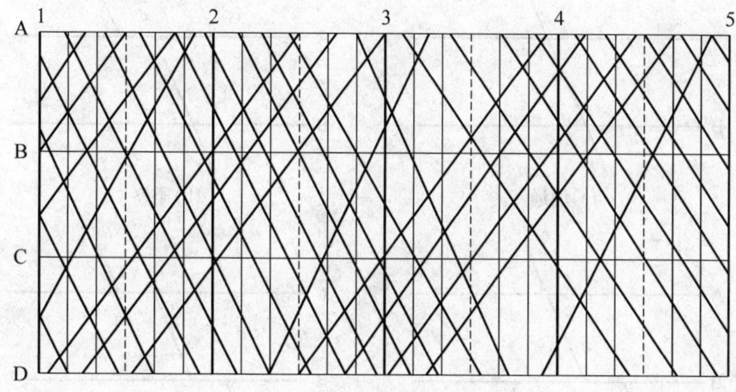

图 1－21　追踪运行图

上述分类都是针对列车运行图的某一特点对列车运行图加以区别的，实际上，每张列车运行图都具有多方面的特点。例如，某一区段的列车运行图可能是双线的、平行的、追踪的。

城市轨道交通系统的列车运行图因其系统特征所致，正常情况下，一般均为双线成对追踪平行运行图。在节假日、双休日、工作日使用的运行图则反映了不同的客流特点。

1.3.4　列车运行图的基本要素

根据列车运行图的特殊性，可以将列车运行图分为不同的种类。而列车运行图的共性，则是组成列车运行图的各项基本要素。这些要素的实质就是把列车的运行过程按空间或时间上衔接的特征划分为若干单项作业。在编制列车运行图之前，我们首先要确定这些基本要素。

城市轨道交通列车运行图的基本要素分为三类：时间要素、数量要素、其他相关要素。这是编制列车运行图的基础和前提。

1. 时间要素

1）区间运行时分

区间运行时分是指列车在两相邻车站之间的运行时间标准，即列车由某站起动不再停车，按规定速度运行至下一站完全停稳这一系列作业所需要的时间。这个时间以牵引计算为理论依据，并结合查标和列车试运行的方法进行确定。

区间运行时分的数值，取决于许多因素，主要包括：机车车辆类型及构造速度、列车质量标准、列车制动力、线路平纵断面和允许速度等。为了合理地查定各种列车的区间运行时分，必须正确规定及计算有关的各种单项技术标准，同时按照各种列车和上下行方向分别查定。

此外，区间运行时分还应根据列车在每一区间的两个车站上不停车通过和停车两种情况分别查定。列车不停车通过两相邻车站所需的区间运行时分称为纯运行时分。因列车到站停车和停站后出发而使区间运行时分延长的时分称为停车附加时分和起车附加时分。起停车附加时分应根据列车种类，以及进出站线路平面、纵断面条件，分别计算查定。因此，区间运行时分有四种情况，即通通、通停、起通、起停，如图 1－22 所示。

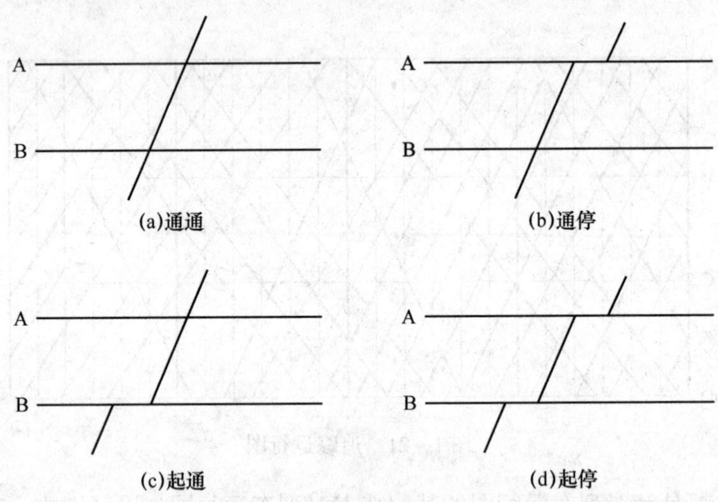

图 1－22　区间运行时分示意图

在实际运行中，由于列车性能、列车质量、驾驶员熟练程度的不同等原因，实际的区间运行时分与牵引计算值之间存在一定误差。但随着时间的推移，在适当的条件下，可以对区间运行时分进行修正，以达到充分发挥各项设备能力的目的，满足运营需要。

2）停站时间

停站时间指列车停站作业（包括加减速、开关车门）、乘客上下车等所需要时间的总和。

列车停站时间的长短取决于旅客乘降的需要，它与车站客流量的大小、车辆车门数的多少、车站的疏导和管理有关。

为了保证乘客的安全，车辆只有在停妥的情况下才能开关车门，车门开关的时间与车辆的类型有关，如果站台上采用屏蔽门设置，还要考虑屏蔽门与车门开关之间的时间差。

乘客上下车的时间与乘客数量多少（主要考虑高峰期人数）、车辆车门数和宽度、站务员的疏导管理有密切的关系。根据统计资料，每位旅客上下车时间约为 0.6 s，计算公式为

$$t_{上下} = \frac{0.6 \times Q_{上下}}{N_{列} \times M}$$

式中，$t_{上下}$——乘客上下车时间，s；

$Q_{上下}$——高峰小时内某一方向本站上下车人数之和，人；

$N_{列}$——高峰小时通过本站的列车对数，对；

M——每列车的车门数，个。

由于乘客的上下车人数在时间上是波动的，在各辆车内的分布也是不均衡的，因此在计算时需考虑一定的富余量，停站时间的计算公式为

$$t_{停站} = t_{门} + t_{上下} + \Delta t$$

式中，$t_{停站}$——每列车在车站上的停留时间，s；

$t_{门}$——开关门时间，s；

$t_{上下}$——乘客上下车时间，s；

Δt——每列车适当的富余时间。

在停站时间的实际确定过程中，除个别客流量较大的车站外，一般车站的停站时间应控制在 20 ~ 30 s，停站时间过长不仅会降低列车旅行速度，在高密度行车的情况下，还会影响后续列车的运行。

3）折返作业时间

折返作业时间是指列车到达终点站/区间站进行折返作业的时间总和，包括确认信号的时间、出入折返线的时间、办理进路时间、司机走行或换岗时间等。折返作业时间受折返线折返方式、列车长度、列车制动能力、信号设备水平、司机操作水平等多因素的影响。

以站后折返方式为例，当上行到达列车在折返线规定的停留时间结束后，进入下行车站正线，此时最小的折返列车出发间隔时间 $h_{发}$ 为

$$h_{发} = t_{离去} + t_{作业} + t_{确认} + t_{出线} + t_{停站}$$

式中，$t_{离去}$——出发列车驶离车站闭塞分区的时间，s；

$t_{作业}$——车站为折返线停留列车办理调车进路的时间，s，包括道岔区段进路解锁延迟、排列进路和开放调车信号等各项时间；

$t_{确认}$——司机确认信号时间，s；

$t_{出线}$——列车从折返线至车站正线的走行时间，s；

$t_{停站}$——列车停站时间，s。

4）列车出入停车场的作业时间

列车出入停车场的作业时间指列车从车辆停车场到达与其衔接的车站正线或返回的作业时间，可以采用查标的方式确定。

5）追踪列车间隔时间

在自动闭塞区段，一个站间区间内同方向可有两列及以上列车，以闭塞分区间隔运行，称为追踪运行。追踪运行列车之间的最小间隔时间，称为追踪列车间隔时间。追踪列车间隔时间，决定于同方向列车间隔距离、列车运行速度及信联闭设备类型。

列车追踪运行时间的最小值是由所采用的信号系统、车辆性能、折返能力、旅行时间、停站时间、投入运行的列车数等多种条件决定的。在城市轨道交通系统的运营高峰，线路上个别车站的客流量大，上下车时间较长。在固定设备和运营模式固定的条件下，应尽可能压缩停站时间，提高输送能力。同时，最小追踪列车间隔时间应留有一定

的富余量，当列车偏离运行图运行时，便于行车调度员采取必要的调整措施，使整个系统的列车运行秩序尽快恢复正常。

6）营运时间

营运时间是指城市轨道交通运营线路运送乘客的时间。它一般和该城市的工作时间及生活习惯有关。一般来说，各国城市轨道交通系统均有一定的夜间时间（2～6 h 不等）用作设备、设施的维修和保养时间。

7）停送电时间

停送电时间指每天营运开始前送电和运营结束后停电所需操作和确认时间。

2. 数量要素

1）全线分时段客流分布

全线分时段客流分布可根据客流的时间分布进行预测、调查分析，确定不同峰期时段的客流量。根据不同时段的客流分布特征，技术人员可对列车运行图峰期时段进行划分设置，合理安排列车编组数、列车运行对数，并作为开行不同形式列车（开行区间列车、连发列车）的主要依据。

在线路运营分析或列车运行图编制的实际运用中，为充分做到车流、客流相吻合，除掌握全线各小时内的客流分布外，还要掌握半小时乃至十分钟内的客流变化量。这些客流数据一般通过 AFC 系统得到。

2）全日分时最大断面客流量

全日分时最大断面客流量通常是在高峰小时最大断面客流量的基础上，根据全日客流分布比例图来计算确定。若条件允许，采用分时断面客流量分布计算所得的全日分时最大断面客流量数据更为准确可靠。此数据主要是了解全日各小时最大断面出现的区间、时段及流量，以便在编制列车运行图时做到运力与运量相匹配。

3）满载率

（1）列车满载率

列车满载率指列车实际载客量与列车定员数之比。编制列车运行图时，既要保证一定的列车满载率，使运输能力得到充分利用，又要留有一定余地，以应付某些不可测因素带来的客流量波动，同时也要考虑乘客的舒适水平。列车满载率的计算公式为

$$\text{列车满载率} = (\text{列车实际载客量}/\text{列车定员数}) \times 100\%$$

或

$$\text{列车满载率} = [(\text{客运量} \times \text{平均运距})/(\text{客运列车数} \times \text{列车编组辆数} \times \text{列车运行距离} \times \text{车辆定员数})] \times 100\%$$

（2）线路断面满载率

线路断面满载率指在单位时间内特定断面上的车辆载客能力利用率。在实际工作中，线路断面满载率通常是指在高峰小时，单向最大客流断面的车辆载客能力利用率，计算公式为

$$\text{线路断面满载率} = [\text{单向最大断面客流量}/(\text{客运列车数} \times \text{列车编组辆数} \times \text{车辆定员数})] \times 100\%$$

线路断面满载率既反映了高峰小时开行的列车对最大客流断面的满载程度，也反映了乘客乘坐列车的舒适程度。为了提高车辆运用效率、降低运输成本和提高经济效益，

在编制列车运行图时，城市轨道交通系统多采用列车在高峰小时适当超载的做法。

4）列车最大载客量

列车最大载客量是指列车根据列车定员数和线路断面满载率计算的允许运送的最大乘客数。计算公式为

$$列车最大载客量=列车定员数\times线路断面满载率$$

5）平均运距

平均运距是指乘客平均乘坐距离，一般通过 AFC 系统得到。

6）运用车辆数

运用车辆数是指为完成日常运输任务而配备的技术状态良好的可用车辆数。运用车的需要数与高峰小时开行列车数、列车周转时间及列车编组辆数等因素有关。

或者在列车的编组辆数固定不变的情况下，也可以直接通过某时段的行车间隔和列车运行周期确定此时段所需要的运用车组数，计算公式为

$$运用车组数=\text{int}(列车运行周期/行车间隔)+1$$

当列车在折返站的出发间隔时间大于高峰小时的平均运行间隔时间时，可在折返线上预留列车进行周转，此时运用车辆数需要相应地增加。

7）备用车辆数

为了适应客流变化，确保完成紧急运输任务及预防运用车发生故障，必须保有若干技术状态良好的备用车辆。备用车辆数一般控制在运用车辆数的 10% 左右。备用车原则上停放在车辆段或车场内，但根据线路的客流特征、车辆段位置、运行方案安排，可适当安排少数备用车辆停放在线路两端终点站或具备存车和折返能力的中间站，以方便首末班车的发车、减少空驶里程、提高运营效率。另外，可为行车调度员在运用车故障或发生突发事件时进行列车运行调整带来一定的灵活性和便利性，一定程度上缩短故障恢复时间，减少事故影响范围。

8）出入库能力

单位时间内通过出入库线进入运营线的最大列车数，称为出入库能力。

由于车辆基地与接入车站之间的出入库线有限，加之出入库列车进入正线受正线通过能力的影响。因此，出入库能力的大小是编制列车运行图的一个重要因素。

3. 其他相关要素

其他相关要素是指除了时间、数量要素以外，对列车运行图编制有一定影响的因素。

1）与其他交通方式的衔接

城市轨道交通应与其他交通方式实现有效的衔接配合，包括大交通方面的铁路车站、港口、机场、公路交通枢纽，城市交通方面的公交系统、自行车交通、其他交通（如私家车）等，给旅客换乘提供尽可能的方便和快捷。

2）与其他城市公共设施的衔接

城市中有大量客流聚集的公共设施，如大型体育场，娱乐、商业中心，大型工矿企业等，这些场所经常会有短时间的大量的突发客流，造成一时的运力和人力紧张，对城市轨道交通的正常运营带来一定的考验。

3）列车试车作业

检修完毕的车辆，应首先在车辆检修基地的试验线上进行试验，各项指标合格后才能投入运营。有时候，某些项目的测试需要到正线上才能完成，此时，需要在列车运行图上做出适当的安排。

4）车辆检修作业

经过一定时间的运营后，车辆需要进行定期的维修和保养，因此需要合理安排列车运行时间和检修时间，既要保障每列车都有日常的维护、保养时间，又可使各列车的走行公里接近，达到各列车均衡使用的目的。

5）驾驶员作息时间安排

驾驶员的作息时间与列车交路、交接班地点、途中用餐、工时考核等因素有关，应均衡安排好驾驶员的休班和工作时间。

6）车站的存车能力

城市轨道交通中大部分车站不设配线，没有存车能力，只有区间个别车站或终点站设有停车线，可以存放一定数量的车辆，在日常运行时可停放备用车，夜间可作为停车线停放列车，以减少列车的空驶，均衡早晨的发车秩序。

1.3.5 列车运行图的有关符号

列车实迹运行图是记录列车运行实际情况的图表，它采用不同的线条表示列车运行的有关信息，国内部分城市轨道交通一般采用如下的表示方法。

① 列车运行图上列车运行线符号，见表1－5。

表1－5 列车运行图上列车运行线符号

列车种类	符号	说明
客运列车	——————	红色实线
临时加开列车	- - - - - - - - - -	红色虚线
专运列车	——→——→——→	红色实线加箭头
排空列车	—○——○—	红色实线加圆圈
救援列车	—×——×—	红色实线加叉
调试列车	——————	蓝色实线
施工列车	——————	黑色实线

② 列车运行图上的有关表示符号，见表1－6。

表1－6　列车运行图上的有关表示符号

序号	列车运行图上的表示符号	表示意义
1		列车始发
2		列车终到
3		列车由邻线转来
4		列车开往邻线
5		列车合并运行时，在红色实线下方加红色虚线
6	反	列车反方向运行时，在反方向运行区间的运行线上填写车次及“反”字
7		列车折返
8		列车不停站通过，在列车运行线上方加带箭头的红色短实线
9	原因	列车停站超时，图解实际停站时间，并注明原因
10	原因	列车在区间停车，图解停车时间，并注明原因

注：列车早点用红笔画圈，圈内注明早点时分。列车晚点用蓝笔画圈，圈内注明晚点时分，晚点原因应简略注明。施工、封锁线路、设备故障、控制权下放等要在列车运行图中注明相关事项和原因。

1.3.6　列车运行图的编制

近年来，城市轨道交通的客运量不断增长，客流特征不断发生变化，轨道交通系统技术设备和运输组织工作不断改进，列车运行速度和运营服务水平逐步提高。同时，在一年内的不同季节、一周内的不同日期、一天中的不同时段，城市轨道交通的客流都有着各自不同的变化规律。所以，在上述因素更改或变化时，就有必要重新编制列车运行图。

1. 列车运行图的编制原则

1）安全性原则

保证列车运行及乘客的安全，这是编制列车运行图时必须始终坚持的方针。因此，各项编制工作都要遵守有关规章制度，严格遵守各项作业程序，符合列车运行图的时间标准及技术要求。

2）便利性原则

尽量方便乘客是提高城市轨道交通竞争力的重要途径。为此，应根据不同阶段的客流变化规律，在满足运行技术要求的前提下，尽量最大限度地在不同峰期时段选择不同的发车间隔。在高峰时段内应增加列车密度，以减少乘客候车时间；而在低谷时段，最大的发车间隔不易过大；同时要兼顾首末班车时间与其他交通工具的衔接，满足运量的波动需求，使列车运行图具有一定的弹性，以适应日常运输生产和列车运行秩序变化的需要。

3）经济性原则

① 在保证安全、便利的条件下，提高列车的旅行速度，缩短列车运行时间。列车旅行速度高是城市轨道交通的主要优势，标志着城市轨道交通的整体运营效率和服务水平。

② 充分、有效地利用车站及线路的通过能力。始发站和终点站的折返能力通常是全线能力的限制因素，所以必须对折返线的折返作业时间标准进行精确计算，合理安排作业程序，尽可能进行平行作业。此外，列车出入段能力也是限制区间通过能力的重要因素，所以要做好出段信号机至正线站台间的作业时间计算。

③ 在保证运量需求的条件下，尽量降低运用车辆数。通过综合考虑不同峰期时段列车运行速度、停站时间、折返作业时间、列车开行方式等因素，均衡上线运用车辆数，使其数量达到最少，从而提高列车及线路断面满载率，降低系统的车辆保有量与运营成本，但也要兼顾乘务司机的休息与车辆检修安排。

4）均衡性原则

① 列车运行图的编制是一项需要考虑线路路网结构、客流特征、乘客服务、列车运用和运营调整等多因素优化的复杂工作，所以列车运行线的铺画做到绝对均衡几乎是不可能的，但应该尽量要求保持相对均衡（如运营经济性与服务水平的相对平衡），在不同的运营阶段需要考虑不同的运营目标和侧重点，要建立一套整体的运营策划工作体系，来有效、持续地挖掘运输潜力。

② 在车辆段未设置试车线的情况下，列车运行图编制中需预留调试列车运行线。原则上调试列车运行线不允许穿插铺画在载客运营列车运行线之间。

2. 列车运行图的编制时机

① 在新线试运行及试运营演练、正式开通运营时。

② 在新线或既有线车站客流量、时段客流分布规律等发生较大变化时，如遇劳动节、国庆节、春节等重大节假日期间。

③ 城市轨道交通系统技术设备发生较大变化时，如线路的运行速度改变、信号系统升级等。

④ 运输组织方式发生改变时，如改变列车出入车辆段方式、改变折返站折返方式、改变运行交路（单一交路改为大小交路混跑）、新停车场投入使用、延长运营服务时间等。

⑤ 重新调整各项行车技术作业时间标准时，如调整停站时间、压缩行车间隔、增加上线列车数等。

⑥ 需要重新编制运行图的其他情况时。

3. 列车运行图的编制资料

① 现行列车运行图执行情况的分析及改善意见。

② 现有信号系统等级下，行车设备的追踪列车间隔时间、车站间隔时间、信号进路排列逻辑关系与运行线安排的制约关系。

③ 现行列车运行图执行期间各站 OD、全线分时段客流分布、全日分时最大断面客流量、满载率等客流数据。

④ 不同性质列车在各站的停站时间、各区间运行时间。

⑤ 现阶段乘务司机在正线交接班制度（包括交接班地点、交接班时间标准）、折返站折返作业时间标准。

⑥ 线路各区间允许速度、过岔速度、需限速区段及限速数据。

⑦ 若为节假日或特殊活动的举办编制列车运行图时，需掌握节假日或举办活动（如重要赛事、演唱会、商业展览会等）的规模、持续时间、地点等资料。

4. 列车运行图的编制步骤

列车运行图的编制一般由运营管理部门负责牵头组织，大致分为研究讨论、确定编制方案、基础数据计算、铺画详图、编制列车时刻表、模拟运行冲突检测和技术指标计算 7 个步骤，具体工作步骤如下。

① 按编制要求和编制目标提出编制或调整列车运行图的注意事项。

② 收集编图资料，对有关技术问题或运营专题组织调查研究和试验。

③ 总结分析现行列车运行图的执行情况和存在问题，提出改进意见。

④ 确定新图执行的列车运行方案。

⑤ 确定新图基础运行参数。

⑥ 征求调度、客运、乘务、车辆部门对列车运行方案和基础运行参数的意见，并根据会签意见进行有根据的调整。

⑦ 根据列车运行方案铺画详细的列车运行图，编制列车时刻表。

⑧ 在 ATS 信号系统模拟机上，对列车运行图进行模拟运行冲突检测，并进行必要的调整修改。

⑨ 对列车运行图的编制质量和关键点进行全面检查，并计算列车运行图技术指标。

⑩ 将编制完毕的列车运行图、列车时刻表及编制说明等报有关部门审核批准。

⑪ 根据上级领导指示，以总公司行政发文形式将新图执行日期、运作要求进行下发执行。

5. 手工铺画列车运行图

长期以来，传统的列车运行图都是由编图人员依靠铅笔和二分格图纸手工编制的。但城市轨道交通作为新兴行业，在新线运营前期或计算机编图系统未投入使用的情况下，列车运行图则是由编图人员利用 CAD、Excel 等办公软件手工绘制。

当采用手工方式铺画列车运行图时，铺画工作一般分两步进行。第一步是确定车站中心线位置，即确定列车运行图的整体布局界面。第二步是铺画列车运行详图，即编图人员根据列车运行方案，将全天列车运行图分解为不同时段的列车运行线铺画子问题，然后在一分格列车运行图上一次精确铺画不同时段内每条列车运行线在各站的到达、出发和通过时刻，在折返站的停留时间等。重复上述操作，即可完成整张列车运行图的铺画工作。

由于编图工作涉及面广、制约因素复杂、编制工作量大，手工编制列车运行图存在以下问题。

① 手工铺画列车运行图周期长，不能做多方案比选和评价，运行图质量缺乏科学的保证，编图机动性差。

② 手工铺画列车运行图从资料收集、准备、铺图和调整工作的完成，以及冲突检测、时刻表的转变和运行图的打印全过程中，重复劳动量大，精确度低，效率低下且出错率高。

③ 手工调整运行图工作只能在小范围内进行，灵活性差，难以从全局出发，保证整张运行图的综合效益。

④ 由于铺画人员技术水平不一，所编出的运行图版式不统一，质量差别较大，尤其在临时调整运行图时，将大大影响调整速度和精确度。

因此，列车运行图的编制必须摆脱依赖手工编制的落后状态，采用先进的计算机信息处理技术和网络技术，提高编图质量，加快编图速度，把编图人员从复杂、烦琐的手工劳动中解脱出来，实现列车运行图编制的现代化。

6. 计算机编制列车运行图

1）计算机编制列车运行图的优点

与传统手工编制列车运行图相比，采用计算机编制列车运行图的优点如下。

① 提供了高效的数据处理手段，减轻了列车运行图编制和数据资料处理的劳动强度，提高了处理的速度和精确度，降低了出错率。

② 保障了列车运行图编制的科学性，提供了多方案辅助决策信息，有利于方案的评价和选择，保证了列车运行图的编制质量。

③ 实现了系统资源共享，保证了编图信息的存储、传输及处理，改善了数据信息的管理和交流，实现了编图业务的整体化，提高了编图效率。

④ 缩短了列车运行图编制全过程的时间，提高了城市轨道交通适应客流特征和特殊需求的应变能力，改善了城市轨道交通运营服务水平，提高了城市轨道交通运营经济效益。

⑤ 促进了全线技术设施合理配置和设备能力的协调，有利于设备应用效率的综合发挥，有利于促进员工素质及服务水平的提高，形成人员、设备及应用间的良性循环，从而提高城市轨道交通企业与公共交通企业的市场竞争力。

2）计算机编制列车运行图的原理

计算机编制列车运行图系统提供了用户编制、调整列车运行图的平台和相关功能。从编图基础数据的录入，列车运行图的编制、调整、分析和检测，到列车时刻表及各种报表的自动生成、图形打印等，实现了全过程的信息化管理。

与手工编制列车运行图相比，计算机编制列车运行图的原理主要在于：将手工编制列车运行图人工需掌握的技能知识、所有与编图有关的基础数据都输入计算机，编图人员只需根据编图要求等信息，采用人机对话方式，将列车运行图的编制、调整问题分解成若干列车运行线铺画的子问题进行反复操作，即可得到其所需的列车运行图。

1.4 行车闭塞法

1.4.1 行车闭塞法概述

1. 行车闭塞法概念

为了确保列车在区间内的运行安全，列车由车站向区间发车时，必须确认区间内没有列车，并需遵循一定的规律组织行车，以免发生列车正面冲突或追尾等事故。这种为确保列车在区间运行安全，在组织列车运行时，通过设备或人工控制，使连续发出的列车保持一定间隔距离的行车办法，称为行车闭塞法，简称闭塞。

2. 区间行车组织的基本方法

为了保证列车的安全运行，就得设法把两列列车分开。到目前为止，普遍采用的方法是隔离法。隔离法共有两种形式：一种是空间间隔法，另一种是时间间隔法。在正常情况下，一般采用空间间隔法。

① 空间间隔法。在城市轨道交通正线上每隔相当距离设立一个车站、自动闭塞通过信号机，这样把正线划分为若干个区间，在同一时间里，同一区间内只准许一列列车运行的办法。

② 时间间隔法。实际上是一种不确切的空间间隔法。即在一个区间内，用规定的时间将同方向运行的列车彼此间隔开运行，以达到列车之间的空间间隔。由于时间间隔法没有设备上的控制，容易发生人为的行车事故，安全性较差。所以，时间间隔法不能确保行车安全，原则上不采用该方法，只在特殊情况下（如临时性的缓和轨道车辆堵塞、事故起复后的车流疏散、一切电话中断时的行车等）采用。

3. 闭塞区间的划分

区间与站内的划分，是行车组织工作的一项重要内容，也是划定责任范围的依据。列车进入不同地段时必须取得相应的凭证或准许，在我国，列车占用区间的凭证通常为车站出站信号机的准许显示或目标点和速度码。在城市轨道交通线路上，采用的闭塞方式不同，闭塞区间的划分也不相同。闭塞区间的划分如图 1－23、图 1－24、图 1－25 所示。

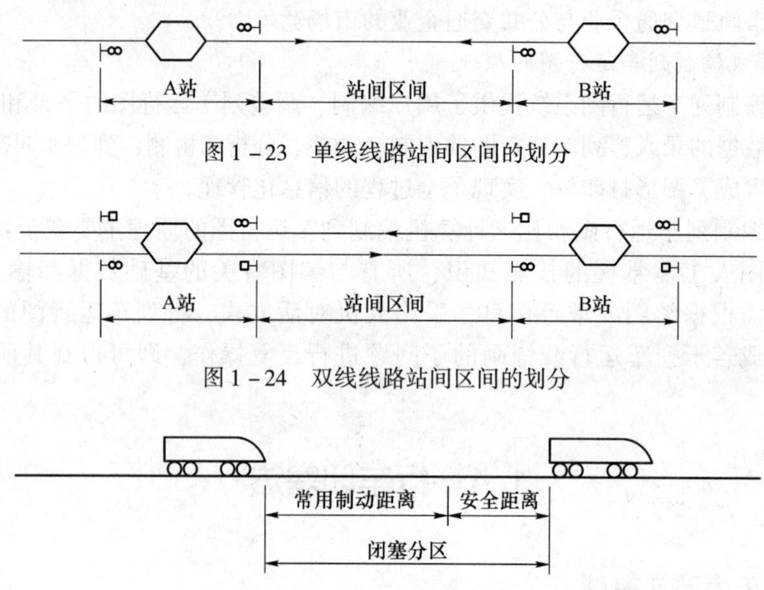

图 1－23　单线线路站间区间的划分

图 1－24　双线线路站间区间的划分

图 1－25　移动闭塞线路闭塞分区的划分

1.4.2　闭塞的分类

从各种不同的角度，闭塞可以有各种不同的分类，总的来说可分为站间闭塞和自动闭塞两大类。

1. 站间闭塞

站间闭塞就是两站间只能运行一列列车，其列车的空间间隔为一个站间区间。按技术手段和闭塞实现方法，其又可分为：电话闭塞、路签闭塞、路牌闭塞、半自动闭塞、自动站间闭塞。路签和路牌闭塞在我国已经被淘汰。

1）电话闭塞

电话闭塞是一种最终的备用闭塞。使用电话闭塞时，须由车站值班员亲自办理闭塞，列车按站间间隔行车。

电话闭塞是当基本闭塞设备不能使用时，由区间两端站的车站值班员利用站间行车电话以发出电话记录号码的方式来办理闭塞的一种方法。电话闭塞不论单线或双线，均按站间区间办理。由于没有机械、电气设备的控制，全凭制度加以约束，办理闭塞的手续必须严格。为保证同一区间、同一线路在同一时间内不误用两种闭塞，在停用基本闭塞改用电话闭塞或恢复基本闭塞时，均需行车调度员下达调度命令后方准采用，行车凭证为路票。

当遇有下列情况时，须改用电话闭塞行车。

（1）基本闭塞设备发生故障时

① 自动闭塞设备发生故障或停电，包括区间内两架及其以上信号机故障或灯光熄灭。

② 移动闭塞采用全人工后退模式。

（2）无双向闭塞设备的双线区间反方向发车或改按单线行车时

当无双向闭塞设备的双线区间的一条正线因施工或其他原因封锁，另一条正线改按单线行车时，虽然该正线正方向闭塞设备能使用，但由于该正线的反方向无闭塞设备，如果对该线路正方向与反方向运行的列车采用不同的闭塞方法，不但增加了行车调度员发布变更或恢复基本闭塞命令的次数，而且车站办理时容易发生错误。因此，双线改按单线行车时，上下行运行的列车均须改用电话闭塞。

（3）列车由区间折回

（4）施工列车或轨道车运行

遇列车调度电话不通时，闭塞的变更或恢复，应由该区间两端站的车站值班员确认区间空闲后，直接以电话记录号码办理。

【知识链接】

重庆轨道交通采用电话闭塞解除（电话闭塞）法

电话闭塞解除法是基本闭塞设备故障时的代用闭塞方法。

当基本闭塞设备故障时，行车调度员在查明全线各区间空闲和在线列车定位完成后，方能向全线各车站值班员和所有在线列车司机发布停用基本闭塞、改用电话闭塞解除法行车的书面调度命令（由车站转交）。

使用电话闭塞解除法行车时，不论单线或双线，列车占用区间的行车凭证均为路票，路票的样式如图 1－26 所示（以重庆两路口站为例）。

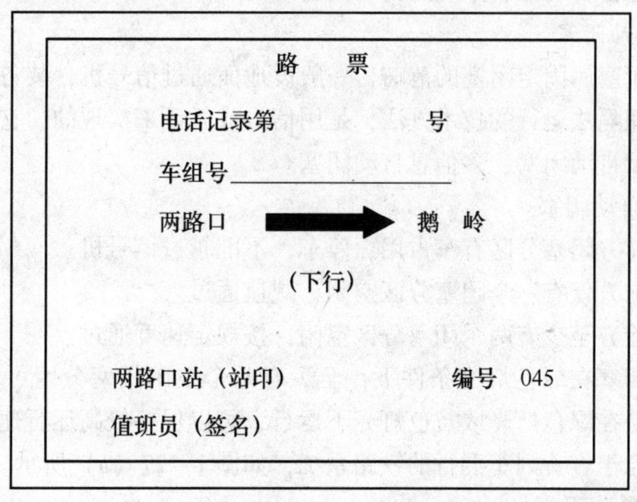
路　票

电话记录第　　　　号

车组号＿＿＿＿＿＿＿＿

两路口 ➡ 鹅　岭

（下行）

两路口站（站印）　　编号　045

值班员（签名）

图 1－26　路票的样式

电话记录登记簿所使用的电话记录号码，应符合下列要求。

① 使用电话闭塞法行车时，各站的电话记录号码按《各站电话记录号码使用的规

定》的范围（每站 20 个号码循环）使用。

② 发出的电话记录号码，按自定规律使用。

③ 电话记录号码发出后，无论生效与否，在本次循环中不得再次使用。

④ 各站每日从运营的首班车起，更换新的一组电话记录号码。

2）半自动闭塞

半自动闭塞就是人工办理闭塞手续，列车凭信号显示发车后，出站信号机自动关闭的闭塞方法。其特征为：站间区间只准运行一列列车；人工办理闭塞手续；人工确认列车完整到达和人工恢复闭塞。

3）自动站间闭塞

自动站间闭塞就是在有区间占用检查的条件下，自动办理闭塞手续，列车凭信号显示发车后，出站信号机自动关闭的闭塞方法。其特征为：有区间占用检查设备；站间区间只准运行一列列车；办理发车进路时自动办理闭塞手续；自动确认列车到达和自动恢复闭塞。

2. 自动闭塞

自动闭塞就是根据列车运行及有关闭塞分区状态自动变换信号显示，而司机凭信号行车的闭塞方法。其特征为：把站间划分为若干闭塞分区，有分区占用检查设备，可以凭通过信号机的显示行车，也可凭机车信号或列车运行控制的车载信号行车；站间能实现列车追踪；办理发车进路时自动办理闭塞手续，自动变换信号显示。

从保证列车运行而采取的技术手段角度来看，自动闭塞可分为两大类：传统的自动闭塞和装备列车运行自动控制系统的自动闭塞。

1）传统的自动闭塞

传统的自动闭塞属固定闭塞的范畴，一般设地面通过信号机，装备有机车信号，保证列车按照空间间隔法运行的技术方法，是用信号或凭证来实现的。它可分为：三显示自动闭塞、四显示自动闭塞、多信息自动闭塞。

（1）三显示自动闭塞

红色灯光：前方闭塞分区有车占用，停车，不准越过信号机。

黄色灯光：前方仅有一个闭塞分区空闲，减速通过。

绿色灯光：前方至少有两个闭塞分区空闲，按规定速度通过。

三显示自动闭塞在绿色灯光条件下，至少有两个空闲闭塞分区可供列车占用。因此，列车基本上是在绿色灯光或黄色灯光下运行，可以保持较高运行速度，或只需要短暂减速运行，适合于客货列车混行的铁路系统，如图 1－27（a）所示。

（2）四显示自动闭塞

红色灯光：前方闭塞分区有车占用，停车，不准越过信号机。

黄色灯光：前方仅有一个闭塞分区空闲，低速列车减速通过。

绿黄色灯光：前方有两个闭塞分区空闲，高速列车减速通过。

绿色灯光：前方至少有三个闭塞分区空闲，按规定速度通过。

四显示自动闭塞保证列车在绿色灯光条件下运行，可以充分发挥列车运行速度，比

较适合于较高速度的铁路区段或城市轨道交通系统，如图 1－27（b）所示。

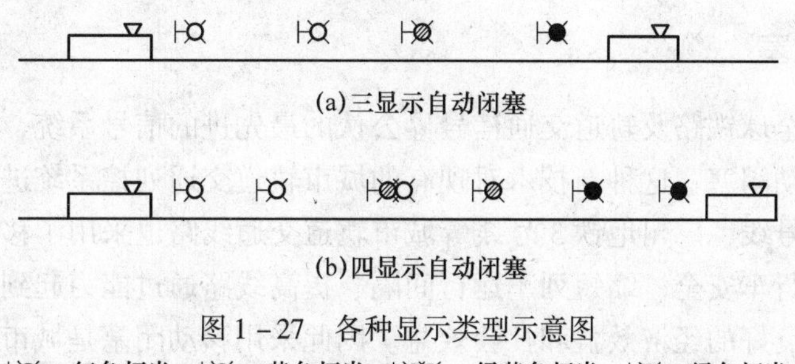

图 1－27　各种显示类型示意图

—红色灯光，—黄色灯光，—绿黄色灯光，—绿色灯光

2）装备列车运行控制系统的自动闭塞

列车运行自动控制系统（简称列控系统）是保证列车按照空间间隔法运行的技术方法，靠控制列车运行速度的方式来实现。

从闭塞制式的角度来看，装备列控系统的自动闭塞可分为三类：固定闭塞、准移动闭塞（含虚拟闭塞）和移动闭塞。之所以称为准移动闭塞，因为它还不是移动闭塞，所以有时仍把它归入固定闭塞。本节仅介绍固定闭塞和准移动闭塞，移动闭塞在下一节单独进行讲解。

（1）固定闭塞

列控系统采取分级速度控制模式时，采用固定闭塞方式。运行列车间的空间间隔是若干个闭塞分区，闭塞分区数依划分的速度级别而定。一般情况下，闭塞分区是用轨道电路或计轴装置来划分的，它具有列车定位和占用轨道的检查功能。固定闭塞的追踪目标点为前行列车所占用闭塞分区的始端，后行列车从最高速开始制动的计算点为要求开始减速的闭塞分区的始端，这两个点都是固定的，空间间隔的长度也是固定的，所以称为固定闭塞。

（2）准移动闭塞

准移动闭塞方式的列控系统采取目标－距离控制（又称连续式一次速度控制）模式。目标－距离控制模式根据目标距离、目标速度及列车本身的性能确定列车制动曲线，不设定每个闭塞分区的速度等级，采用一次制动方式。准移动闭塞的追踪目标点是前行列车所占用闭塞分区的始端，当然会留有一定的安全距离，而后行列车从最高速开始制动的计算点是根据目标距离、目标速度及列车本身的性能计算决定的。目标点相对固定，在同一闭塞分区内不依前行列车的走行而变化，而制动的起始点是随线路参数和列车本身性能不同而变化的。空间间隔的长度是不固定的，由于要与移动闭塞相区别，所以称其为准移动闭塞。

虚拟闭塞是准移动闭塞的一种特殊方式，它不设轨道占用检查设备，采取无线定位方式来实现列车定位和占用轨道的检查功能，闭塞分区是以计算机技术虚拟设定的，仅在系统逻辑上存在有闭塞分区和信号机的概念。虚拟闭塞除闭塞分区和轨旁信号机是虚拟的以外，从操作到管理等，都等效于准移动闭塞。虚拟闭塞有条件将闭塞分区划分得很短，当短到一定程度时，其效率就接近于移动闭塞。

1.4.3 移动闭塞

移动闭塞是全球铁路及轨道交通信号界公认的最先进的信号系统，国际上已有不少城市开始采用移动闭塞。这种新技术对现有的城市轨道交通列控系统进行了更新。我国武汉轨道交通 1 号线、广州地铁 3 号线等城市轨道交通线路也采用了移动闭塞。该技术的应用，对保证行车安全、缩短列车运行间隔、提高线路通过能力起到了重要作用，也给运营部门带来良好的经济效益和社会效益。因此采用移动闭塞是城市轨道交通发展的一种趋势。

移动闭塞是一种新型的闭塞制式。它不设固定闭塞分区，前、后两列车都采用移动式的定位方式。移动闭塞可解释为“列车安全追踪间隔距离不预先设定，而随列车的移动不断移动并变化的闭塞方式”。在城市轨道交通中，移动闭塞是一种采用先进的通信、计算机、控制技术相结合的列车控制技术，所以国际上习惯称其为基于通信的列车控制系统（communication based train control，CBTC）。

1. 移动闭塞的概念

移动闭塞（moving block，MB）是相对于固定闭塞而言的。固定闭塞有固定的闭塞分区，移动闭塞与固定闭塞相比最显著的特点就是取消了以通过信号机分隔的固定闭塞分区。列车间的最小运行间隔距离由列车在线路上的实际运行位置和运行状态确定，闭塞分区随着列车的行驶，不断地向前移动和调整，所以称为移动闭塞。

2. 移动闭塞的基本要素

在移动闭塞技术中，闭塞分区仅仅是保证列车安全运行的逻辑间隔，与实际线路并无物理上的对应关系，因此，移动闭塞在设计和实现上与固定闭塞有比较大的区别。其中列车定位（train position）、安全距离（safety distance）和目标点（target point）是移动闭塞技术中最重要的三个概念，可以称为移动闭塞的三个基本要素。

1）列车定位

在固定闭塞和准移动闭塞中有轨道电路或计轴装置等设备进行闭塞分区列车占用的检查，能粗略地进行列车定位，再配以测速、测距就能较细地进行列车定位，最多再加应答器校准坐标。

在移动闭塞中没有轨道电路等设备进行闭塞分区列车占用的检查，被控对象基本处于动态过程中，只有了解所有列车的具体位置、以何种速度运行等信息，才能实施对列车的有效控制，所以列车定位技术在移动闭塞中就显得尤为重要。

列车定位由地面设备和车载设备共同完成。列车定位信息的主要作用是：① CBTC 系统对在线的每一列车，能计算出距前行列车尾部距离，或距进站信号点的距离，从而对它实施有效的速度控制，为保证列车安全间隔提供依据；② 作为列车在车站停车后打开车门及屏蔽门的依据。

目前，在列车运行自动控制系统中得到应用的列车定位技术主要包括：测速定位法、查询 - 应答器法、交叉感应线圈法、卫星定位法。测速定位法的原理是在车轮外侧

安装光栅，按车轮旋转次数与转角计算出列车的位移。查询－应答器法是在线路上按一定间隔设置应答器，应答器内存储了其所在位置的公里标，列车上的查询无线经过时读取位置信息。交叉感应线圈法是在线路上敷设轨道电缆，将轨道电缆每隔一定距离交叉一次，利用交叉回线列车可测算出自己的位置。卫星定位法，如 GPS（global positioning system）和 GNSS（global navigation satellite system），都是利用导航卫星进行测时和测距，从而实现全球定位功能。

另外，还有多普勒雷达法、无线扩频列车定位、惯性列车定位、航位推算系统定位、漏泄波导法、漏泄电缆法等。

2）安全距离

安全距离是后续追踪列车的命令停车点与其前方障碍物之间的一个固定距离。障碍物可以是确认了的前行列车尾部的位置或者无道岔表示（道岔故障）的道岔位置。该距离是基于列车安全制动模型计算得到的一个附加距离，它保证追踪列车在最不利的条件下能够安全地停止在前行列车的后方，不发生冲撞。所以，安全距离是移动闭塞中的关键，是整个系统设计的理论基础和安全依据。

移动闭塞基本原理为：线路上的前行列车经 ATP 车载设备将本车的实际位置，通过通信系统传送给轨旁的移动闭塞处理器，并将此信息处理生成后续列车的运行权限，传送给后续列车的 ATP 车载设备。后续列车与前行列车总是保持一个“安全距离”。该安全距离是介于后续列车的目标停车点和确认的前行列车尾部之间的一个固定距离。在选择该距离时，已充分考虑了在一系列最坏情况下，列车仍能够被安全地分隔开来。安全距离示意图如图 1－28 所示。

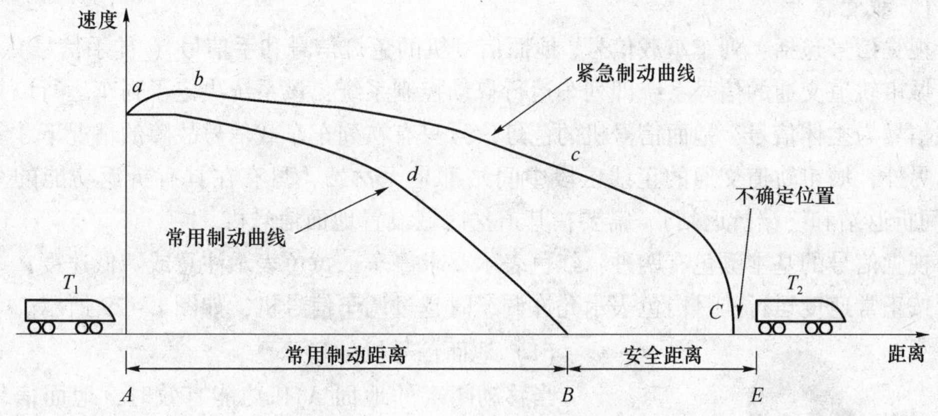

图 1－28　安全距离示意图

3）列车运行的行车凭证——目标点

如同固定闭塞中的允许信号，列车只有获得了目标点，才能够向前移动。目标点通常是设在列车前方一定距离的某个位置点，一旦设定，即表明列车可以安全运行至该点，但不能超过该点。移动闭塞就是通过不断前移列车的目标点，引导列车在线路上安全运行的。

1.5 行车信号基础

地面道路交通、地铁、航海运输、航空运输都必须要有统一规范的行业内公认的信号来确保运转安全和保证运输能力的发挥。甚至在其他领域都必须用标准的规范和命令来实现该功能，如先进的信息高速公路同样要有相关的命令和标准规范的制约，才能实现信息的快速传输。所以，信号是实现和保障交通运输安全运行的最重要的工具与手段。在整个运输过程中，有关行车人员必须严格按信号指示的要求执行，任何单位、个人均不得违反，而任何违反都将造成十分严重的后果及无法挽回的损失。

1.5.1 行车信号基础知识概述

在城市轨道交通中，信号系统是用于指挥和控制列车运行的设备系统，对于保证行车安全、提高线路通过能力有着至关重要的作用。

信号系统本身正常工作时能保证行车安全，信号系统发生故障时也不应危及行车安全，此为“故障—安全”原则，它是城市轨道交通信号系统必须贯彻的基本准则。如果构成信号系统的部件和电路本身不一定是“故障—安全”的，在这种情况下，必须采取其他安全措施，如故障检测等手段，使整个系统具有故障导向安全的特性。

1. 信号的类型

城市轨道交通信号一般分为视觉信号和听觉信号。

1）视觉信号

视觉信号包括：列车车载信号、地面信号机的色灯信号和手信号（徒手信号）。

城市轨道交通的信号系统即列车运行自动控制系统，该系统决定了列车运行以列车车载信号为主体信号，地面信号机的色灯信号只有在列车车载信号故障的情况下才起作用。另外，城市轨道交通的正线区段中间站都是无岔站，只有在具有折返功能的车站（中间折返站和终端折返站），需要在其道岔区域设置地面信号机。

视觉信号的基本颜色有四种：红色表示要求停车；黄色表示注意或减低速度；绿色表示按正常速度运行；月白色表示允许调车时越过调车信号机，如图 1－29 所示。

图 1－29　视觉信号

（1）地面信号机的显示

当移动闭塞的地面 ATP 功能有效时，地面信号机（转换区段信号机除外）的显示为灭灯状态。当车载 ATP 功能正常时，列车按车载信号的指示行车；当车载 ATP 无效时，靠近列车的信号机和转换区段信号机按以下方式进行显示。

① 绿色灯光：允许信号，表示道岔已锁闭，进路中所有道岔开通直向位置。

② 黄色灯光：允许信号，表示道岔已锁闭，进路

中至少有一组道岔开通侧向位置。

③ 红色灯光：禁止信号，不准列车越过信号机；列车须在该信号机前停车。

④ 红色灯光 + 黄色灯光：引导信号，准许列车限速运行并随时准备停车。

⑤ 月白色灯光：允许信号，在车辆段（场）内准许越过该信号机调车。

⑥ 红色灯光 + 月白色灯光：车场引导信号，准许列车运行进场并随时准备停车。

（2）手信号

手信号是行车有关人员手持信号旗直接用手臂显示的信号，用来表达相关的含义，指示列车或者车辆的允许和禁止条件，手信号显示动作应规范准确，如图 1 – 30 所示。

图 1 – 30 通过手信号

手信号的显示时机如下。

① 向列车显示停车手信号时，在看见列车头部或前照明灯光时开始显示，待列车停稳后收回。

② 向列车显示通过、减速手信号时，在看见列车头部或前照明灯光时开始显示，待列车头部越过显示人后收回。

③ 向司机显示发车手信号时，确认列车已经启动后收回。

④ 显示引导接车手信号时，在看见列车头部或前照明灯光时开始显示，待列车头部越过引导地点后收回。

⑤ 显示调车手信号，待司机鸣笛回示后收回。

徒手信号如表 1 – 7 所示，接发列车手信号、调车手信号如表 1 – 8、表 1 – 9 所示。

表 1 – 7 徒手信号

信号种类	显示方式
停车手信号	两臂高举，向两侧上下急剧摇动或白色灯光上下急剧摇动
减速手信号	单臂平伸下压数次或白色灯光下压数次
开门手信号	两臂高举作左右分开式
关门手信号	单臂高举左右摇动

表 1-8　接发列车手信号

信号种类	显示方式
停车手信号	展开的红色信号旗或红色灯光
发车手信号	展开的绿色信号旗或绿色灯光向列车方向
引导手信号	（1）空线接车：展开的绿色信号旗或绿色灯光高举头上左右摇动； （2）有车线接车：展开的绿色信号旗或绿色灯光在身体下部左右摇动，列车接近前，再缓缓下压数次

表 1-9　调车手信号

信号种类	显示方式
停车手信号	展开的红色信号旗或红色灯光
道岔开通手信号	拢起的绿色信号旗或白色灯光高举头上
连接手信号	两臂高举头上，使拢起的信号旗杆成水平，末端相接或红色、绿色灯光交叉显示数次
减速手信号	两臂的绿色信号旗或绿色灯光下压数次
指示列车向显示人方向来	展开的绿色信号旗或绿色灯光在身体下部左右摇动
指示列车向显示人相反方向	展开的绿色信号旗或绿色灯光上下摇动
停车位置手信号	拢起的绿色信号旗或白色灯光单臂平伸，上下摇动

2）听觉信号

听觉信号包括：号角、口笛、响墩等发出的音响和机车的鸣笛声。

听觉信号可分为：长声——3 s；短声——1 s。音响间隔——1 s，重复鸣示时，须间隔 5 s 以上。

听觉信号的规定如下。

① 列车接近施工地点前，鸣笛一长声：—。

② 呼唤邻线列车紧急停车时，连续短声：·······。

③ 列车退行时，二长声：— —。

④ 司机要求显示信号时，两短声加一长声：· · —。

⑤ 回示信号，一短声：·。

⑥ 推进运行前部司机发现异常，要求停车时，连续短声：·······。

遇需要的情况时，司机才按上述规定鸣笛。

2. 信号机设置

信号机是城市轨道交通最常用的视觉信号设备，贯穿于整个行车过程中。城市轨道交通车站一般不设进、出站信号机，在正线出站方向的站台侧，列车停车位置前方的适当地点，设置发车指示器，它只表示列车停站时间结束。

城市轨道交通的有些线路在 ATC 系统没有完全开通的情况下，已经投入运营，所以只能先采取固定闭塞的方式运行。这种情况下，根据运营需要而设置进、出站信号机，甚至还设置区间通过信号机；有些线路只设出站信号机。但是，当 ATC 系统开通以后，这些信号机就失去作用，只作为后备系统使用。在 ATC 系统正式运用的情况下，城市轨道交通在有岔站的道岔区域，还是设有地面信号机。这些信号机在 ATC 系统的控制下，都设置成自动信号，不需要人工参与信号控制。当然，在特殊条件下，也可以人工控制。

1）信号机设置的特点

① 正线区间内都不设通过信号机。

② 正线无岔站都不设地面信号机，有岔站设有道岔防护信号机。

③ 折返站的折返线出入口，都设置防护信号机。

④ 停车场的出入库线设置出、入库地面信号机，指挥列车的出入库。

⑤ 停车场内，根据调车作业的需要，设置各种用途的调车信号机。

⑥ 地面信号机均为矮柱信号机。

2）主要信号机的显示意义

主要信号机的显示意义如表 1-10 所示。

表 1-10　主要信号机的显示意义

信号名称	色灯信号机		信号显示	信号显示意义
防护信号机	○ ⊘ ●		●	禁止越过该信号机
			⊘	道岔开通侧向位置，允许列车按照规定速度（一般限速不超过 30 km/h）越过该信号机，运行至折返点
			○	道岔开通直向位置，允许列车按照规定速度越过该信号机进入区间
			● + ⊘	引导信号，允许越过
调车信号机	◎ ●	◎ ⊙	● 或 ⊙	不准列车越过该信号机
			◎	允许调车，列车以不超过 25 km/h 的速度越过该信号机
阻挡信号机	●		●	列车在该信号机前停车

注：●为红灯，⊘为黄灯，○为绿灯，⊙为蓝灯，◎为白灯。

3. 行车标志的类型

城市轨道交通中的行车标志分为线路标志和信号标志。它们是行车工作的一个重要组成部分，主要用来对列车运行时的驾驶及运行设备的巡检、维修等指示相关目标、条件、操作要求。

1）线路标志

表示建筑物及线路设备位置或状态的标志称为线路标志。通过各种线路标志可以使工作人员知道或明了线路情况，方便进行各种设备维修、检查，使列车驾驶员能够掌握和依据各种标志指示的条件与要求驾驶列车，达到运行安全和规范行车的目的。与行车直接有关的线路标志主要有以下几种。

① 百米标：表示正线距离里程计算起点每一百米的长度，以百米为单位。

② 公里标：表示城市轨道交通线路从起点开始计算的连续里程标志，以公里为单位。

③ 曲线标：曲线起点和曲线终点标志的简称。设在曲线中点处，标志上标明了曲线中心里程、半径大小、圆曲线及缓和曲线长度、超高、加宽等有关数据。

④ 圆曲线及缓和曲线始终点标：设在直线、曲线、缓和曲线三者相互联系的节点处或开始与终止处，标明所向方向为直线、圆曲线、缓和曲线。缓和曲线是指线路上直线和圆曲线相接处为减少振动而设置的一段半径渐变的曲线，它的起点没有弯度，然后逐渐变弯，弯度加大、半径减小，与圆曲线半径相同时和圆曲线相接，这种曲线称缓和曲线。圆曲线是线路上的一段弧，它的弯曲程度用圆半径表示，即曲线半径，以米为单位。曲线半径越大，弯度越缓和，曲线半径越小，弯度越紧促。

⑤ 坡度标：设在线路纵断面的变坡点处。它的正面与背面分别表示两边的坡度与坡段长度，箭头所指为上坡或下坡，箭尾数字表示坡度千分率，侧面标明变坡点位置。

⑥ 桥梁标：表示桥梁位置（中心里程）的标志，一般设置在桥梁中心里程处或桥头端，上面标明桥梁编号及中心里程数。

2）信号标志

表示运行线路所在地点的情况和状态，指示行车人员依据标志的要求，及时、正确地进行相关作业与操作的标志称为信号标志。

与行车相关的信号标志主要有以下几种。

① 警冲标：在两条线路汇合处，为了防止停留在一线的车辆与邻线上的车辆发生侧面冲撞而设在两汇合线路间距离为 4 m 的中间的标志。线间距离不足 4 m 时，应设在两线路中心线最大间距的起点处，如图 1－31 所示。

图 1－31　警冲标

② 站界标：是车站与区间的分界处的标志，主要用于车站管辖范围区界划分和列车运行时位置识别。

③ 鸣笛标：要求司机鸣笛的标志。一般设在道口、桥梁、隧道口及线路状况复杂地段的外方规定位置。

④ 停车牌：指示列车停车位置的标志。通常用于车站站台规定的乘客上下车的停车地点，以及列车折返时指示司机停车的地点，它固定设置在规定位置。

⑤ 一度停车标：要求列车（机车）在该地点停车后进行确认线路、道岔及进行相关操作后继续行驶的指示标志。

⑥ 车挡表示器：设在线路尽头线车挡上的表示器，便于司机及调车员确认车挡位置。隧道内显示红色灯光，地面线路昼间使用红光方牌、夜间使用红光。车挡表示器如图 1－32 所示。

⑦ 接触网终止标：表示接触网已终止的标志，设在接触网终端，警告司机不准越过该标，防止脱弓。

⑧ 预告标：通常设于非自动闭塞区段进站信号机外方，用以预告进站信号机位置距离的标志。在城市轨道交通中的基地试车线设置了类似的预告牌（警告牌），用于预告试车线尽头端距离。预告牌（警告牌）为直立白色长方形牌，三个为一组，牌上分别涂有三条、二条、一条黑色斜线，表示距尽头车挡距离。立牌地点距尽头的距离由城市轨道交通管理部门依据实际情况制订。预告标如图 1－33 所示。

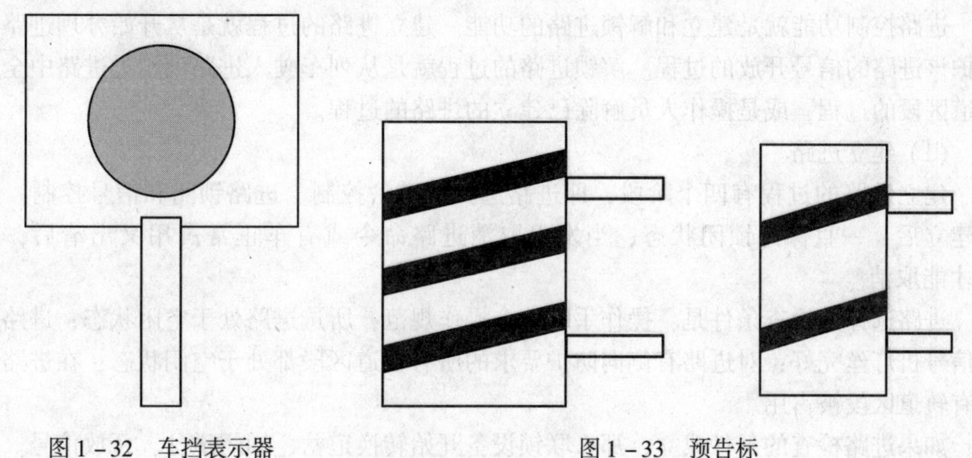

图 1－32　车挡表示器　　图 1－33　预告标

⑨ 引导接车地点标：指示引导员引导接车时所站位置的标志。引导接车时，原则上站在进站信号机外方或站界标处。如因地形、地物影响在上述地点显示手信号，不能保证列车在 200 m 以外确认时，引导地点应向区间延伸，在保证列车在 200 m 外方看清引导信号的地点设置引导接车地点标。

在信号标志中，有些标志具有警告意义和防护功能，运行列车必须在其标志的内方停车，不得越过或者相碰，一旦越过或者相碰，将构成行车事故（事件），如警冲标、车挡表示器、接触网终止标等，它们与行车信号显示具有相同性质的含义。

1.5.2 联锁设备

城市轨道交通信号系统的任务是保证行车安全、协调列车运行、提高运输效率。城市轨道交通车站及车辆段都有很多线路，线路的两端以道岔连接，根据道岔的不同位置组成列车的不同进路，每条进路只允许一列列车使用。列车能否进入某进路，是否会发生进路冲突，这些都由联锁系统来协调。联锁系统是信号系统中保证列车行车安全的核心设备。

1. 联锁的概念

联锁是指进路、进路上的道岔、防护进路的信号机之间相互制约的关系。联锁设备是实现道岔、信号机、轨道区段间正常的联锁关系及进路控制的安全设备。联锁设备是ATP系统的重要组成部分，是确保行车安全的基础设备，必须符合“故障—安全”原则及必要的设备冗余。

2. 联锁设备的功能

联锁设备具有以下功能：轨道电路处理、进路控制、道岔控制、信号控制、进路自动设置功能。

1）轨道电路处理功能

轨道电路处理功能是接收和处理轨道区段的“空闲、占用”状态信息，并把该状态信息转发给其他相关设备。

2）进路控制功能

进路控制功能就是建立和解锁进路的功能。建立进路的过程就是从开始办理进路到防护该进路的信号开放的过程。解锁进路的过程就是从列车驶入进路到越过进路中全部轨道区段的过程，或是操作人员解除已建立的进路的过程。

(1) 建立进路

建立进路的过程有四个阶段，即进路选择、道岔控制、进路锁闭和信号控制。进路建立后，一直保持锁闭状态；当发出取消进路命令或有车正常占用又出清后，进路才能取消。

进路选择的检查条件是：操作手续符合操作规范；所选进路处于空闲状态；进路始端信号机灯丝完好；对进路有侧向防护要求的所有轨道区段都处于空闲状态；在进路中没有轨道区段被占用。

如果进路检查的条件成立，那么联锁设备开始转换道岔，锁闭道岔，开放信号。如果进路检查的条件不成立，或没有在指定点检测到道岔位置，则向控制中心回送一个无效命令，停止建立进路的操作。

当进路内有关道岔的位置符合进路要求，而且进路在空闲状态、没有建立敌对进路等条件得到满足时，实现进路锁闭。进路锁闭后，进路内的道岔不能再被操纵，与该进路敌对的其他进路就不能建立了。

(2) 解锁进路

如果进路和进路的接近轨道区段处于空闲状态，那么控制中心发出取消进路指令，进路立即取消。

当列车接近进路时，若此时由于某种原因需取消进路，则取消进路的操作需延时生效，以确保即使列车冒进，此时进路仍处于锁闭状态，道岔不会转换，列车不会颠覆，不会产生危险。

3）道岔控制功能

（1）监测

全天候监控所有道岔的状态，道岔的状态信息反馈到人机对话层。如果发生列车挤岔等不正常情况，可由道岔检测设备反映到控制室，并给出声光报警。

（2）锁闭

道岔锁闭电路接收到控制中心送来的锁定道岔指令，对道岔进行锁闭操作，并返回一个锁闭成功或锁闭失败的状态信息给控制中心。根据需要还可以对每组道岔进行单独锁闭。

（3）错开道岔动作时间

只有当道岔区段空闲、道岔不在指定位置且未被锁定时，才能对道岔进行转换操作。为了消除操作多组道岔时瞬间电流过大的现象，联锁设备需要错开转辙机转动时间。

4）信号控制功能

信号控制功能负责监视轨旁信号状态，并依据进路、轨道区段、道岔和其他轨旁信号状态信息对道岔进行自动控制。当收到控制中心送来的信号更新指令时，则更新信号状态。

若进路建立的联锁条件得到满足，则点亮绿灯或黄灯或白灯（这三种灯光为允许行车灯光，其中绿灯和黄灯是列车运行时的允许灯光，白灯为调车时的允许灯光），表示进路在锁闭状态；若进路建立的联锁条件不满足，则点亮红灯。如果信号开放后，由于某种原因条件又不满足，则信号自动关闭。直到条件满足后，在收到信号重新开放指令时，才重新点亮允许灯光。

5）进路自动设置功能

正常情况下，城市轨道交通中只需要开通某一固定进路。根据列车的目的地，进路自动设置功能在适当时间自动请求进路。进路自动设置功能有以下两种模式。

（1）根据列车时刻表自动设置进路

根据当前列车识别号和列车位置，由当前时刻表设置进路。进路自动设置功能必须考虑时刻表定义的时间顺序；当进路或轨道电路发生变化时，此功能将检查等待列表，并发送一个请求信息。

（2）根据列车识别号自动设置进路

在某些降级模式下，虽然列车时刻表无效，但进路自动设置功能仍可根据列车识别号来确保，通过位于每个站台和正线车辆上的应答器来定义进路控制，设置适当的进路。

联锁逻辑和有关的输入、输出的控制及表示，若主要是由继电器来完成的，则称为继电集中联锁；若主要是由计算机来完成的，就称为计算机联锁。

1.5.3 列车运行自动控制系统

1. 地下铁道行车自动化系统

地下铁道行车自动化系统（traffic automation system in the subway）是在地下铁道行车调度控制中，应用电子计算机通过信息传输通道实时地收集有关行车的各种信息，经计算机应用程序进行处理，最后向区间和车站的各列车及地面信号发出控制指令（包括安排列车进路，控制列车速度，定点停车监视和调整列车运行），并在调度控制室内同时显示行车实际情况，自动记录行车实迹的系统。

地下铁道行车自动化系统的功能包括：低级阶段功能和高级阶段功能。低级阶段功能是由自动闭塞、自动停车、车站联锁和调度集中控制来完成的；高级阶段功能则叠加了行车指挥自动化和列车运行自动化系统，还配置列车无线调度电话，使地下铁道行车调度员与驾驶员之间随时进行通话。

2. 列车自动控制系统

1）列车自动控制系统概述

列车自动控制系统（automatic train control，ATC）简称为列控系统，是对列车运行全过程及一部分作业实现自动控制的系统。其特征为：列车通过获取地面信息和命令，控制列车运行速度，并调整与前行列车之间必须保持的距离。列控系统是保证列车按照空间间隔法运行的技术方法，包括以下三个子系统：

① 列车自动防护系统（automatic train protection，ATP）。

② 列车自动驾驶系统（automatic train operation，ATO）。

③ 列车自动监控系统（automatic train supervision，ATS）。

ATP 系统通过列车 ATP 系统和地面 ATP 系统间的信息传输，来实现列车间安全间距的监控、速度控制、列车的超速防护、安全门开关的监督和进路的安全监控等功能，从而防止列车碰撞与出轨，确保列车和乘客的安全。ATO 系统主要通过车载 ATO 系统完成站间自动运行、列车速度调节和进站定点停车，并接受控制中心（operation control center，OCC）的运行调度命令，实现列车的运行自动调整。ATS 系统的主要功能是监督列车状态、产生列车时刻表、自动调整列车运行时刻和保证列车按时刻表正点运行、生成运行报告和统计报告、向旅客导向系统提供信息等。

轨道交通系统采用软件方法实现联网、通信及列车运行管理自动化，ATP、ATO、ATS 三个子系统既相互独立又相互联系，组成完整的 ATC 系统，确保列车安全、快速、有序地运行。ATC 系统设备分布于控制中心（OCC）、车站、轨旁及列车上。ATC 系统框图如图 1 – 34 所示。

2）ATC 系统功能

（1）基本功能

① ATC 的车载信号是列车运行的凭证。

② 按列车安全制动距离，自动调整列车追踪间隔。

③ 防止列车运行速度超过线路允许速度、道岔侧向规定速度及列车构造速度，保证列车行车安全。超速时由列控设备自动实行减速或制动停车。

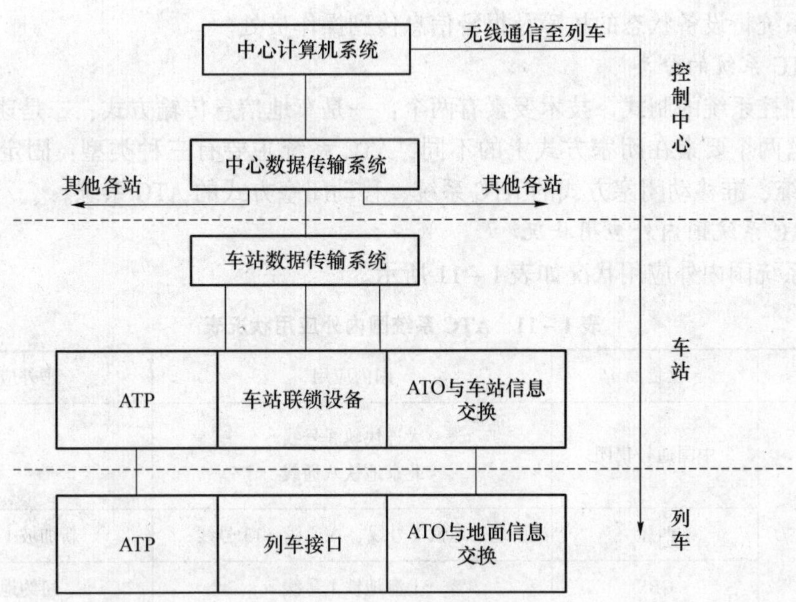

图 1-34 ATC 系统框图

④ 监督列车以低于 30 km/h 的速度进行出入库作业。

⑤ 与机车自身速度控制系统相结合，实现减速、缓解、加速的自动控制。

⑥ 防止列车冒进关闭的禁止信号机（或点）。

⑦ 与列车调度系统相结合，实现对列车减速、缓解、加速的自动控制。

⑧ 由车载测速单元获取列车走行速度和列车的位置。每通过一个轨道区段分界点或应答器时，列车的测距系统将校正一次，以提高目标距离的精度。

⑨ 根据地面中心信息及车载设备实时处理情况，车载设备应连续地向驾驶员显示下列行车内容：目标速度、目标距离、允许速度、实际速度。还有其他辅助报警显示：超速、制动、缓解、故障等。

（2）安全功能

为保证列车的安全运行，ATC 还设有下列检测设备和安全防护措施，以形成完整的列车安全运行体系。

① 环境状况监督。强风、雨、雪检测器及立交防落物检测器将产生的报警信号，传输给车站和区段调度所。列控系统根据这些信息发出限速或停车指令。

② 列车状态检测。轴温检测器将产生的报警信号传到车站和区段调度所。列控系统对这些信息进行处理，通过点式传输，将轴温报警信息传输给列车。

③ 人员和设备防护。在施工或发生事故时，通过局部操作（或车站或区段调度所控制），使列控系统发出各种防护或限速命令，对设备或人员进行安全防护。

（3）其他功能

① 列控系统不仅具有列车速度控制功能，根据需要，控制中心还可对所辖区间渡线、道岔及中间站道岔进行控制，实现信号基础安全设备一体化。

② 设备维护监督功能。对列控系统地面设备状态进行监督管理，存储设备故障信

息。列控系统将设备状态的故障及报警信息传到操作员处。

3）ATC 系统的分类

影响列控系统的制式、技术要素有两个：一是车地信息传输方式；二是速度控制模式。根据这两个要素在闭塞方式上的不同，ATC 系统主要有三种类型：固定闭塞方式的 ATC 系统、准移动闭塞方式的 ATC 系统、移动闭塞方式的 ATC 系统。

4）ATC 系统国内外应用状况

ATC 系统国内外应用状况如表 1－11 所示。

表 1－11　ATC 系统国内外应用状况表

闭塞方式	供货商	国内应用	国外应用
固定闭塞	中国通号集团	大连快轨 3 号线 北京地铁八通线	
	西屋	北京地铁 1 号线、八通线、13 号线	新加坡 1 号线
	GRS	上海地铁 1 号线	纽约地铁
	西门子	上海新闵支线	欧洲城市轨道交通
准移动闭塞	西门子	广州地铁 1 号线、2 号线 深圳地铁 1 号线 南京地铁 1 号线	
	阿尔斯通	上海地铁 3 号线 香港机场快线	法国巴黎南北线
	US&S	上海地铁 2 号线 天津地铁 9 号线（津滨轻轨）	美国洛杉矶绿线 韩国首尔地铁
	西屋	北京地铁 5 号线 天津地铁 1 号线	英国伦敦 Jubilee 西班牙马德里
移动闭塞	阿尔卡特	武汉轻轨 1 号线（环线） 广州地铁 3 号线（环线） 港九铁路西线（环线）	温哥华 1、2 号线（环线） 肯尼迪机场轻轨（环线）
	西门子	广州地铁 4 号线	巴黎地铁 14 号线（环线）
	阿尔斯通		新加坡东北线

3. ATP 系统

ATP 系统为城市轨道交通的安全快捷起到重要作用。该系统负责全部的运行保护，对与安全有关的子系统进行控制。

1）ATP 设备组成

ATP 系统总的来说一般由轨旁设备和车载设备两部分组成。ATP 设备框图如图 1－33

所示。下面结合德国西门子 LZB700M 系统对 ATP 设备组成和模块功能进行介绍。

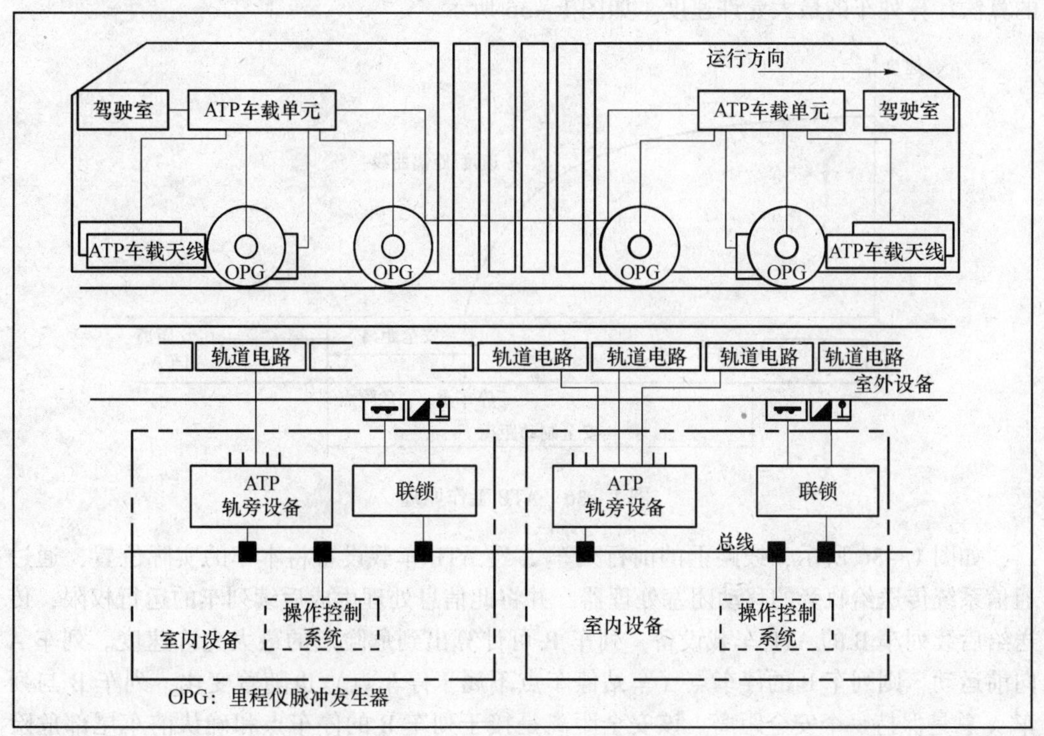

图 1－35 ATP 设备框图

（1）ATP 轨旁设备组成

ATP 轨旁设备主要由 ATP 轨旁单元和与其相关的发送（接收）设备组成。ATP 轨旁设备利用轨道电路发送数据信息到车上，对轨道电路实行双重利用，无须在轨道上增加设备。ATP 系统一般是分区域进行控制的，这主要是根据系统所能控制的范围决定的，每一个区域都有 ATP 轨旁单元和发送（接收）设备，各区域的 ATP 轨旁单元通过总线连接。

（2）ATP 车载设备组成

ATP 车载设备一般由 ATP 车载单元、测速装置和接收（发送）装置组成。有的系统是列车两头各装有一套 ATP 车载设备，互为备用；有的系统是列车两头各装有一套，但不互为备用，只控制各自方向的行驶；还有的系统只有一套。另外在车辆驾驶室的显示器上安装有信号的显示软件。

ATP 车载设备根据地面设备提供的信号动态信息、线路静态参数、临时限速信息及有关列车数据，生成控制速度和目标距离控制模式曲线，控制列车运行。

2）ATP 系统工作原理

ATP 系统在城市轨道交通中承担确保列车行车安全的重要职责，它是 ATC 系统中最重要的一环。

在 ATP 计算机内，储存了必要的线路固定工程数据，如区间的线路布置、坡度、轨道电路长度、限速等。ATP 计算机根据已有的数据和当时的线路运行状况，按照一定的算法计算列车的最大允许速度。如图 1－36 所示。

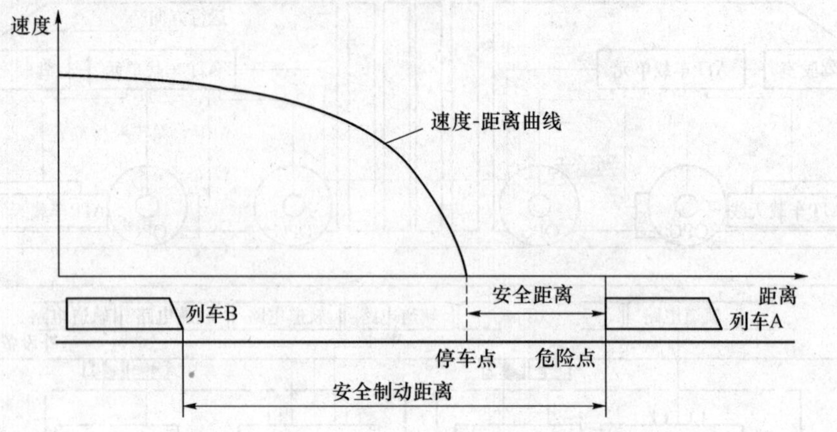

图 1－36　ATP 工作原理

如图 1－36 所示，线路上的前行列车 A 经 ATP 车载设备将本车的实际位置，通过通信系统传送给轨旁的移动闭塞处理器，并将此信息处理生成后续列车的运行权限，传送给后续列车 B 的 ATP 车载设备。列车 B 可计算出到危险点的最大允许速度。列车 A 向前运动，则列车 B 的停车点（车站停车点不属于停车点）也随着变化，列车 B 与列车 A 总是保持一个安全距离。该安全距离是接于列车 B 的停车点和确认前车尾部危险点之间的一个固定距离。列车 B 实时计算到停车点的速度-距离曲线，如果列车实际速度高于最大允许速度，那么系统就先报警，若在规定时间内未将速度降到允许速度以下，则实施紧急制动。

3）ATP 系统功能

（1）防护区段和停车点的保护

危险点是丝毫不能超越的点，如果超越，就可能发生危险，如列车追尾。如图 1－36 所示，停车点和危险点间有一个安全距离，该安全距离即是两列车间的防护区段，该防护区段的长度由区段的运行条件和前后列车性能决定，必须保证后续列车最迟能够在防护区段的末段（危险点之前）停下来。图 1－36 中的停车点是防护区段的起始点，由 ATP 负责监督并计算到停车点的速度-距离曲线，以使列车在该点能够停下，在防护区段内的停车可以保证前后列车的安全。

（2）测距与测速

距离测量为 ATP 系统的重要功能（如速度检测、开门位置的确定）提供依据。为了保证列车能够准确地停在目标停车点处，ATP 系统必须能够计算出从当前位置到目标停车点的最大安全允许速度。

ATP 轨旁计算机将计算列车运行允许速度的有关参数，形成报文，通过轨道电路发送给在轨道上运行的列车。列车通过 ATP 车载天线接收这些数据，并形成相应的速度保护曲线，保证列车在安全状态下行驶。

ATP 车载计算机根据测速传感器给出的列车实际运行速度、接收到的 ATP 报文信

息实施对列车距离和速度的监督、紧急停车的监督、停车点的监督等安全性功能，并把相应的距离、速度等参数送给驾驶室里的辅助显示单元，作为驾驶员操作控制列车的依据。

(3) 列车追踪间隔

此功能保证了列车运行的控制，避免列车相碰撞。

(4) 安全限被侵犯情况下的紧急制动

通过按压设在车站站台上的紧急停车按钮，紧急停车的报文信息由 ATP 轨旁单元通过轨道电路送达列车。ATP 车载单元收到紧急停车报文后，启动紧急制动，直到列车停稳。

(5) 运行方向的监督

在正线和试车线上，车载 ATP 接收装置接收到 ATP 轨旁设备发送的报文后，ATP 车载单元对列车的运行方向进行监督，不允许列车倒行，当列车倒行时，ATP 产生紧急制动。

(6) 车门监控

列车的车门控制是 ATP 重要的安全防护措施之一。ATP 车载设备能防止列车在站外开门和站内开错门。另外，它还能防止列车在开门状态下启动，列车在车门未全部关闭时运行。若出现上述情况，ATP 会产生紧急制动。只有在下列条件同时满足时，ATP 才给出开门命令：①列车是静止的；②列车停在车站的可停车范围内；③ATP 轨旁设备允许开门。只有在 ATP 系统检查了所有安全条件且确认均已满足时，才允许车门开启并发出指示命令。

(7) 列车自动折返监控

自动折返运行模式使列车在终点站能自动折返（包括无人折返）。在这种模式下，列车在 ATP 系统的控制下运行。就是说 ATP 车载单元通过速度曲线连续对列车的运行进行监督。

(8) 列车故障信息和紧急制动的记录

ATP 车载单元有存储模块和诊断接口。当 ATP 车载设备发生故障或列车发生紧急制动时，故障信息或紧急制动信息就会被储存。另外，ATP 车载单元的一些状态也会被记录。

4. ATO 系统

1) ATO 系统结构

ATO 系统负责控制列车的运行，例如列车的自动离站、列车的速度调节、列车的目标制动，以及车门、屏蔽门和安全门的开/关的启动控制。

ATO 是提高城市轨道交通列车运行水平（准点、舒适、节能）的重要技术，但它的功能要依靠 ATC 各子系统协调工作，共同完成。ATO 设备没有安全相关的功能，因为 ATO 总是运行于 ATP 的安全监督之下，其运行速度始终低于 ATP 的防护速度，且它的运行任务是由 ATS 根据需求实时给出的，缺少 ATP 和 ATS 系统，ATO 将无法正常工作。

ATO 的主要部件在列车上，以实现自动驾驶模式。ATO 的功能是非安全型的，因为 ATO 车载单元是单通道的计算机。ATO 轨旁设备的功能通过 ATS、ATP 和联锁实现。

ATO 系统结构如图 1－37 所示。

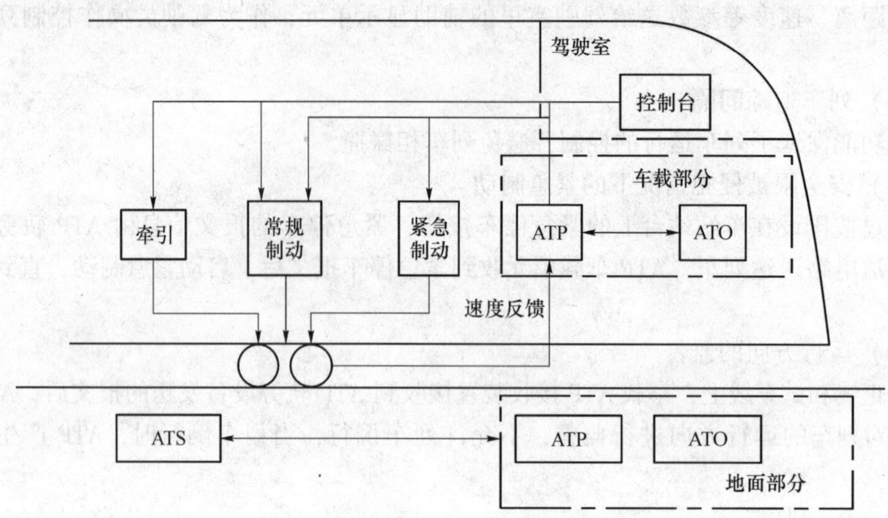

图 1－37　ATO 系统结构

ATO 由以下几部分组成。

(1) ATO 轨旁设备

ATO 轨旁设备包括车站交叉环线和列车位置识别系统（position train identification, PTI）轨旁设备。通过连续式通信，其功能由 ATS、ATP 和联锁共同完成（如控制站台屏蔽门），主要提供以下功能：通过连续式通信通道接收列车数据（比如驾驶模式、车次号、目的地码或者驾驶员号），并在车载设备和 ATS 之间传送文本消息；打开和关闭站台屏蔽门/安全门。

(2) ATO 车载设备

ATO 车载设备主要由车载 ATO 机柜、车载人机界面（man machine interface, MMI）和 PTI 车载设备组成。其中车载 ATO 机柜和 MMI 每个驾驶室 1 个，每列车共有 2 个。ATO 车载设备提供一个用于控车的接口。虽然 ATP 和 ATO 设备可以安装在一个共用的机架上，但在物理上是分离的，这样的配置允许分别更换模块。

PTI 系统由车载设备和轨旁设备组成。轨旁设备由 PTI 环线和 PTI 轨旁盒、PTI 轨旁馈电电缆盒和 PTI 多路接收器组成。车载设备包括电源模块、处理模块和 PTI 天线。

为了具有更好的可用性，ATO 车载单元是设备冗余的。正常情况下，前面的 ATO 控制列车驾驶，后面的 ATO 作为备用。在驾驶室切换期间，后面 ATO 接管控制，而前面的 ATO 作为备用。在这种冗余模式下，两头的 ATO 都收到来自两个驾驶室的诸如按钮、开关和接点的输入。在没有故障时，后面的 ATO 跟随前面 ATO 的状态。如果前面 ATO 故障时，后面 ATO 将控制列车的移动。为了实现 ATO 的设备冗余，两个 ATO 的输出都连接到车辆，但是任何时候只有一个输出是激活的，ATP/ATO 的冗余转换是同时进行的。

(3) 车载设备和轨旁设备之间的信息交换

ATO 和 ATP 采用相同的轨旁和车载设备之间的连续式通信系统。采用连续式通信

方式，从轨旁设备传输到车载设备的信息包括：来自 ATP 轨旁设备的信息通过 ATP 车载设备传输到 ATO 车载设备，其计算自动驾驶曲线；从 ATS 传输到 ATO 车载设备的旅行时间和停站时间。从 ATO 车载设备传输到轨旁设备的信息包括：到 ATS 的列车数据（如驾驶模式、车次号、目的地码）和到 ATP 轨旁设备的站台屏蔽门/安全门的开、关信息。

2）ATO 系统工作原理

ATO 系统能保证行车时间与定点停车，还能提高运行效率和舒适度，减少能耗。但作为 ATC 的一个子系统，它的功能是要依靠 ATC 各子系统协调工作共同完成的，缺少 ATP 与 ATS 系统，ATO 将无法正常工作。

从列车运行中所起作用来说，ATO 能驾驶列车，进行车速调整，给旅客传送信息，进行车门的开、关作业。但这只是执行操作命令，不能确保安全，因此需要 ATP 来进行防护。如图 1－38 所示，3 种制动曲线能对不符合安全运行的情况给予防护，保证列车不超速，车门不误动。由此可见，ATP 是列车运行时必不可少的安全保障，主要负责超速防护；ATO 则是提高城市轨道交通列车运行水平（准点、平稳、节能）的技术措施，主要负责正常情况下列车高质量地运行。在任何时候，只要 ATP 正常，就应让 ATO 执行防护工作，以确保行车安全。

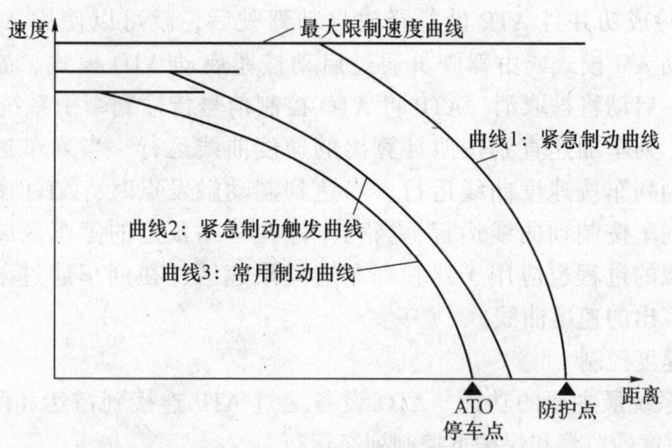

图 1－38　ATO 常用制动模型

图 1－38 中，防护点的位置取决于所考虑的运行环境，对于移动闭塞，防护点是前行列车的尾部位置。ATO 停车点来源于运行停车点（如车站）或基于给出的常用制动曲线来计算。曲线 1 表示列车的紧急制动曲线，由 ATP 系统计算、在驾驶室显示出来的最大允许速度略低于紧急制动曲线。当列车速度达到曲线 2，应给出告警。曲线 3 是由 ATO 系统动态计算的常用制动曲线，即正常情况下的停车制动曲线。由于列车的运行密度越来越大，安全性要求越来越高，所以要求有 ATS 系统，以使列车按照设计好的时刻表准确有序地运行，并监视列车运行状态，实现智能调度。ATS 设在线路中较大的车站，控制中心与各站联锁设备间的联系由遥控系统来完成。ATO 从 ATS 处得到列车运行任务命令，与地面线路信息一起组成报文，通过轨道电路传送，由 ATP 车载设

备统一接收。ATP 将处理过后的对 ATO 有用的信息传给 ATO，并显示相关信息，且不断地监视 ATO 的工作。ATO 获得有用信息后，根据实际运行速度和 ATP 的最大允许速度，计算运行速度，得出控制量，并执行控制命令。定点停车采用站内交叉环线实现。到站后 ATO 通过列车位置识别系统的天线向地面发送列车信息，并传到 ATS，以便识别列车的位置。ATS 根据此列车信息确定列车的新任务后，再次通过轨道电路传送给 ATO。在区间运行时，每进入新的轨道区段，ATO 便接收新的地面信息，以便进行速度调整。

3）ATO 系统功能

（1）自动驾驶模式

在 ATO 系统控车后，在连续通信级，ATO 系统完全自动控制列车运行，直到终点站；在点式通信级，ATO 系统完全自动控制列车从一个车站运行至下一个车站（AM 模式）。AM 模式（ATO 模式）在下列条件下激活：

① ATP 在 SM 模式；

② 停站时间已过（运行停车点已被释放）；

③ 从轨旁设备接收到移动授权；

④ 门已关闭；

⑤ 驾驶手柄在 0 位置，方向手柄在前进位置。

在 ATO 自检成功并且 ATP 设备释放自动驾驶后，就可以使用 ATO 系统驾驶列车，可自动启动 AM 模式或由驾驶员通过启动按钮启动 ATO 模式。如果任何一个前提条件不满足，启动将被取消。ATP 将 ATO 控制信号传输到牵引系统。在 ATO 由启动按钮激活后，列车加速直到按照计算出的速度曲线运行。当列车达到期望的速度后，系统将控制列车按速度曲线运行。当达到制动触发点时，ATO 设备将自动控制常用制动，使列车按制动曲线运行。当列车停在车站预定的停车区域后，ATO 自动打开车门。类似的过程也应用于驾驶列车通过限速区，在列车通过限速区后，列车自动加速到计算出的速度曲线。

（2）列车速度控制

这是 ATO 系统最主要的功能。ATO 设备通过 ATP 连接到雷达和测速电动机，在 ATP 最大允许速度的监督和保护下控制列车运行。

ATO 系统具有牵引速度调节和制动控制信号功能，其模块调速器以渐进和恒定的速率使列车加速达到限定的运行速度。列车达到限定速度后，ATO 根据站间距离和站间运行时间自动计算出速度—距离曲线，通过连续比较实际速度和限定速度，应用闭环控制技术，控制列车的牵引和制动系统，达到速度调节的目的。ATO 控制列车速度达到 ATP 速度命令、ATS 运行等级或车站停车曲线所决定的最低参考速度，列车运行速度一般保持在最低参考速度 0 ~ 5 km/h 的范围内。在高峰期间，按照最大允许速度驾驶列车；在低峰期间，按照最节能的方式驾驶列车。

（3）列车目标制动

列车目标制动使列车精确地停在计划规定的位置。

对运行的列车而言，最重要的作业之一便是在车站定位停车。通常驾驶员在制动时全凭直觉估计到停车点的距离，然后根据当时的速度来推算减速度，即完全按“记忆

模式”来操作制动阀。这要做到定位停车是相当困难的，所以必须研究列车自动定位停车，这对设置站台屏蔽门的城市轨道交通尤为重要。

车站停车点由 ATO 根据线路数据库进行控制。ATO 设备通过 ATP 与雷达和测速电动机连接，并直接获得位置信息。ATO 列车定位功能也在列车经过任一固定安装的同步应答器时，使其接收列车信息以提高测量精度。ATO 目标制动功能使停车精度达到 ±0. 3 m。

定位停车控制一般多采用距离控制方式。所谓距离控制方式就是根据制动开始点到定位停车点之间的距离，以及列车速度、列车质量、天气情况、空走时间、线路条件算出制动模式。在定位停车点的附近进行阶段缓解，以不断修正停车位置的误差来保证定位停车。

定位停车示意图如图 1－39 所示。为了保证列车能在车站定位停车，一般应在车站内设地面标志器，当列车接近车站时，它首先检出距离停车点 350 m 的外方标志器对，从而启动制动曲线并点亮驾驶员操作台上的程序停车表示灯；列车通过距离停车点 150 m 的中间标志器对和距离停车点 25 m 的内方标志器时分别更新制动曲线；而当列车通过距离停车点 8 m 的站台标志器时，再次更新制动曲线。一旦车辆对位天线直接位于地面对位线圈时，地面向列车发送对位信息，车辆检出此信息时，ATO 将设定常用全制动并启动开门程序，当车门打开时，程序停车表示灯将熄灭。如果跳停生效，说明列车在该站不停，所以跳停表示灯点亮，程序停车表示灯不亮，而且标志器的输入不起作用，列车根据 ATP/ATS 速度命令运行。

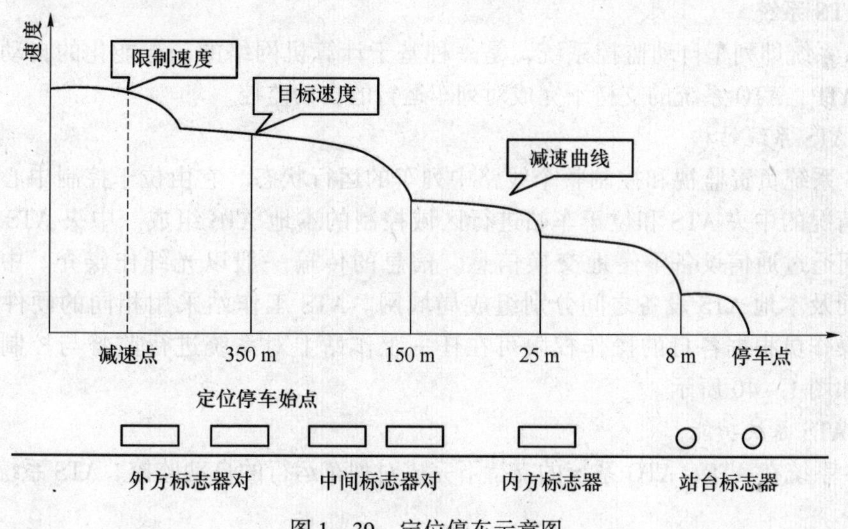

图 1－39　定位停车示意图

当程序停车正在作用时，车站停车功能还可以通过驾驶员按下跳停按钮来取消，即在列车对位信号生成前，在任何时间都可人工取消一次程序停车。跳停不论由 ATS 还是由人工输入，只能取消一个车站停车。

(4) 车门和站台屏蔽门/安全门的打开和关闭

ATP 系统和 ATO 系统均涉及该项功能。车门释放由 ATP 授权。当列车停于定位停车的允许精度范围内时，ATO 系统确认列车到达指定的定位区域后，将列车停车信号传给 ATP 系统，以保证列车制动。当 ATP 系统检查完开门条件，允许车辆开门并给出命令后，ATO 选择合适一侧的车门，并提供开门命令。打开哪侧车门的信息包含在线路数据库里。车门关闭由驾驶员或者停站时间的到时来触发。线路数据库（TDB）储存了城市轨道交通网络图、应答器的位置数据。结合来自测速电动机和雷达的位移测量，列车就能知道它在线路的绝对位置，并且发送位置报告给 ATP 轨旁设备。

对于一些特殊列车，禁止打开车门。也就是说，如果某列车被标识为特殊列车，则其车门不能在某些车站或所有的车站打开。ATS 使用一个特殊的车次号（目的地码）指定该类型的列车。

有了车门打开信号后，车辆定位发送器发送屏蔽门信号，当站台定位接收器收到此信号后，通过调节屏蔽门继电器，将与列车车门位置与编号相对的屏蔽门打开，屏蔽门和车门应在小于 1 s 时间内同步启动，关闭时间应大致相同。

(5) 自动折返

列车自动折返由 ATO 控制并受 ATP 的监督。无人驾驶的列车自动地从站台线驶入折返线并停下，在换端之后列车转回车站，进入另一站台线。

(6) 自动排列进路

在中央 ATS 设备故障时，ATO 与 RTU（远程终端设备）及 ATP 轨旁设备配合，实现自动排列进路。

5. ATS 系统

ATS 系统即列车自动监控系统，是一种基于计算机网络的、智能化的自动控制系统，在 ATP、ATO 系统的支持下完成对列车运行的自动监控。

1）ATS 系统结构

ATS 系统负责监视和控制整个线路中列车的运行状态。它由位于控制中心监督控制全线情况的中央 ATS 和位于车站进行区域控制的本地 ATS 组成。中央 ATS 与本地 ATS 之间通过通信设备不停地交换信息。信息的传输一般以光纤作媒介。中央 ATS 设备之间及本地 ATS 设备之间分别组成局域网。ATS 工作站采用相同的硬件和系统软件。操作员根据各自的操作权限可在任一工作站上对系统进行监督与控制。其系统结构如图 1－40 所示。

2）ATS 系统功能

ATS 系统在 ATP、ATO 系统的支持下完成对列车运行的自动监控。ATS 系统的主要功能如下。

(1) 列车运行调整

当列车偏离列车运行图时，行车调度员（简称行调）可利用 ATS 系统进行列车运行调整。行调进行列车运行调整的方法主要有以下两种。

① 使用列车运行自动调整功能（ATR）自动调整列车运行。一般情况下，需把 ATR 功能激活，实现列车自动调整。

当列车发生早点时，行调可通过扣车，使列车在下一站正点开出。当列车发生晚点

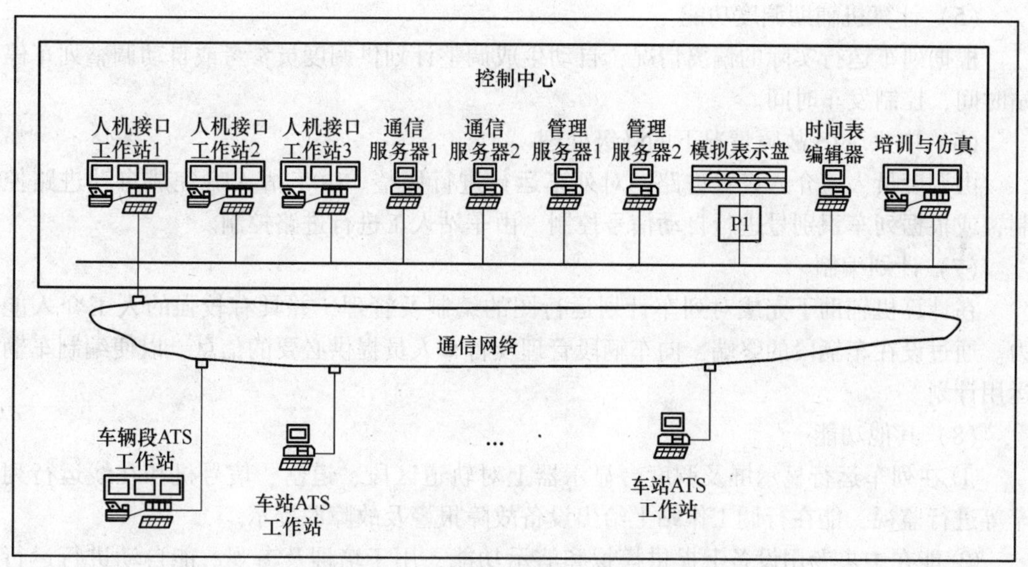

图 1-40　ATS 系统结构

时，行调可组织驾驶员充分利用线路运行速度赶点，压缩区间运行时分，指示车站组织好乘客上下车以压缩列车停站时间，联锁站及时取消运营停车点，折返站做好列车折返作业，压缩折返时间。

遇到车内乘客拥挤时，应通知前方车站控制入闸人数，广播通知乘客搭乘下一趟列车，通过客运组织措施赶点。

因列车、供电及线路故障，列车晚点时，除按上述办法组织外，还需按相关故障处理办法进行处理。

② 用 MTR（人工）调整列车运行。如个别列车（如早点列车、专列）需要，行调可以对该列车关闭 ATR 功能，改用 MTR（人工）调整。

行调可以在 MTR 功能菜单上减少或增加停站时间，缩短或延长区间运行时分。注意，区间运行时分、停站时间、折返停留时间不得超过系统极限值，否则系统将不接收指令。当列车已达到调整的目的时，则关闭 MTR，恢复 ATR 控制。

(2) 信息监控

通过采集 ATP 轨旁设备和车载设备提供的轨道占用状态、进路状态、列车运行状态及信号设备故障等信息来控制和监督列车运行。

(3) 排列进路

根据联锁表、计划运行图及列车位置，自动生成、输出进路控制命令，传送至车站联锁设备，设置列车进路。

(4) 列车识别号跟踪、传递和显示功能

ATS 系统能自动完成正线区段内列车识别号（服务号、目的地码、车体号）跟踪。列车识别号可由中央 ATS 自动生成或调度员人工设定、修改，也可由列车经车—地通信向 ATS 发送识别号等信息。

（5）计算机辅助调度功能

根据列车运行实际的偏离情况，自动生成调整计划供调度员参考或自动调整列车停站时间，控制发车时间。

（6）中央 ATS 故障情况下的降级处理

由调度员人工介入设置进路，对列车运行进行调整。由车站 ATS 完成自动进路控制，或根据列车识别号进行自动信号控制，由车站人工进行进路控制。

（7）计划编制

在计算机辅助下完成对列车计划运行图的编制及管理，并具有较强的人工介入能力。通过设在车辆段的终端，向车辆段管理及行车人员提供必要的信息，以便编制车辆运用计划。

（8）其他功能

① 在列车运行显示屏及调度台显示器上对轨道区段、道岔、信号机和在线运行列车等进行监视，能在行调工作站上给出设备故障报警及故障源提示。

② 能在中央专用设备上提供模拟和演示功能，用于培训及参观。能自动进行运行报表统计，并根据要求进行显示、打印。

③ 能在车站控制模式下与计算机联锁设备结合，将部分或所有信号机置于自动模式状态。

④ 向无线通信、广播、旅客向导系统提供必要的信息。

3）ATS 系统运行模式

ATS 系统发生故障可转化为人工控制；中央 ATS 发生故障，转化为车站 ATS 控制；车站 ATS 发生故障不会影响中央 ATS 的工作。有道岔车站设 ATS 分系统，负责本站和邻站的接发车作业，并接发和储存控制中心的列车运行计划。

（1）ATS 自动监控模式

正常情况下，ATS 系统自动监控在线列车的运行，自动向联锁设备下达列车进路命令，列车在 ATP 的安全保护下由驾驶员按规定的列车时刻表驾驶列车运行。控制中心行车调度员仅需监督列车和设备的运行状况。每天开班前，控制中心行车调度员选择当日的列车运行图/时刻表，经确认或做必要的修改，将其作为当日行车指挥的依据。

（2）行车调度员人工介入模式

行车调度员可通过工作站发出行车调度命令，对全线列车运行进行人工干预。列车运行计划调整包括跳停、改变列车进路、增减列车等。

（3）列车出入车场调度模式

车辆调度员根据当日列车运行图/时刻表编制车辆运用计划和场内行车计划，并传至控制中心。车场信号楼值班员按车辆运用计划设置相应的进路，以满足列车出入场作业要求。

（4）车站现地控制模式

车站联锁和车站 ATS 系统结合实现车站和中央两级控制权的转换。在中央 ATS 设备故障或经车站行车值班员申请，控制中心行车调度员统一放权后，可改由车站现地控制。

在车站现地控制模式下，车站行车值班员可直接操纵车站联锁设备，将部分或所有信号机置于自动模式状态，控制中心行车调度员应通过通信调度系统与列车驾驶员、车站行车值班员保持联系。

(5) 车场控制模式

列车出入场和场内的作业均由车场值班员根据车辆运用计划，直接排列进路。车场与正线之间设置转换轨，出入场线与正线间采用联锁照查设备保证行车安全。

1.6 行车组织规章

1. 技术管理规程

城市轨道交通是国家的重要基础设施，是城市交通的大动脉，具有高度集中、各环节紧密联系、协同动作的特点。为确保城市轨道交通系统安全正点、方便快捷、高速高效，必须制定《技术管理规程》。

《技术管理规程》明确了城市轨道交通在基本建设、产品制造、验收交接、使用管理及保养维修方面的基本要求和标准；规定了城市轨道交通各部门、各单位、各工种在从事运营生产工作中的基本原则、责任范围、工作方法、作业程序和相互关系；规定了信号的显示方式和执行要求；明确了城市轨道交通工作人员的主要职责和必须具备的素质。

《技术管理规程》是广大职工长期生产实践经验的总结，是经科学研究、实践检验探索出来的城市轨道交通技术管理的基本法规。各部门、各单位制定的规程、规范、规则、细则、标准和方法等，都必须符合《技术管理规程》的规定。我国目前还未形成完整的《技术管理规程》，但它的出台是势在必行的。

2. 行车组织规则

1)《行车组织规则》的主要内容

《行车组织规则》是各城市轨道交通企业根据各自运营线路、信号及有关设备、系统运营使用功能和行车设备的配置及实际运营要求情况制定的，是一个企业行车管理的基本法规。《行车组织规则》的主要内容如下。

① 技术设备：包括车站设置原则、限界、速度限制、线路铺设要求、轨道、道岔及信号机的设置、列车自动控制系统、通信设备、供电设备、机电设备和车场等。

② 行车组织指挥系统：包括行车组织原则、运营组织指挥机构及功能、运营指挥执行层次等。

③ 行车闭塞法：主要包括自动闭塞、电话闭塞。

④ 列车出入场的有关规定。

⑤ 接发列车作业的有关规定。

⑥ 列车运行有关规定：主要包括列车运行方向的规定、列车车次号的规定、列车编组规定、列车驾驶模式的规定。

⑦ 列车折返作业的规定：主要包括列车折返方法、折返线的使用、列车折返有关规定。

⑧ 列车监控：主要包括车次号的设置及使用规定、列车运行等级的设置、集中站控制条件、需下达调度命令的情况及调度命令的下达方法和内容等。

⑨ 非正常情况下的行车组织：包括列车反方向运行规定、列车退行规定、列车推进运行规定、隧道内线路积水时的行车规定、地面站迷雾天气的行车规定、信号系统设备故障时的行车办法、客车故障处理、列车晚点时的运行调整、大客流时的行车组织办法、人工操纵道岔准备进路的规定等。

⑩ 救援列车的开行：列车救援准则、救援连挂车作业规定、救援列车开行办法。

⑪ 车场内调车作业要求。

⑫ 运营前的准备及停营清场的规定：包括运营准备、停营清场要求。

⑬ 设备的日常养护维修、施工及工程列车的开行规定、施工管理办法。

⑭ 信号设备操作规定：主要包括 MMI 操作规定、LOW（local operator workstation）操作规定、LCP（local control panel）盘的操作规定。

⑮ 固定信号及手信号显示方式及显示意义的规定。

⑯ 其他：包括隧道照明、标志、行车日期的划分、电动列车驾驶员添乘要求、行车凭证及行车表簿的格式及填写要求等。

2）《行车组织规则》的编制要求

①《行车组织规则》是运营管理的基本法规，它规定了各部门、各单位在从事运营生产过程中，必须遵循的基本原则、工作方法、作业程序和相互关系。

②《行车组织规则》需明确运营工作人员的主要职责和必须具备的基本条件，并对工作流程作原则性说明。

③ 各部门、各单位制定的有关技术业务方面的规程、规则、细则和办法等都须符合《行车组织规则》。

④ 随着城市轨道交通系统的不断发展，线路的不断延伸，信号管理模式的改变，《行车组织规则》也需不断充实和完善。

3. 行车调度工作规则

行车调度工作是城市轨道交通运输组织指挥系统的中枢，担负着日常行车指挥作业，组织各部门、各单位正确执行列车运行图，并安排各项施工检修作业，保证完成各项运输生产任务。为此行车调度工作必须有一个统一的《行车调度工作规则》。

1）《行车调度工作规则》的主要内容

① 行车调度的组织机构、职责范围和工作制度。

② 行车调度设备。

③ 日常调度工作。

④ 调度命令的下达程序及要求。

⑤ 中央 ATS 操作及故障处理。

⑥ 施工计划的安排、实施及运营前的多项准备。

⑦ 非正常情况下的列车运行调整。

⑧ 列车运行图的铺画规定。

⑨ 运行记录、图表。

⑩ 运营分析及信息传递。

⑪ 调度员的培训工作。

2)《行车调度工作规则》的编制要求

① 编制时应以《行车组织规则》为依据，内容不应与《行车组织规则》的规定相抵触。

② 在行车调度工作中，《行车调度工作规则》应对调度工作具有指导作用。

③《行车调度工作规则》应根据线路、信号等设备的调整进行相应的修改。

④ 行车调度员及有关行车人员必须认真学习执行。

4. 车站行车工作细则

《车站行车工作细则》是根据《行车组织规则》制定的具体指导车站行车工作的工作细则，是加强车站技术管理，保证安全组织行车的重要技术文件；是车站编制、执行日常作业计划，组织接发列车、调车和各项技术作业及有关技术设备使用的基本法规；是组织查定各项技术作业过程、时间标准，计算设备能力，进行日常运输生产分析、总结，以及运输主管部门下达年、月度技术指标任务的主要依据。

1)《车站行车工作细则》的主要内容

① 车站概况和技术设备：车站概况包括车站的位置、性质、等级和任务；技术设备包括股道、信号、联锁及闭塞、客运设备、自动售检票系统、通信、照明、供电等设备。

② 日常作业计划及生产管理制度。

③ 车站行车组织工作：包括正常运营期间及非正常情况下车站行车办法、调车工作组织办法。

④ 车站客运组织工作：包括正常运营期间及非正常情况下车站客运组织办法。

⑤ 特殊运输工作组织。

⑥ 检修施工管理。

⑦ 行车备品管理及行车簿册填记要求。

⑧ 设备故障时车站广播宣传的规定。

⑨ 列车与车辆技术作业过程及其时间标准。

除此之外，还应附有有关部门提供的注有坡度的车站线路平面图，进站线路的平、纵断面图及相关资料。

2)《车站行车工作细则》的编制要求

《车站行车工作细则》的编制应树立为运输生产服务的观念，从全局出发，统筹兼顾，组织好运输各部门的联合劳动及与其他单位的协作，并应保证实现下列要求。

① 编制时应以《行车组织规则》为依据，《车站行车工作细则》中的规定不能与《行车组织规则》的规定相违背。树立安全第一的思想，建立健全安全质量管理体系和各项安全作业制度，确保行车和人身安全。

②《车站行车工作细则》的编制应从车站实际情况出发，制定的规定需符合车站工

作要求，充分发挥现有设备的运用效能，从实际出发，更新改造限制能力的薄弱环节，不断提高作业效率，扩大设备能力。

③《车站行车工作细则》的编制内容应是《行车组织规则》的规定在车站工作的具体细化，并根据车站实际情况作补充，用合理的劳动组织推行作业标准化，做到各项作业的连续性、均衡性，最大限度地进行平行作业，减少各种等待、干扰时间，加速车辆周转，实现安全、正点、畅通、优质、高效地为乘客服务。

3)《车站行车工作细则》重新编制、修订的具体规定

《车站行车工作细则》由车站组织有关部门，根据《技术管理规程》、列车运行图、《行车组织规则》及其他有关规章命令，并结合车站的具体情况进行编制，各相关单位要共同做好该项工作并及时提供有关资料。要求参与车站作业的所有人员必须熟悉并严格执行《车站行车工作细则》的有关规定。

各车站在遇到如下情形时，应组织有关部门对《车站行车工作细则》进行重新编制或修订。

① 新建线路的车站，在投入运营前应组织编制《车站行车工作细则》。

② 采用新技术设备时，车站在技术改造完成后，应组织重新编制《车站行车工作细则》。

③《技术管理规程》《行车组织规则》重新修改执行时，车站应组织重新编制《车站行车工作细则》。

④ 车站作业组织方法有较大变动时，应组织重新编制《车站行车工作细则》。

⑤ 当《技术管理规程》《行车组织规则》、列车运行图、车站技术设备和技术作业组织办法变更时或上级有规章命令要求时，车站应结合车站具体情况及时修订《车站行车工作细则》。

5. 其他有关行车工作的规章

为确保城市轨道交通安全运营，除上述指导行车工作的有关规章制度外，还需有一些其他与安全密切相关的制度。如交接班制度，明确了接班人员要提前到岗了解列车运行、车辆设备等运输情况及有关文件、命令、指示等事项，由有关行车工作的负责人主持交接班会议，布置有关行车事项，提出本班工作重点，明确完成任务的措施。

实训 1.1　城市轨道交通列车开行计划的编制

实训 1.1.1　实训目的

1. 掌握城市轨道交通客流分析的原理。
2. 掌握客流计划的编制原理。
3. 掌握全日行车计划、列车运行计划、车辆运用计划的编制原理。

实训 1.1.2　实训内容

根据已知资料编制客流计划、全日行车计划、车辆运用计划。

编制资料及编制过程：

1. 运营时间：5:00—23:00。

2. 早高峰小时（7:00—8:00）A—H 站间 OD 客流量数据见表 1－12。

表 1－12　早高峰小时 A—H 站间 OD 客流量数据表

O	D						
	A	B	C	E	F	G	H
A	—	2 341	2 033	1 626	2 104	3 245	4 232
B	2 314	—	575	1 320	2 282	2 603	3 112
C	1 887	524	—	281	761	959	1 587
D	2 575	1 276	199	153	665	940	1 638
E	1 556	1 253	322	—	143	426	1 040
F	3 100	2 337	662	162	—	280	1 895
G	4 191	3 109	816	448	388	—	711
H	3 560	2 918	1 569	967	1 752	671	—

3. 根据表 1－12 中的 OD 客流量数据，运用客流分析原理，计算各个车站分方向别上下车人数及各站间断面客流量。

4. 根据第 3 题计算表 1－13 中 7:00—8:00 全日分时最大断面客流量。

表 1－13　全日分时最大断面客流量

时间	全日分时最大断面客流量	时间	全日分时最大断面客流量
5:00—6:00	5 318	14:00—15:00	16 840
6:00—7:00	12 408	15:00—16:00	20 089
7:00—8:00	____	16:00—17:00	25 407
8:00—9:00	21 862	17:00—18:00	18 612
9:00—10:00	14 476	18:00—19:00	12 999
10:00—11:00	15 362	19:00—20:00	9 749
11:00—12:00	18 908	20:00—21:00	8 272
12:00—13:00	17 430	21:00—22:00	7 386
13:00—14:00	16 249	22:00—23:00	4 727

5. 列车编组为6辆，车辆定员数为310人，计算列车定员数。

6. 早、晚高峰小时的线路断面满载率为1.1，其他运营时间为0.9。

7. 计算分时开行列车数，完善表1－14。

表1－14　全日分时最大断面客流量及分时开行列车数

时间	全日分时最大断面客流量	开行列车数	时间	全日分时最大断面客流量	开行列车数
5:00—6:00			14:00—15:00		
6:00—7:00			15:00—16:00		
7:00—8:00			16:00—17:00		
8:00—9:00			17:00—18:00		
9:00—10:00			18:00—19:00		
10:00—11:00			19:00—20:00		
11:00—12:00			20:00—21:00		
12:00—13:00			21:00—22:00		
13:00—14:00			22:00—23:00		

8. 计算各时段行车间隔时间，完善表1－15。

表1－15　行车间隔时间

时间	开行列车数	行车间隔时间	时间	开行列车数	行车间隔时间
5:00—6:00			14:00—15:00		
6:00—7:00			15:00—16:00		
7:00—8:00			16:00—17:00		
8:00—9:00			17:00—18:00		
9:00—10:00			18:00—19:00		
10:00—11:00			19:00—20:00		
11:00—12:00			20:00—21:00		
12:00—13:00			21:00—22:00		
13:00—14:00			22:00—23:00		

9. 设列车周转时间为56 min，根据列车运行图编制早高峰时段的车辆运用计划。

实训1.2 手工铺画城市轨道交通列车运行图

实训1.2.1 实训目的

1. 掌握城市轨道交通列车运行图的基本要素。
2. 理解列车运行图的本质含义。
3. 掌握列车运行图的编制过程。
4. 掌握计算机编制列车运行图的基本原理。

实训1.2.2 实训内容

城市轨道交通列车运行图属于双线平行成对追踪运行图，根据已知资料绘制一分格运行图（绘制时段6:30—9:30）。

准备材料：一分格运行图 A3 图纸。

1. 区间运行时分及停站时间。如表1－16所示，并根据区间运行时分比率确定车站中心线。

2. 规定运行方向：G站—A站为上行。

3. 具备折返功能站：A站、C站、E站、F站、G站。

4. 列车始发站：A站、E站、G站。

表1－16 区间运行时分及停站时间

上行		车站	下行	
停站时间	区间运行时分/min		区间运行时分/min	停站时间
		A站		
至少1 min	4		4	至少1 min
		B站		
至少1 min	3		3	至少1 min
		C站		
至少1 min	4		4	至少1 min
		D站		
至少1 min	4		4	至少1 min
		E站		
至少1 min	5		5	至少1 min
		F站		
至少1 min	6		6	至少1 min
		G站		

5. 列车车次号规定：车次号采用6位数编制，前两位：列车目的地码；中间两位：服务号；后两位：序列号，个位偶数为上行，奇数为下行，顺序编号。

6. 运用列车总数为8辆，线路上车辆段1位于B站与C站车站之间，出入段线连接C车站，车辆段2位于E站与F站之间，出入段线连接F车站，其中车辆段1运用3辆，从车辆段1至正线车站时间为15 min，车辆段2运用5辆，从车辆段2至正线车站时间为20 min，车辆运用计划表如表1－17所示。

表1－17　车辆运用计划表

<table>
<tr><th>开行时间</th><th>大小交路</th><th>运行间隔</th><th>折返时间条件</th><th>交路情况</th></tr>
<tr><td rowspan="2">6:30－7:30</td><td>交路1：A站－E站</td><td>10 min</td><td rowspan="4">A站最短折返时间5 min
E站折返最短时间5 min
G站最短折返时间4 min 30 s</td><td rowspan="4">交路1与交路2，
按照1:1比例开行</td></tr>
<tr><td>交路2：A站－G站</td><td>20 min</td></tr>
<tr><td rowspan="2">7:30－9:30</td><td>交路1：A站－E站</td><td>8 min</td></tr>
<tr><td>交路2：A站－G站</td><td>16 min</td></tr>
</table>

7. 高峰时段运行图技术说明见表1－18。

表1－18　高峰时段运行图技术说明

<table>
<tr><th>开行时间</th><th>大小交路</th><th>运行间隔</th><th>折返时间条件</th><th>交路情况</th></tr>
<tr><td rowspan="2">6:30—7:30</td><td>交路1：A站—E站</td><td>10 min</td><td rowspan="4">E站最短折返时间为5 min；
G站最长折返时间为5 min；
G站最短折返时间为4 min 30 s</td><td rowspan="4">交路1与交路2，
按照1:1比例开行</td></tr>
<tr><td>交路2：A站—G站</td><td>15 min</td></tr>
<tr><td rowspan="2">7:30—9:30</td><td>交路1：A站—E站</td><td>8 min</td></tr>
<tr><td>交路2：A站—G站</td><td>15 min</td></tr>
</table>

2 行车调度指挥工作

【模块描述】

行车调度指挥工作是行车组织工作的主体，本模块分为行车调度指挥工作概述、正常情况下的行车作业组织、行车调度命令、行车调度指挥设备和行车调度控制方式。通过本模块的学习，大家能够深入了解和掌握行车调度指挥方面的基本知识。

【知识目标】

1. 掌握行车调度指挥日常工作内容；
2. 熟悉行车调度指挥层次及结构组成；
3. 掌握行车调度员的岗位职责；
4. 掌握行车调度命令的发布要求和格式；
5. 熟悉行车调度指挥相关设备；
6. 掌握正常情况下的行车调度组织工作；
7. 掌握行车调度控制方式，掌握列车运行调整方法。

【能力目标】

1. 能够发布变更闭塞、限速等几种主要的书面命令；
2. 具备对行车调度指挥设备的认知能力；
3. 根据行车调度指挥体系中各工种岗位职责，能够模拟正常情况下行车调度组织工作的主要工作流程。

【情景导入】

城市轨道交通行车调度指挥工作的中心在OCC行调大厅。在武汉轨道交通OCC行调大厅里，几十台计算机分三行排开，十几名调度员坐在操作台前指挥运营，巨大的LED显示屏上，彩光带不断闪烁、移动，左右两侧分别是线路运行图，中间是数十个站台的实况直播，对讲机、电话声此起彼伏。一名行车调度员的工作就是双眼紧盯电脑屏幕，双手不停地操作界面，一有情况马上打电话点对点联络，早晚高峰时，要在最短的时间里制订出调配车辆的方案。到了深夜，轨道交通上的每一项施工，比如轨道检修、设备维护，都需要行车调度员审核，发布施工指令才能进行。若一个晚上的施工记录保持60个，每一个施工指令需要3分钟左右，还要请点销点，那么行车调度员要从晚上零点之后停电开始一直忙碌到第二天早上4点。虽然精神会稍显疲惫，但是他们会更加谨慎地发布每一条命令，审核每一项操作，在确保万无一失的情况下，才会进行相应的操作，保证列车准点高效运行。

"我的职责是负责调度1号线上列车运行及夜间施工。"武汉轨道交通行车调度员李进说，"现在虽然处于试运行期间，但今天双向就有186次列车上线运行。我的主要工作是根据实际情况发布调度命令，分口头命令与书面命令，书面命令主要是针对夜间施工的，口头命令是针对列车运行的。现在一天要发布100多个口头命令，这个量是将来正式开通后的60%，因为现在还有部分列车没有投入运营。"

【知识准备】

城市轨道交通系统是技术密集型的公共交通系统，行车调度指挥工作由控制中心（OCC）实施，实行安全第一、集中领导、统一指挥、逐级负责的原则，以使各个环节紧密配合、协同动作，从而保证列车安全、正点地运行。

列车运行调度的基本任务是：科学地组织客流，经济合理地运用车辆及其他运输设备，挖掘运输潜力，与运输有关部门密切配合、协同动作，确保列车按图行车，努力完成运输生产任务，更好地服务于城市人民的生活。

2.1 行车调度指挥工作概述

1. 行车调度指挥日常工作内容

行车调度指挥是整个运输生产活动的中心，在我国的大部分城市，通常由控制中心担任城市轨道交通系统的行车调度指挥工作。

行车调度指挥工作是协调与运营有关的各个工种，在保证安全的前提下完成列车运行计划。行车调度员在工作中，必须掌握指挥主动权；在复杂情况下，积极主动调整列车运行以实现按图行车；必须熟悉管内与运营有关的设备，如电力、车辆、信号等调度控制系统的使用；熟悉列车运行图和有关规章制度；掌握客流变化的一般规律，灵活运用各种列车调整方法，充分调动有关人员，确保完成乘客运输任务。

2. 行车调度指挥层次及结构组成

① 行车调度指挥分为一级、二级两个指挥层级；二级服从一级指挥。

② 一级指挥为：行车调度员、电力调度员、环控调度员等。

③ 二级指挥为：值班站长、信号楼调度员。

④ 各级指挥要根据各自职责任务独立开展工作，并服从控制中心值班主任总体协调和指挥。

⑤ 各城市轨道交通行车调度指挥体系结构略有不同，如图2-1、图2-2所示。

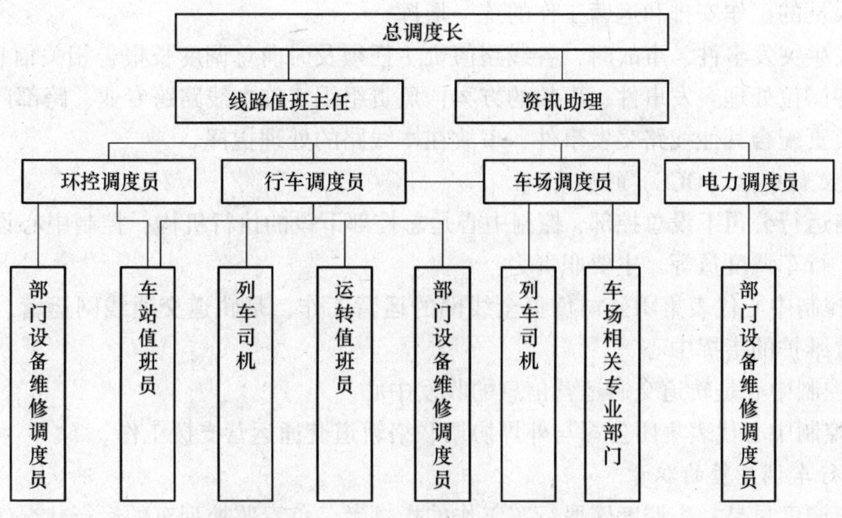

图 2－1 行车调度指挥体系结构（重庆）

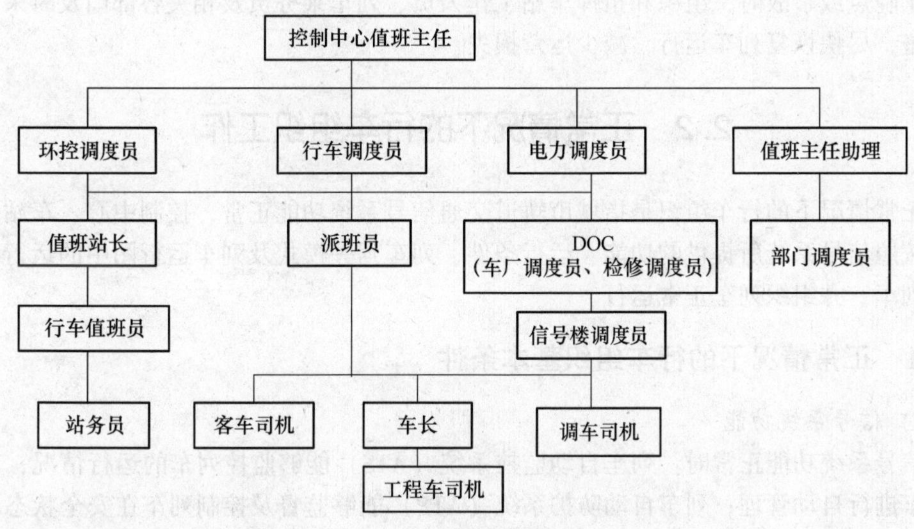

图 2－2 行车调度指挥体系结构（广州）

3. 调度岗位主要职责

以重市轨道交通调度指挥体系中的调度岗位为例进行说明。

1）总调度长的职责

网络运行公司设置总调度长，是代表集团公司和网络运行公司进行线网运营、管理和突发事件、事故处理工作的最高现场负责人，负责接受上级和集团公司领导相关指示，负责线网运营的统一组织、指挥、协调工作。各线、各岗位人员都须服从总调度长的指挥。

2）线路值班主任的职责

线路值班主任是网络运行公司各条线路的运营组织、管理责任人，负责各条线路的各岗位人员的工作安排和运营工作的统一指挥。

在发生突发事件、事故时，各线路值班主任须及时向总调度长报告相关信息，提供本线路各岗位处理突发事件、事故的方案；负责组织实施本线路跨专业、跨部门的抢险指挥；负责配合其他线路突发事件、事故在本线路的处理指挥。

3）控制中心（OCC）的职责

网络运行公司下设总控部，控制中心是总控部下设的执行机构，控制中心设有环控调度员、行车调度员等，主要职责为：

① 控制中心代表集团公司负责全线网的运营工作，是轨道交通线网运营、行车组织、日常维护的指挥中心。

② 控制中心是轨道交通运营信息的收发中心。

③ 控制中心代表集团公司与外界协调联络轨道交通运营支援工作。

4）行车调度员的职责

行车调度员是一个调度区段行车工作的指挥者，负责监控列车的运行状况，及时掌握列车运行、到发情况，发布调度命令，检查各站、段执行和完成行车计划情况，并且在列车晚点或事故时，组织和指挥车站工作人员、列车乘务员及相关各部门及时采取相应措施，尽快恢复列车运行，减少运营损失。

2.2 正常情况下的行车组织工作

正常情况下的行车组织是指城市轨道交通信号系统功能正常，控制中心、车站、列车能按照信号系统所提供的功能、运行条件、列车驾驶模式及列车运行图中的运行计划开行列车，并组织列车正常运行。

2.2.1 正常情况下的行车组织基本条件

1）信号系统功能

信号系统功能正常时：列车自动监控系统（ATS）能够监控列车的运行情况，对全线列车进行自动管理；列车自动防护系统（ATP）能够监督及控制列车在安全状态下运行，并满足故障—安全原则；列车自动驾驶系统（ATO）能够自动控制列车运行，实现列车自动驾驶功能，并能够根据运行条件和要求自动完成列车启动、牵引、加减速、制动及开关门等的控制；计算机联锁系统（CBI）能够实现进路道岔、信号机、进路之间正确的联锁逻辑关系。

当以上4个子系统部分功能暂不能实现时，会导致城市轨道交通信号系统处于不同的控制级别。以某城市轨道交通信号系统为例，其有三种基本的列车控制等级，如图2-3所示。

① 移动闭塞级别（CBTC）：信号系统在该级别时，ATS、ATO、ATP、CBI系统功能正常，能够实现移动闭塞及列车自动驾驶等。

② 点式ATP级别（ITAP）：信号系统在该级别时，仅要求ATP及CBI系统功能正常且工作。该级别下，信号系统能够提供超速防护、信号灯冒进防护和240 s的运行间

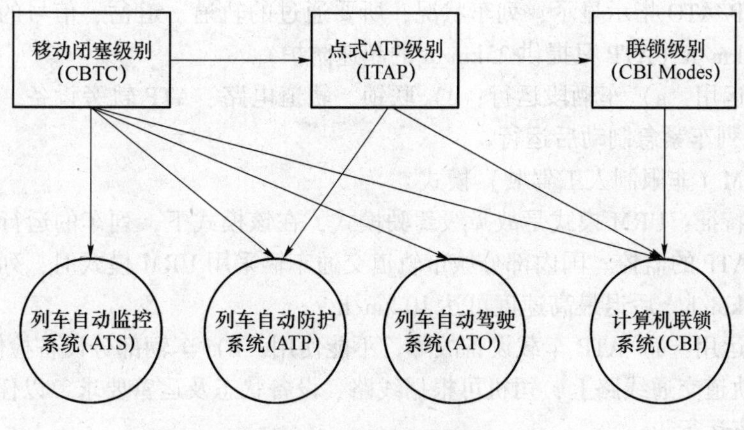

图 2-3　列车控制等级

隔，列车需要司机人工驾驶操作。

③ 联锁级别（CBI Modes）：最低等级的信号系统，仅需要 CBI 系统功能正常且工作，能够提供固定闭塞列车间隔、联锁防护和 25 km/h 限速，无 ATC 系统的其他功能，此级别一般为 CBTC 及 IATP 级别故障后的应急级别。

2）运行条件

运行条件是根据正线线路的条件、车辆自身限制、线路客流量大小、列车全运转时间等各因素综合而成的，运行条件不同会影响正线列车的数量、列车的运行速度、交路运行情况等，因此不同线路或区段的运行条件不同会导致不同的行车组织方案。

3）列车驾驶模式

列车驾驶模式的基本特征及运用如下。

（1）ATO（列车自动驾驶）模式

① 基本特征：ATO 模式是优先级最高的驾驶模式，通过 ATC 系统实现。在该模式下，两站间的列车自动运行，列车的运行不取决于司机。司机负责监督 ATP/ATO 指示显示，列车状况，所要通过的轨道、道岔、信号的状态，必要时加以干预。

② 基本运用：正线的正常运行（包括折返线和试车线）。

（2）AR（自动折返）模式

① 基本特征：AR 模式包括列车的自动换向和有折返轨的自动折返。其中，有折返轨的自动折返又可分为人工折返和无人折返。

② 基本运用：在折返站和具有换向功能的轨道区段使用。

（3）SM（受 ATP 监控的人工驾驶）模式

① 基本特征：SM 模式是次优先级的驾驶模式，正常情况下，培训时采用，或当 ATO 设备故障，但 ATP 车载和轨旁的设备良好时采用。

② 基本运用：a）ATO 故障时的降级运行；b）运行时轨道上发现有障碍物（如人）；c）下雨时列车在地面站行驶。

（4）RM（限制人工驾驶）模式

① 基本特征：RM 模式是较低级的驾驶模式，在该模式下，列车由司机驾驶，司机

负责监督 ATP/ATO 指示显示，列车状况，所要通过的轨道、道岔、信号的状态，速度不能大于 25 km/h（ATP 只提供 25km/h 的超速防护）。

② 基本运用：a）车辆段运行；b）联锁、轨道电路、ATP 轨旁设备、ATP 车载天线故障；c）列车紧急制动后运行。

（5）URM（非限制人工驾驶）模式

① 基本特征：URM 模式是故障级驾驶模式，在该模式下，列车的运行完全由司机负责，没有 ATP 的监控。国内部分城市轨道交通车辆采用 URM 模式时，列车前进最高速度可达 80 km/h，后退最高速度可达 10 km/h。

② 基本运用：a）ATP 车载设备故障，不能使用；b）车辆部分设备检修和调试。

在城市轨道交通线路上，司机可根据线路、设备状态及运营要求，以任何一种驾驶模式驾驶列车运行。

以国内城市轨道交通某种车型为例，各种驾驶模式的特性和运用见表 2－1。

表 2－1　各种驾驶模式的特征和运用

模式	定义	基本特征	运用
ATO 模式	列车自动驾驶	自动控制两站间的列车运行。负责监督 ATP/ATO 指示显示，列车状况，所要通过的轨道、道岔、信号的状态，必要时加以人工干预	正线的正常运行
SM 模式	受 ATP 监控的人工驾驶	列车由司机驾驶，列车的运行速度受 ATP 监控，如果列车的极限速度超过了 ATP 允许速度，则列车产生紧急制动而停车。司机负责驾驶列车，监督 ATP 的指示显示	ATO 故障时（但 ATP 的车载和轨旁设备良好），或运行时发现有障碍物，或下雨时列车在地面站行驶
RM 模式	限制人工驾驶	列车由司机驾驶，列车的运行速度不能大于 25 km/h，如果超过，则列车产生紧急制动而停车，司机负责列车运行安全	列车在车辆段范围内运行（试车线除外），或联锁、轨道电路、ATP 轨旁设备、ATP 列车天线发生故障及列车紧急制动后运行
URM 模式	非限制人工驾驶	用 ATP 钥匙开关后才起作用，使用时必须经过批准和登记。列车由司机控制，没有 ATP 监控	ATP 车载设备故障，或车辆部分设备检修和调试时使用
AR 模式	自动折返	自动控制列车折返，司机负责检查自动折返前乘客已经下车，车门已经关闭，然后操作位于站台端墙处的自动折返按钮	在折返站和具有换向功能的轨道区段使用

2.2.2 正常情况下的行车调度组织工作

行车调度组织工作是指在营业时间内采用基本列车运行控制方式和基本行车闭塞法进行列车运行组织。其包括运营前的准备工作、列车出入车场作业、运营中的调度指挥、运营结束后的收尾及施工前的准备工作4个环节。

本节主要按上述4个环节，描述在一个列车运行周期中行车调度员、车站值班员、站务员及列车司机（驾驶员）的作业。

1. 运营前的准备工作

1）行车调度员

每天运营前，行车调度员应在规定时间根据《正线施工登记》检查当晚的所有维修施工及调试作业是否完毕及销点，线路巡视工作是否完成，确认线路出清并符合行车条件后进行下列运营前的准备工作。

① 试验道岔。

② 检查和准备。

③ 装入运营时刻表。

④ 核对钟表时间。

⑤ 调度首班车。

2）车站值班员、站务员

车站值班员和站务员位于车站，其工作是车站行车组织作业。

(1) 车站值班员

车站值班员从控制中心接受控制权，在局域操作员工作站（local operator workstation，LOW）上试验道岔，检查站台和线路出清情况，并向行车调度员汇报，在首班车发车前的规定时间开始向乘客广播第一列车的到达时间及注意事项。值班站长或车站值班员与行车调度员核对钟表时间。

(2) 站务员

开行首班车前，站务员要准时开门、开启电扶梯及照明、巡视车站等。

3）司机

运营前司机主要进行客车整备作业，具体整备作业内容按城市轨道交通企业的《客车驾驶员手册》规定进行。

2. 列车出入车场作业

1）列车出场

出场列车为中央ATS系统所确认的计划列车，需确定列车的出场径路，以及进入运营系统的车站。列车经出场线（入场线）出场，司机凭出场信号机显示的绿色灯光或黄色灯光开出车场。列车在出入车场无码区按慢速行车方式限速（20 km/h）运行，在进入车场有码区前一度停车，待设置好车次号及收到速度码后，以ATO模式投入线路运营。遇特殊情况时，列车可以凭行车调度员下达的命令投入运营。

2）列车回场

入场列车为中央ATS系统所确认的计划回库列车，入场列车原则上由入场线开往车场，图定或经由行车调度员准许的入场列车，可由出场线运行至车场。入场列车在车场有码区按受 ATP 监控的人工驾驶模式运行，在一度停车标与车场无码区之间按慢速行车方式限速（20 km/h）运行，司机凭入场信号机显示的黄色灯光进入车场内。

车场接入站和车场信号楼调度员需相互办理《行车日志》的填报，其内容为车次、开车点、到达点，反向运行时还需注明径路（出场线或入场线）及调度命令号等。在中央控制故障而改为站控时，车场接入站和车场信号楼调度员报出列车的车次、到开点，车场信号楼调度员应按列车运行图，组织好出入车场列车的出入场工作。

3. 运营中的调度指挥

1）行车调度员

运营期间行车调度员应充分使用各项调度指挥设备，组织指挥列车按照列车运行图安全、准点运行，尽量均衡在线列车的运行间隔。运营期间行车调度员主要进行以下几项工作。

① 运用调度电话与车站值班员、车辆段调度员、派班员保持联系，发布调度命令，实现对列车的调度指挥。

② 进行电力供应、环境控制、防灾救护及设备维修施工等的调度指挥工作。

③ 通过监视器监视各站的站厅、站台情况，发现异常可进行录像分析。

④ 通过模拟显示屏，掌握调度区域内信号系统设备（轨道电路、信号机等）状况、列车占用线路情况、各次列车的运行位置。

2）车站值班员、站务员

（1）车站值班员

联锁站值班站长（或车站值班员）通过计算机联锁区域 LOW 工作站监视列车运行情况。

（2）站务员

在列车进站时，站务员原则上应站在站台扶梯口靠近紧急停车按钮处，应随时注意列车运行情况及站台乘客动态，防止乘客在列车关门时冲上车被夹伤，同时负责维护站台秩序，监督司机按规范动作关门。

3）司机

（1）列车出场

列车整备完毕，列车状态符合正线服务要求后，司机报告车场信号楼调度员列车整备完毕；确认出场信号开放，按该列车出车场时刻以 RM 模式驾驶列车出场，整列列车离开场门前限速 5 km/h。

（2）正线运行

在 ATO 模式下，司机要注意观察列车显示屏信息、指示灯和仪表显示、自动开关状态。列车运行中坚持不间断瞭望前方进路状态，发现线路、弓网故障及其他轨旁设备损坏或超限时，及时采取紧急措施，并报告行车调度员。

（3）站台作业

在 ATO 模式下，列车进站自动对标停车后，列车显示屏出现相应侧车门释放信息，车门自动打开，无特殊情况（列车无故障或无行车调度员电话），乘务员须确认驾驶台

气制动“施加”红色指示灯亮后，立即到站台（驾驶室旁）立岗，监视站台乘客上下车。

4. 运营结束的收尾及施工前的准备工作

1）行车调度员

每天运营结束后，行车调度员要对当天的行车工作进行分析、总结。运营结束后，行车调度员的工作主要包括以下几个方面。

① 打印当日计划、实迹运行图。

② 编写运营情况报告，如运营日报。

③ 进行客车统计分析，包括计划开行列数、实际开行列数、救援列次、清客列次、下线列次、晚点列数和正点率、运营里程（列公里）等。

2）车站值班员、站务员

车站值班员、站务员在尾班列车开出前应在规定时间开始广播，通知停止售票和进站检票工作，检查确认付费区内乘客均已上车，确认无异常情况后才能向司机显示发车信号。

3）司机

运营结束后，客车进行回场作业。运营列车结束服务到达回场站后，司机广播通知乘客下车，确认全部乘客下车后，按站务员给的“好了信号”关门。

2.3　行车调度命令

在组织列车运行的过程中，行车调度员按规定在进行某些行车作业时需发布调度命令，以表达行车调度员在指挥列车运行过程中的严肃性和强制性。在发布调度命令前，行车调度员应详细了解现场实际情况，听取有关人员的汇报，按有关规定发布调度命令，各有关行车人员接到调度命令后，必须严格执行。

1. 调度命令的分类

调度命令是在组织、指挥列车运行过程中，进行某些行车作业时，由行车调度员所发布的指令。其分为口头命令、书面命令两种。

口头命令与书面命令虽然形式不同，但具有同样的严肃性，须做到规范发令、严格执行。

(1) 下列情况下可发布口头命令

① 控制权下放或收回。

② 列车改按限制人工驾驶模式、非限制人工驾驶模式运行。

③ 临时加开或停运列车。

④ 列车退出运营或变更交路。

⑤ 列车临时限速及取消临时限速。

⑥ 有车线引导接车。

⑦ 列车退行或反方向运行。

⑧ 列车临时清客。

⑨ 特殊情况需要封站。

⑩ 有关人员添乘司机室。

⑪ 发生灾害等特殊情况，停站列车临时改为通过。

⑫ 行车调度员认为有必要的其他命令。

(2) 以下情况下可发布书面命令（可先用口头命令，事后补发书面命令）

① 封锁或开通区间。

② 停用或恢复基本闭塞法。

③ 开行救援列车。

④ 区间长时间限速及取消限速。

⑤ 行车调度员认为有必要的其他命令。

2. 调度命令的发布要求

① 调度命令须由行车调度员发布。

② 发布前应详细了解现场情况，听取有关人员意见。

③ 命令内容应一事一令，先拟后发。书写调度命令应简明扼要、用语标准，遇有不正确的字应圈掉后重新书写，对涉及邻调度区的重要调度命令，应取得总调度长同意后发出，发令时应口齿清晰、语速中等。

④ 受令处所若为沿线各站，应根据标准填记车站全称或采用标准缩写站名。

⑤ 发令人、受令人、复诵人、复核人必须填写全名。

⑥ 命令中空缺的内容应正确填写，不随意涂改，如调度命令内容与固定格式中的虚体字内容相吻合时，应及时描实，不需要的虚体字内容用横线划掉。

⑦ 下达命令时，命令号每天由 1 至 100 顺序循环使用，每一个循环不得漏号、跳号、重号使用，发令日期、发令时间按实际发令时间填写，并如实记录在调度命令登记簿上，不得随意涂改，如有涂改，应由发布命令的行车调度员盖章确认，发布调度命令后，应及时将调度命令按照顺序号装订成册，做到不遗漏，不颠倒顺序。

⑧ 在日常执行中，如无法及时把调度命令交付驾驶员，应适时完成补交手续。

3. 调度命令的传达

行车调度员向驾驶员发布调度命令时，当驾驶员未离车辆段/停车场前，应发给车辆段/停车场运转值班室，由其负责转达。当列车已出车辆段/停车场，应由行车调度员直接发布。

行车调度员应使用无线通信系统向驾驶员、行车值班员发布调度命令或口头指示（在通信记录装置故障时，只可以使用调度命令）。有关人员必须复诵正确，调度命令内容中可执行的条件具备后，行车调度员才可以发布授权执行命令。

正常情况下，发布书面命令要按“一拟稿、二签认、三发布”的程序办理。ATS 系统故障，改用行车调度电话发布书面命令时，要按“一拟稿、二签认、三发布、四复诵核对、五下达命令号码和时间”的程序办理。

4. 调度命令号码的编制

调度命令号码的编制应按不同工种分别编号，行车调度命令号码按日循环，其他工种调度命令号码按月循环。书面命令的号码以 001 ~ 100 为一组，每月按顺序循环使用。调

度命令号码发出以后，无论生效与否，在本次循环中不得再次使用。如调度员发布的调度命令号码为201～299，用到299后跳回201重新开始。

调度命令日期的划分以00:00为界。各级调度命令的保存期限一般为1年。

5. 数字发音标准用语

行车工作必须使用标准用语，数字发音标准见表2－2。

表2－2 数字发音标准

1	2	3	4	5	6	7	8	9	0
yāo	liǎng	sān	sì	wǔ	liù	guǎi	bā	jiǔ	dòng
幺	两	三	四	五	六	拐	八	九	洞

6. 调度命令的填记标准及常用调度命令样板格式

调度命令登记簿见表2－3，调度命令见表2－4。

表2－3 调度登记簿

日期	命令				复诵人姓名	接收命令人姓名	行车调度员姓名	阅读时刻（签名）
	发令时间	号码	受令处所	内容				

表2－4 调度命令

____年____月____日____时____分 第____号

受令处所		命令号码	行车调度员姓名
命令内容			

受令车站：____________　　　　车站值班员：______

常用调度命令样板格式如下。

1）区间下人命令

受令处所：××站并交××驾驶员。

受令内容："自××时起，准××单位人员××，凭令登××次列车，在××站至××站上（下）行区间抢修施工。"

2）救援命令

受令处所：××站至××站，××站交××驾驶员、××驾驶员。

受令内容：“自××时起，准××站××行故障列车清客，同时，××次，在××站清客后开救××次至××站（站外）与故障车连挂（牵引/推进）运行至××站（回段/折返线）。”

3）限速命令

受令处所：××站至××站，××站（车辆段派班室）交××驾驶员。

受令内容：“自××时起，至××时止，××站至××站上（下）行线列车限速××公里/小时运行。”

4）取消限速命令

受令处所：××站至××站，运转。

受令内容：“自××时起，取消××站至××站上（下）行线列车限速××公里/小时运行。”

5）封锁区间命令

受令处所：××站，××站交××驾驶员。

受令内容：“自××时起，至××时止，段（站）发××次至××站（站外/折返线），××站（站外/折返线）至××站（站外/折返线）封闭，准××次凭令进入封锁区间。××次至××站（站外/折返线）后，封锁区间自行解除。”

6）采用站间电话联系法行车命令

受令处所：××站至××站，××站交××驾驶员。

受令内容：“因××站联锁设备故障，自发令时起，××站至××站上（下）行正线采用站间电话联系法组织行车。”

7）加开救援列车命令

受令处所：××站至××站（车辆段），××站（车辆段）交××驾驶员

受令内容：“① 因××次在××站上（下）行线［××站至××上（下）行线××km+××m］故障请求救援，准××站（车辆段）至××站上（下）行线加开××次到××站上（下）行线［××站至××站上（下）行线××km+××m］担任救援工作，连挂××次后，推送到××线（车辆段）［或返程××站至××站上受令行线开××次到××线（车辆段）］。② ××次由××次担任，在××站清客担任救援。③ ××次到××站上受令行站台待令。”

8）加开工程列车命令

受令处所：车辆段信号楼、派班室、××站至××站、××站（车辆段派班室）交××驾驶员。

受令内容：“因××单位施工需要，准（车辆段）××站至××站上（下）行正线加开××次，返程××站至××站（车辆段）开××次；××次由车场（××站）××时××分开；××次凭地面信号显示行车；××次到××站上（下）行站台待令。”

9）其他命令（格式自拟）

运行指挥中，如遇其他特殊情况时（命令内容超出现有标准格式），应由行车调度

员将命令内容写在调度命令登记簿中。

7. 口头命令

适用情况：遇列车不能载客运营时，需令驾驶员广播清客，同时通知车站组织清客。

行车调度员发令："命令号××，××次，××站广播清客。"

驾驶员复诵："××次明白。××站广播清客。"

2.4 行车调度指挥设备

一般情况下城市轨道交通都设有控制中心（或称调度中心），控制中心的行车调度指挥设备是各工种调度员进行生产调度的工具，各工种调度员须能正确使用、熟练操纵设备，保证正常运营。

控制中心应有以下设备：调度监督、调度集中、行车指挥自动化、列车运行图自动铺画、传真、通信记录、无线列调系统及调度命令无线传输等设备。同时控制中心应备有相关的行车调度规章制度汇编，如《行车组织规则》《行车调度指挥规则》《行车事故处理规则》《控制中心手册》等，配备与调度指挥使用相关的调度命令格式、电报、列车运行图、管辖线路各站平面示意图，以及接触网供电系统及信号、联锁、闭塞设备的有关资料。

1. 模拟显示屏

城市轨道交通控制中心一般装有行车、供电、环控等中央监控终端设备（模拟显示屏），各模拟显示屏能够显示现场（车站、车辆段）设备的使用和占用情况，包括列车运行状态、供电系统情况和车站环控设备工作情况等。

控制中心布置示例见图2-4。图中综合显示屏主要显示有关行车的信息，包括轨道电路、线路、信号平面布置、各站及区间线路布置、列车车次及其运行状态等。

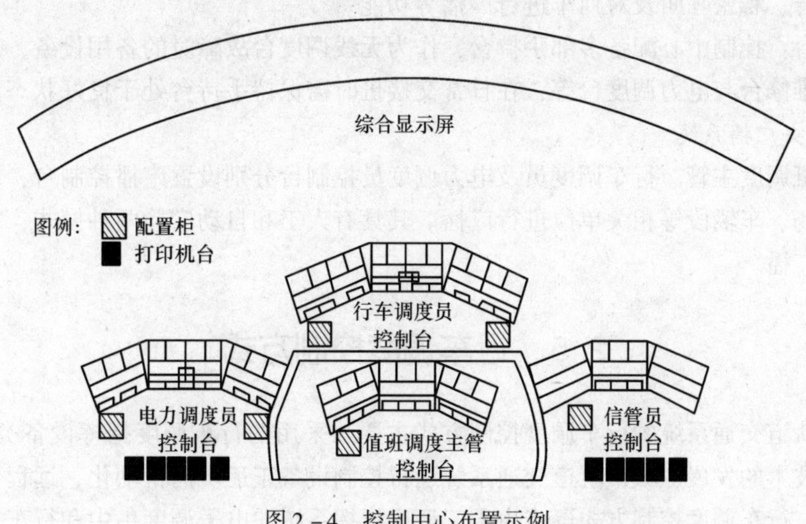

图2-4 控制中心布置示例

2. 监视器

控制中心的控制台分别设置了列车自动控制系统、自动售检票终端监控系统、通信系统、电力监控、防灾报警等操作设备，供有关人员操控及监察日常客运作业，以及处理故障和事故。

行车调度员配备若干监视器和一个操作盘，通过监视器可以监视各车站的情况，即可对各车站的站台、站厅进行图像监视，并可对监视图像进行切换，同时也可使用移动摄像机进行监控，并对监视的对象进行录像。

在控制中心装有列车自动监控系统（ATS）和中心工作站系统（C-LOW）。其中，ATS 分为监视和控制两部分，监视部分能显示进路、信号状况，显示列车运行的实际情况；控制部分能按列车运行图自动控制各车站的进路排列、信号开闭，能自动控制全线各车站的发车计时器、乘客向导牌和乘客信息系统（PIS）B 区的显示。

3. 通信设备

控制中心的通信设备主要有调度电话、无线调度电话、中央广播系统等。

1）调度电话

调度电话是为列车运行、电力供应、维修施工、发布调度命令等提供指挥手段的专用通信工具，包括调度直通电话等。

控制中心设置有防灾调度、行车调度及电力调度直通电话。调度直通电话具有单呼、组呼、全呼、紧急呼叫和录音等功能。各控制台设置有数字话机（ISDN），可与其他部门通信，并具有会议电话功能，以及来电显示、呼叫转移等功能。

2）无线调度电话

无线调度电话包括无线调度台和手持台。

无线调度台：值班调度主管控制台及行车调度员控制台均需设置无线调度台（互为备用），可与列车司机、站场无线工作人员进行无线通信，该设备应具有组呼、紧急呼叫、录音、私密呼叫及对列车进行广播等功能。

手持台：控制中心配备多部手持台，作为无线调度台故障时的备用设备，其可分为车站台、维修台与电力调度台等，在日常交接班时需保持手持台处于良好状态。

3）中央广播系统

在值班调度主管、行车调度员及电力调度员控制台分别设置广播控制台，可对各车站、停车场、车辆段等相关单位进行广播。其具有人工和自动广播两种模式，并可进行指定区域广播。

2.5 行车调度控制方式

城市轨道交通系统的行车调度控制方式主要与采用的行车调度指挥设备类型有关。随着科学技术的发展，城市轨道交通系统运行控制设备正逐步向自动化、远程化、计算机化发展，行车调度控制方式逐步由人工调度指挥系统向电子调度集中和行车指挥自动化控制系统发展。

1. 人工调度指挥系统

该系统主要由行车调度员通过调度电话向车站值班员直接发布指令，按电话闭塞组织行车。车站值班员排列接发列车进路。通过与车站值班员的联系，行车调度员掌握列车到达、出发信息，下达列车运行调整调度命令。行车调度员通过无线调度电话呼叫列车司机，发布调度命令，指挥列车运行。列车运行图由行车调度员手工绘制。这种方式通常在线路开通初期，设施设备未到位等特殊情况下使用。人工调度指挥系统涉及的设备如下。

① 控制中心设备：调度电话、无线调度电话、传输线路。

② 车站设备：调度电话、传输线路。

③ 列车设备：无线调度电话。

2. 电子调度集中系统

电子调度集中系统是一种远程控制的信号设备，目前能实现运行调度指挥的遥信和遥控两大远程控制功能。它的特点是区间采用自动闭塞，车站采用电气集中联锁，并利用电缆引接到控制中心。控制中心的行车调度员通过中央 ATS 工作站对各车站进行集中控制，可以直接排列进路，直接指挥列车的运行调整，并通过综合显示屏监控列车到达、出发及途中运行情况，及时掌握线路上列车运行及分布情况，掌握各信号机的显示状态和道岔开通位置，确保列车运行秩序正常。基本闭塞法为自动闭塞，列车运行采用 ATO 模式。在必要时，可由调度集中控制改为车站控制，即将列车进路排列权限下放给车站，由车站值班员操作。电子调度集中系统涉及的设备如下。

① 控制中心设备：调度集中总机、综合显示屏、运行图自动绘制仪等。

② 车站设备：调度集中分机、传输线路。

③ 列车设备：无线调度电话、信息接收装置。

3. 行车指挥自动化控制系统

行车指挥自动化是利用现代信息化的电子计算机设备进行集中调度控制、指挥列车自动运行的一种远程自动化指挥的行车组织控制方式，以移动闭塞为基本闭塞法。行车指挥自动化控制系统的主要功能包括：根据计划运行图和列车的运行情况自动绘制实迹运行图并进行比较，对早晚点列车进行重点标识；自动控制全线的道岔、信号机、轨道电路（计轴装置）及相关的联锁设备，并可以自动排列列车进路；自动追踪正线列车的运行，在中央 ATS 工作站上正确显示正线线路占用情况、列车运行情况（列车车次、驾驶模式、运行状态）等；自动进行列车的运行调整；自动生成运营统计报告等。

1）系统构成

ATS 是行车指挥自动化控制系统的重要集成系统，能够实现中央、车站均可视的行车指挥自动化，能够全面监控正线列车运行，并进行自动调整。ATS 通常包括中央 ATS 子系统、车站 ATS 子系统及车载 ATS 子系统三部分，相关设备均通过 ATS 服务器实时地接收相关数据信息。

（1）中央 ATS 子系统

中央 ATS 子系统由设备、电缆、计算机、计算机外设、网络、计算机软件等构成，通过数据网络与其他 ATC 子系统交换数据和命令。主要设备包括：ATS 主机服务器（运行 ATS 集中运行控制应用软件）、ATS 数据库服务器（运行数据库报表生成应用软件）、ATS 通信服务器（运行和非 ATS 子系统通信的通信应用软件，通过 ATS 接口服务器和外部系统通信）、ATS 接口服务器（处理 ATS 通信服务器和外部系统之间的通信）。

（2）车站 ATS 子系统

车站 ATS 子系统由列车与地面间数据传输设备及电气集中联锁或计算机联锁等设备构成，通过中央 ATS 子系统及各 ATS 服务器实时映射相关数据信息，提供列车运行的本地显示，在取得中央 ATS 子系统的授权后，可实现对本地联锁区域的控制，同时为中央 ATS 服务器提供第三级备份服务。

（3）车载 ATS 子系统

车载 ATS 子系统能够实现列车与地面的不间断信息传输，实时接收中央 ATS 子系统的相关信息，如列车位置、移动授权、推荐速度、驾驶模式等信息，并将列车的相关信息反馈至中央 ATS 子系统，使中央 ATS 子系统能够全面准确掌握正线各列车的位置、速度、驾驶模式、运行时间、运行等级等信息。

2）系统功能

该系统可实现的功能如下。

（1）列车运行组织

在行车指挥自动化的控制方式下，由中央计算机通过 ATC 设备实现当日列车运行图加载、列车进路自动排列及列车运行自动调整的功能，指挥列车安全运行，中央 ATS 子系统可以集中反映正线列车的运行情况。行车调度员通过监控设备，能够准确掌握线路上的列车运行情况和分布情况、区间和站内线路的占用情况、联锁设备（信号机、计轴装置/轨道电路、道岔）的工作情况等。同时，行车调度员也可以通过人工介入，干预自动控制功能，人工调整列车运行、排列列车进路等。

在该控制方式下，列车占用区间的行车凭证为列车收到的速度码或移动授权，凭车载信号的指示动车或凭行车调度员的指令动车，列车运行的安全间隔由中央 ATS 子系统负责。

（2）列车运行自动调整

列车运行自动调整是行车指挥自动化的重要功能。启用该功能时，ATS 系统能够根据列车运行图中的运行计划，实时对图内早晚点时间在一定范围内的列车自动进行调整。一般有两种调整方法：按时刻表调整及按运行间隔调整。按时刻表调整能够自动控制列车运行，将列车与时刻表（预先设定）之间的偏差降至最低，如果列车运行时分落后于时刻表，列车就会发出警报，系统自动进行调整，这是通常的正线列车运行模式。按运行间隔调整能自动管理列车运行，平衡正线上列车到达各个车站的时间间隔，这是线路故障或应急时的后备运行模式。列车运行自动调整最主要是通过控制列车的停站时间和列车运行等级来实现。

针对列车运行偏离列车运行图的各种可能，ATS 系统设置了太早、很早、早点和太晚、很晚、晚点，以及最大、最小停站时间等参数，如表 2－5 所示。ATS 系统计算列

车实际到站时间与列车图定到站时间的差值，并将此差值与上述六种参数进行比较，根据比较结果确定列车运行调整方法，具体如下。

表 2－5 ATS 系统参数取值

参数	取值/s	参数	取值/s
太早	90	太晚	90
很早	60	很晚	60
早点	10	晚点	10
最大停站时间	60	最小停站时间	20

① 在早于太早和晚于太晚时，系统不能进行列车运行调整。

② 在早点与晚点之间时，系统不进行列车运行调整。

③ 在太早与很早之间时，列车降低一个运行等级，调整列车停站时间。

④ 在很早与早点之间时，列车运行等级不变，调整列车停站时间，停站时间改为图定停站时间与早点时间之和，但调整后的列车停站时间不大于列车最大停站时间。

⑤ 在晚点与很晚之间时，列车运行等级不变，调整列车停站时间，停站时间改为图定停站时间与晚点时间之差，但调整后的列车停站时间不小于列车最小停站时间。

⑥ 在很晚与太晚之间时，列车升高一个运行等级，调整列车停站时间。

4. 人工调整列车运行

列车运行图对列车在车站的到发时刻、停站时间及区间运行时分均作了具体规定，行车调度员应努力确保列车正点运行。但是在日常运输组织中，由于线路施工、列车运缓、自然灾害、设备故障、旅客上下车超过图定时间、行车事故及指挥不当等影响，经常会发生列车停运、加开、早点、晚点的情况，使每天开行的列车数、运行时刻等与列车运行图有出入。列车的开行是一个系统工程，任何一个部门的工作失误都会影响到列车的正点运行，因此与列车运行有关的部门，必须切实按照列车运行图合理安排本部门的工作。

1）列车运行调整原则

列车运行调整工作应遵循以下原则。

① 坚持按图行车，提高列车正点率。

② 单一指挥。

③ 下级调度员服从上级调度员指挥。

④ 安全生产。

⑤ 按列车运行状态及等级进行调整。

2）列车运行调整方法

在正常的情况下，列车能够按照列车运行图规定的时刻运行，实现按图行车。对于较小的行车延误，系统可自动进行调整，努力实现列车正点运行。

列车的正点运行，应首先保证列车的正点始发，这是基础，当列车运缓、作业延误或设备故障造成列车运行晚点时，特别是在某些特殊情况下，如重要政治活动、重大体育赛事、文化演出或线路出现突发紧急事件时，行车调度员应根据晚点的实际情况，按照上级指示及时、准确地做出调整措施，以满足实际运营需要，尽快恢复正常的列车运行秩序。

一些常用的列车运行调整方法如下。

（1）提前或推迟发车

始发站提前或推迟发出列车。

（2）提高车速

根据列车的技术状态、线路允许速度，改变列车运行等级，组织列车提高速度，以期恢复正点运行。

（3）缩短停站时间

组织列车在车站快速作业，缩短停站时间。

（4）跳停

组织列车载客通过，又称为列车跳停。一般情况下不采取此措施。只有当某一列车因故晚点，后行列车大量拥堵且在短时间内无法恢复，运行秩序紊乱，系统无法及时调整时，行车调度员可以适当地使该列车不停车（放站）通过某些车站，缩短运行时间，减少对后续列车的影响，恢复正常的列车运行秩序。

行车调度员应严格掌握跳停的使用，下列情况原则上不允许使用跳停：

① 客流量较大的车站；

② 该列车为首末班车；

③ 连续两列车跳停同一车站；

④ 列车运行的高峰时段慎用；

⑤ 广播出现故障的列车。

在实际使用跳停时，应在始发站乘客上车前作出安排，途中需要安排时，应提前两站通过广播或其他方式通知乘客。

列车跳停的设置可由行车调度员在中央工作站完成，也可以由行车调度员命令驾驶员在当次列车上完成。列车跳停仅对采用 ATO 模式运行的列车有效。

（5）加开备用车

当出现列车晚点、客流异常、列车故障、开行专列等情况时，可以使用加开备用车的调整方法。

（6）列车清客

在列车运行过程中，出现某些异常情况（如列车故障、线路故障、自然灾害、火灾、爆炸等），无法保证列车运行安全及正常行驶，或因列车调整的要求，列车改变正常的行车路线时，需要进行清客作业。

（7）列车反方向运行

一般情况下，城市轨道交通线路均为双线设置，上下行列车各自运行，互不影响。列车反方向运行主要适用于特殊情况下的列车运行调整及救援列车的开行。

(8) 隧道内线路积水时的行车

巡道、巡检人员、驾驶员及其他行车有关人员发现隧道线路积水时，应立即报告行车调度员，行车调度员要及时通知相关维修部门进行抢险，并根据需要下达抢险命令。

(9) 地面车站或高架线路遇大雾、暴雨、大风等恶劣天气时的行车组织

① 地面车站或高架线路遇大雾时，列车按原来的 ATO 模式运行，列车进站时，驾驶员要加强瞭望，鸣笛示警，遇有险情时，立即采取停车措施；车站要加强组织，执行恶劣天气下的组织预案，特别要强调站台组织，注意乘客的乘车安全，避免出现人身伤亡。

② 地面车站或高架线路遇暴雨、大风时，列车继续以 ATO 模式运行，列车进站时，驾驶员需要加强瞭望，鸣笛示警；车站要执行恶劣天气下的组织预案，强化站台乘客组织，注意利用广播提示列车的运行信息，遇有险情时，及时采取停车措施。

(10) 大客流情况下的运行组织

随着我国城市化进程的加快，城市人口急剧增加，经常出现在某一时段、某一地区大客流突发的情况，此时需要采取一些及时的措施疏散客流，防止出现意外事件。

① 当某一车站出现大客流时，客运调度员要通过各种渠道及时发布相关信息，通知全线各站，并告知乘客，同时请轨道公安部门配合，组织好车站客流的疏散和安置工作。

② 当站内客流超过安全容许的程度时，要及时采取封站措施，禁止乘客进入，做好站外到站厅客流的截流工作，以便减轻站台的压力，并处理好乘客的情绪；同时，请求其他运输方式的配合，共同输送乘客。

③ 当大客流发生在城市轨道交通换乘站时，相邻线路的行车调度员要互通信息，加强配合，尽可能通过其他车站换乘乘客，当换乘站客流持续增长时，要及时通知相邻换乘站启动《换乘站客流组织应急预案》。

实训 2.1　行车调度指挥基本设备的认知

实训 2.1.1　实训目的

1. 了解行车组织过程。
2. 认知列车运行自动控制系统的设备。
3. 了解城市轨道交通行车组织作业级别及操作权限。
4. 通过对设备的认知，掌握行车组织终端设备的使用。
5. 基于现场行车组织工作，模拟现场工作状态。

实训 2.1.2　实训内容

1. 熟知行车调度指挥体系的结构及各岗位相关的操作设备。

2. 参观OCC，并了解OCC相关设备，如C－LOW设备、计划运行图编辑工作站、TCS列车监控系统、调度监控系统、信号系统等设备。

3. 参观车站，并了解车站行车组织相关设备，如LOW工作站、IBP盘、LCP盘等。图2－5所示为某车站行车监控设备。

图2－5　车站行车监控设备

实训2.2　行车调度命令的发布

实训2.2.1　实训目的

1. 具备正确、清晰、完整发布书面命令的能力（一拟稿、二签认、三发布）。
2. 正确掌握调度命令登记簿的填记要求。
3. 正确使用标准用语发布口头命令。
4. 根据要求填写书面命令及填写调度命令登记簿。
5. 口头命令下达：使用标准普通话，内容简明扼要，吐字清晰，语言适中，不得随意简化，日常调度用语见附录B。

实训2.2.2　实训内容

行车调度命令发布流程图如图2－6所示，以小组为单位，按照要求发布变更闭塞调度命令、封锁线路调度命令、加开救援列车调度命令等调度命令，并完成以下任务：

1. 分析岗位操作标准，确认小组成员角色。
2. 根据行车调度命令发布流程图，编写各个角色的情景对话。
3. 模拟演练发布调度命令的操作流程。

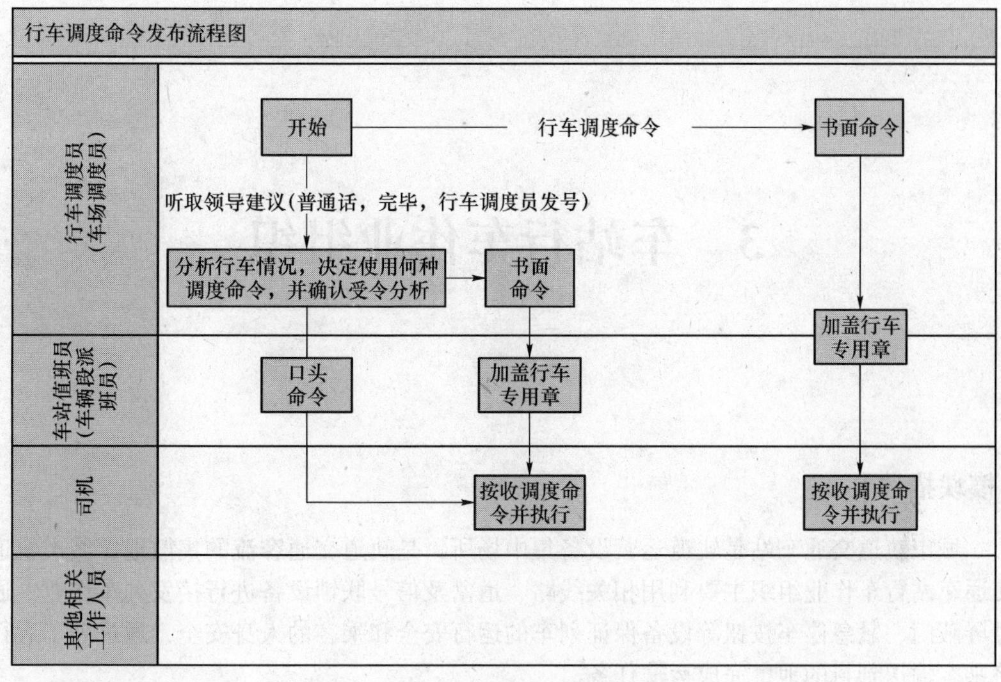

图2-6 行车调度命令发布流程图

3 车站行车作业组织

【模块描述】

城市轨道交通车站是轨道运营设备集中场所，是轨道交通客流的集散地。城市轨道交通车站行车作业组织主要利用相关线路、道岔及信号联锁设备进行接发列车作业，通过屏蔽门、紧急停车按钮等设备保证列车的运行安全和乘客的人身安全，通过列车运行将乘客输送到目的地，完成运输任务。

【知识目标】

1. 了解城市轨道交通车站的概念及类型；
2. 掌握车站各类行车技术设备的功能；
3. 了解车站行车备品的使用及存放；
4. 掌握车站联锁设备故障情况下的接发列车作业流程。

【能力目标】

1. 能够掌握城市轨道交通车站行车技术设备的基本知识；
2. 能够掌握车站联锁设备故障情况下的接发列车作业流程。

【情景导入】

2011 年 9 月 27 日 14 点 51 分，上海地铁 10 号线发生一起罕见的两车追尾事故，示意图见图 3－1。因为电务施工造成交通大学站至南京东路站区间停电，地铁运营由自动系统转向人工系统，下行线豫园站至老西门站区间 1016 次列车按照行车调度员口头命令转换为 RM 模式，遇红灯停车，14:00，行车调度员口头通知 1016 次待命。14:08，行车调度员 1012 发布 303 号调度命令，交通大学站至南京东路站上下行区段改用电话闭塞法行车。14:35，1005 次列车司机持豫园站路票从豫园发车。14:37，1005 次列车以 35 km/h 速度与 1016 次列车追尾碰撞。

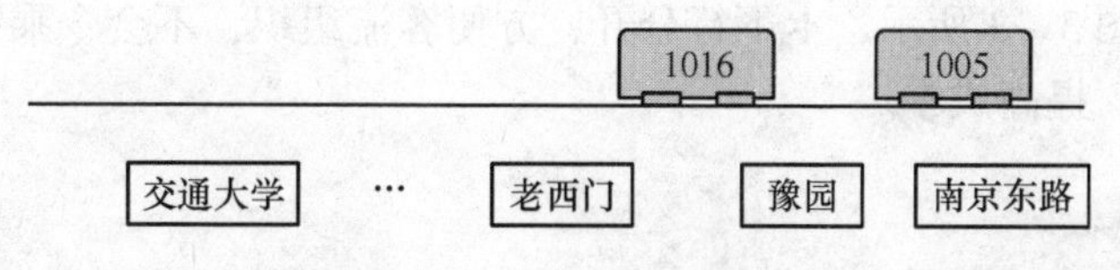

图 3－1 地铁 10 号线两车追尾事故示意图

【知识准备】

在城市轨道交通中，车站起着极为重要的作用。车站供乘客上下列车，为城市轨道交通的正常运行创造条件。车站是轨道交通客流的集散地，同时又是轨道交通运营设备集中设置的场所，主要包括线路、道岔、通信、信号、环控、自动售检票、自动扶梯、电梯、照明、给排水、消防、防灾报警（FAS）、设备监控（EMCS）等设备系统，由出入口、通道、站厅层、站台层、设备房、管理用房及生活用房等几部分构成，有些简易车站无站厅层。

3.1 车站概述

车站的活动主要分为：行车作业和客运作业两部分。车站行车作业包括接发列车作业、列车折返作业等。车站客运作业包括售检票、组织乘客乘降和换乘作业等。

按照不同标准，车站可分为以下几种。

1. 车站按照修建方式分

车站按照修建方式分为地下车站、地面车站和地上车站（高架车站）三类。

地下车站节省城市宝贵的地面土地资源，但建造成本高，突发情况下旅客疏散困难。

地面车站建造成本低，乘客进出轨道交通速度快，但占用土地面积大。

地上车站（高架车站）建造成本在地下车站与地面车站之间。通常修建在城市交通的路口处，换乘其他交通工具方便且占用城市用地少。

2. 车站按照站台种类分

车站按照站台种类分为岛式站台、侧式站台及岛侧混合式站台。

岛式站台如图 3－2 所示，上下行线共享车站设备资源，节约用地和成本，但站台人流量大，客流组织比较困难。

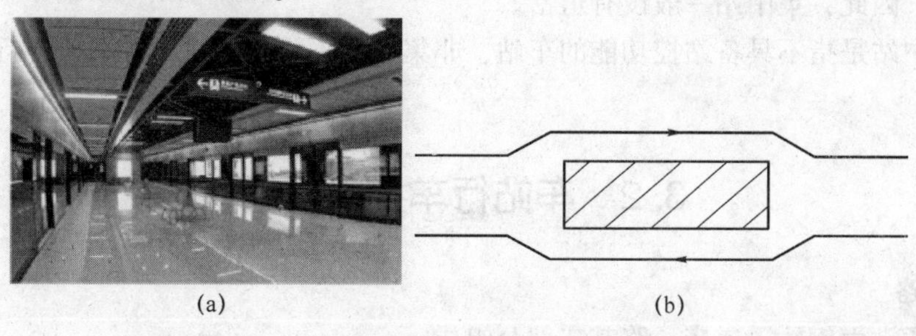

(a)　　(b)

图 3－2 岛式站台

侧式站台如图3－3所示，上下行分开，方便客流组织，不会令乘客搞错乘车方向，但增加占地面积，提高成本。

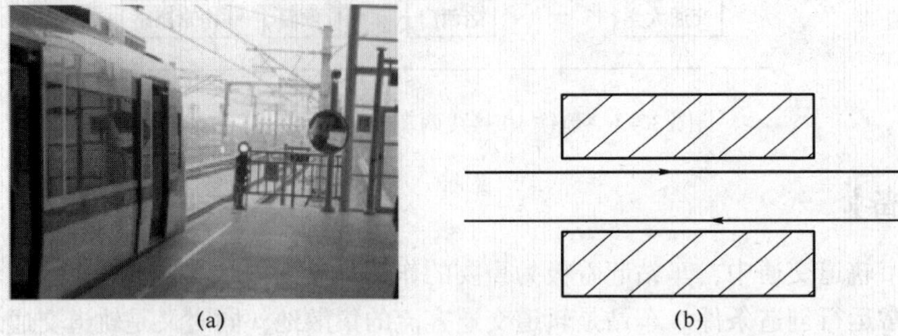

图3－3　侧式站台

岛侧混合式站台综合了以上两种站台的优点，且更加有利于缩短乘客换乘时间。

3. 车站按照运营功能分

车站按照运营功能分为终点站、中间站、折返站、换乘站。

终点站是一条城市轨道交通线两端的站台，设有折返设备，为列车提供折返、停留或临时检修等运营功能。

中间站是城市轨道交通线网中数量最多的车站，一般只供乘客上下列车。

折返站是终点站与中间站中设有折返设备的车站，可供长交路、短交路列车进行折返作业，折返线示意图如图3－4所示。

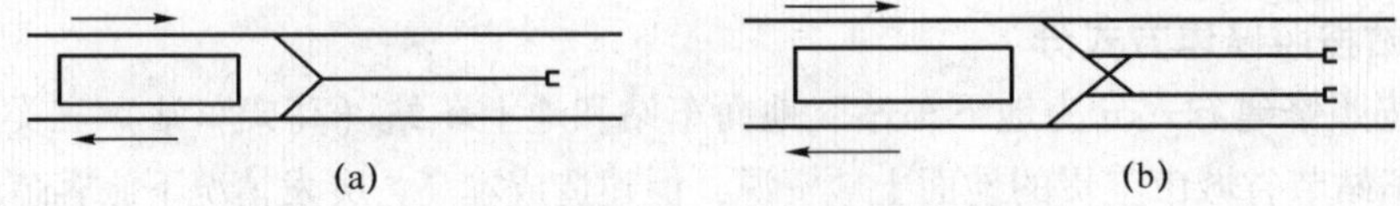

图3－4　折返线示意图

换乘站一般设在不同线路的交汇地点，可供乘客由一条城市轨道交通线换乘到另一条城市轨道交通线的车站。

4. 车站按照是否具有站控功能分

车站按照是否具有站控功能分为集中站和非集中站。

集中站是指具有站控功能的车站，集中站可以监控列车运行、办理闭塞和扣车、催发列车等。因此，集中站一般设有道岔。

非集中站是指不具备站控功能的车站，非集中站不设置道岔，并且只进行接发列车作业。

3.2　车站行车技术设备

1. 线路

线路通常由钢轨、道床、路基三部分组成。

线路按其在运营中的作用可分为正线、辅助线（折返线、渡线、联络线等）、车场线。

1）正线

正线是指供载客列车运行的线路，贯穿所有车站和区间。城市轨道交通正线是独立运行的线路，一般按双线设计，采用右侧行车制。大多数线路为全封闭，与其他线路相交时，一般采用立体交叉。图 3－5 所示为高架桥及地面轨道线路。

图 3－5　高架桥及地面轨道线路图

2）辅助线

辅助线是为保证正线运营而配置的线路，是为列车提供折返、停放、检查、转线及出入段作业的线路。辅助线包括折返线、渡线、联络线、出入段线、存车线等。

① 折返线。折返线是指在线路两端终点站或中间站，为能开行折返列车而设置的专供改变列车运行方向的线路。

② 渡线。渡线可满足改变列车进路的需要，也可改变列车运行方向。

③ 联络线。在城市轨道交通网络中，同种制式的线路实现列车过轨运行，一般通过线与线之间的联络线实现。

④ 出入段线。出入段线是从车辆段到运营正线之间的连接线。

⑤ 存车线。一般设置在终点站或区间车站，专门用于列车停放，并可进行少量检修作业。

3）车场线

车场线主要是指车辆段内的线路。

2. 道岔

道岔是城市轨道交通中使列车由一条线路转入另一条线路的连接设备。道岔在城市轨道交通的车站、车辆段都十分常见。

道岔有单开道岔、双开道岔和交分道岔等类型。单开道岔是最常见的。由于道岔具有数量多、构造复杂、使用寿命短、限制列车速度、行车安全性低和养护维修投入大等特点，因此与曲线、接头并称为轨道的三大薄弱环节。

单开道岔主要由三部分构成：转辙器、连接部分、辙叉及护轨（如图 3－6 所示）。转辙机和道岔的组合见图 3－7。

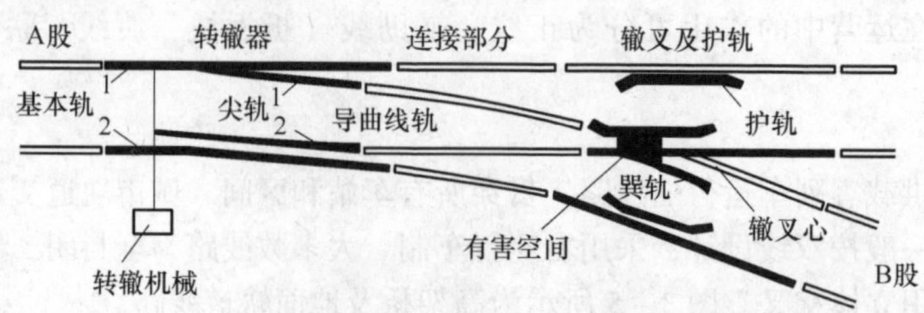

图 3－6　单开道岔的组成

图 3－7　转辙机和道岔的组合

现在所使用的道岔基本上都是以电力来驱动的，但是当联锁设备出现故障时，则需要手摇道岔，将道岔转入需要的位置。

3. 信号、联锁和通信等设备

为保证行车作业安全和提高行车作业效率，车站设置信号、联锁和通信等设备。

1）信号设备

车站信号设备通常有出站信号机、发车指示器、防护信号机和阻挡信号机等。

2）联锁设备

联锁设备设置在有道岔车站，分电气集中联锁设备和计算机联锁设备两种类型。

3）通信设备

用于车站行车作业的通信设备主要有站间行车电话、集中电话和无线调度电话等。

4）综合应急后备盘及紧急停车按钮

车站控制室设置有综合应急后备盘（简称 IBP 盘），是主控系统的后备设备。IBP 盘设置在车站控制室，当中央级设备发生通信故障或在车站级设备发生人机界面故障时，可作为在紧急情况下使用的设备。一般可控制消防水泵、环控系统、信号系统、屏蔽门等。

站台一般设置有紧急停车按钮，用于站台人员在突发情况下，及时扣停列车。当站台发生紧急情况时，车站站务员需用力敲碎紧急停车按钮外侧塑料壳，并按压红色紧急停车按钮，便可将列车扣停在车站或阻止列车进入站台区域。

5）闭路电视监控系统

为了确保列车的运行安全，及时向有关人员提供车站各部位的安全情况和客流情

况，列车停站、启动，车门开启、关闭等信息，各车站设置了闭路电视监控系统（简称 CCTV）。车站上下行站台都配置有固定摄像机，车站控制室内备有显示器及图像选择设备，可以自由监控车站内各摄像机的显示情况。站台头端处也设置有显示器，方便司机观察本侧乘客上下车情况及站台安全情况。

在采用列车自动控制系统的情况下，车站还设置与 ATC 系统有关的设备，如车站列车自动监控系统设备等。

3.3 车站行车备品

1. 行车备品种类

车站行车备品包括员工劳动保护用品和专用器具两大类，具体的行车备品如图 3－8 所示。

图 3－8　行车备品

① 员工劳动保护用品包括安全帽、绝缘手套、沙手套、安全带、荧光背心、口笛、手电筒及其充电用具、强力探照灯及其充电用具、臂章等。

② 专用器具包括钩锁器、手摇把、信号灯及其充电用具、信号旗、红闪灯及其充电用具、无线电台及其充电用具、手提广播、调度命令、行车凭证、下轨梯、拾物钳等。

2. 行车备品存放

行车备品应按规定要求存放，具体按照各城市轨道交通企业制定的相关规定执行。

① 要求所有行车备品要进行整理、整顿，有序摆放，摆放的地方要干净、清爽。

② 行车公用物品统一存放，且要存放合理，不准乱堆、乱放。个人用品放进个人专用柜子。

③ 荧光背心、口笛、信号灯及其充电用具、手电筒及其充电用具、强力探照灯及其充电用具、无线电台及其充电用具、红闪灯及其充电用具、手提广播、调度命令等放在规定位置，行车凭证放在车站值班员就近随手可拿的地方。文件盒放在指定地点。防毒面具分散放在车控室、会议室、更衣室、站务室、站长室等房间。

④ 行车备品柜摆放在车控室，位置以不影响整个车控室美观为准。

⑤ 行车备品柜要有统一的标识和备品目录表，标明备品名称、数量和负责人，柜内物品要摆放整齐有序。

⑥ 钩锁器、手摇把、信号旗、下轨梯、拾物钳等放在站台监控亭。

⑦ 车控室开放式电源柜上摆放打印机、复印机和无线电台充电用具（固定)，禁止摆放其他物品，但其他设备也需在开放式电源柜上充电时，应摆放整齐，冲完电后立即收起放回行车备品柜。

3.4 车站行车作业

1. 车站行车作业基本要求

车站行车作业应按照列车运行图要求，不间断接发列车，确保行车与乘客安全，提供优质的运营服务。对车站行车作业的基本要求主要如下。

1）执行命令，听从指挥

严格按照高度集中、统一指挥的要求，由车站值班员统一负责车站的行车作业指挥工作。同时，车站值班员还应该认真执行行车调度员的命令和上级领导的指示。

2）遵章守纪，按图行车

认真执行行车规章制度，遵守各项劳动纪律。办理作业正确及时，严防错办和忘办，严禁违章作业。当班必须精神集中，服装整洁，佩戴标志，保证车站安全，不间断地按列车时刻表接发列车。

3）作业联系，及时准确

联系各种行车事宜时，必须程序正确，用语规范，内容完整，简明清楚，防止误听、错听、误解和臆测行事。

4）接发列车目迎目送

接发列车严肃认真，姿势端正，认真做好看、听、闻，确保列车安全运行。

5）行车报表填写齐全

车站行车人员应按照各报表填写规定，正确填写各种行车报表，并保持报表完整、整洁。

2. 车站行车作业制度

为加强车站行车作业组织，需要建立和健全各项行车作业制度，做到行车作业制度化、程序化、标准化。主要的行车作业制度如下。

1）车站值班员岗位责任制

车站行车作业实行单一指挥制，车站值班员是车站行车作业的组织者和指挥者。根据行车作业的需要，车站还可设置车站助理值班员，但采用ATC系统时一般不设。

车站值班员的岗位职责是：执行行车调度员的命令和指示，统一指挥车站的行车作业；监视行车控制台的进路开通方向、道岔位置及信号显示，监视列车运行状态和乘客乘降情况；在实行车站控制时，按列车运行图及行车调度员下达的列车运行计划办理闭塞、排列进路、开闭信号、接发列车；填写行车凭证和其他各种行车报表；办理设备检修施工登记；组织交接班工作。

车站助理值班员的岗位职责是：接送列车、监护列车运行，交递调度命令及行车凭证，手信号发车，现场组织调车作业，进行站线巡视和协助乘客乘降。在不设车站助理值班员岗位时，上述职责由站务员等员工承担。

2）交接班制度

车站值班员交班时，应将列车运行和设备状态、上级指示和命令及完成情况等填记在《交接班登记簿》上，并口头向接班车站值班员交代清楚。

车站值班员接班时，要了解列车运行情况，对行车技术设备、备品、报表进行检查后，签认接班。内、外勤车站值班员实行对口交接。

3）检修施工登记制度

对各项检修施工作业，车站值班员应根据检修施工计划，向检修施工负责人交代有关注意事项后，方可登记。凡影响行车作业的临时设备抢修，要向行车调度员联系作业时间并获同意后，方可登记。检修施工作业结束后，行车技术设备经试验，确认技术状态良好后，方可签认注销。

4）道岔擦拭制度

道岔必须由专人负责定期擦拭。擦拭道岔，必须与行车调度员联系，办理控制权下放手续。道岔擦拭时，车站控制室要有人监护，不准随意扳动道岔。擦拭道岔人员一律穿绝缘鞋，携带防护用具。擦拭前施放木楔，无关人员不得擅自进入道岔区。如需换道岔，控制室监护人员应与现场擦拭人员进行联系，说明道岔号码及定、反位，现场擦拭人员要离开岔道。道岔擦拭完毕，要认真清理现场，清点工具，撤除木楔，并检查有无妨碍列车运行及道岔转换的物品。试验道岔及确认良好后，与行车调度员办理控制权上交手续，有关按钮由信号人员加封并做记录，填写《道岔擦拭登记簿》。

5）巡视检查制度

送电前，车站值班员应进行站线巡视，检查线路上有无影响列车运行的异物。对站内检修施工后的现场应进行巡视，检查是否符合检修施工登记、注销情况。检查行车控制台是否有异常情况。

6）行车事故处理制度

发生行车事故，应立即采取有效措施进行处理，同时向行车调度员及有关部门报告。认真记录事故发生的时间、地点、列车车次、车号、关系人员姓名及人员伤亡和设备损坏情况。赶赴现场，查找人证与物证，并做成记录。清理现场，尽快开通线路。对责任行车事故，应认真找出原因，提出处理意见，制定防范措施。

3. 局域操作员工作站

局域操作员工作站（LOW）用于控制和监督信号机、道岔、进路及列车的运行。LOW 是信号系统网络的区域终端设备，每个联锁站都有一套 LOW 设备，其由一台电脑和一台记录打印机组成。轨道区段占用、道岔位置、信号显示等信息均可在彩色显示器上以站场图形显示，使用鼠标和键盘，在命令对话窗口上可以实现常规命令及安全相关命令操作。LOW 彩色显示器及命令对话窗口如图 3－9 所示。

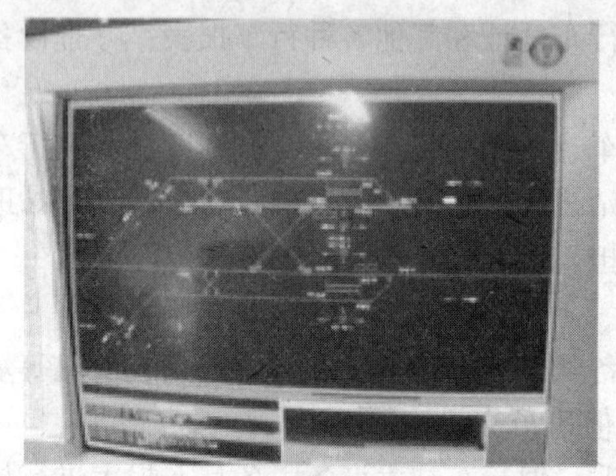

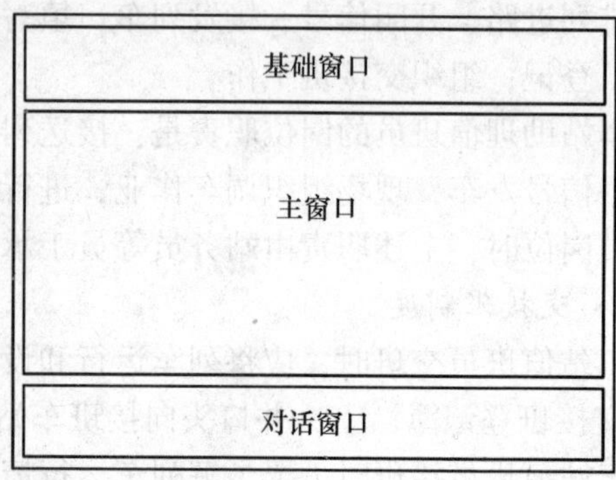

图 3－9　LOW 彩色显示器及命令对话窗口

LOW 工作站操作有关规定如下。

1）LOW 工作站上的操作命令使用要求

LOW 工作站以下操作命令须经行车调度员同意后方准操作：①关站信号；②关区信号；③封锁及解封道岔；④封锁区段、解封区段；⑤强行转岔；⑥重启令解；⑦开放引导；⑧轨区设限、轨区消限；⑨岔区设限、岔区消限。

使用安全相关操作命令（强行站控命令除外）时，必须检查列车进路，确认进路空闲，道岔位置正确后，方可实施；使用强行转岔命令前，车站须派人到现场确认该岔区没有列车或其他杂物侵限。

2）LOW 工作站操作员要求

① 在操作过程中，操作员必须确认进路要素（包括信号机、道岔和轨道电路）显示方式正确，否则必须立即停止和取消该项操作，并报告行车调度员。

② 操作员在操作或监控设备时，严禁中断 LOW 系统，严禁进行与行车无关的操作。

3）联锁工作站的设备管理人员或维修人员操作要求

联锁工作站的设备管理人员或维修人员需操作 LOW 工作站时，应征得车站值班员的同意，并报告行车调度员，经行车调度员授权，以自己的名字和口令登记进入系统后，在不影响行车的情况下方可操作。

4. 车站行车作业

1）运营前检查

运营前 30 min，各站须及时向行车调度员报告运营前准备情况，检查确认运营线路

（含辅助线）是否具备行车条件。

① 行车值班员通过施工登记表确认所有影响行车的施工已经结束，线路出清。施工销点时，车站与施工负责人核实有关作业区线路出清；在最后一项施工作业结束时，车站还需负责撤出红闪灯防护，并确认站内线路出清情况。

② 值班站长在车站向行车调度员报告检查情况前，需对本站站台区域的运营线路进行检查，对屏蔽门进行开关门测试，确保屏蔽门开关门功能正常。

③ 确认接触网、照明及环控系统正常，观察确认站内接触网正常；观察确认车站控制室内用电设备运作和车站照明工作正常；检查确认防灾报警系统、车站机电设备监控系统、防火报警系统运作模式正确，各设备工作正常。

④ 车站值班员接到行车调度员检查联锁工作站功能的通知后，接收工作站控制权，对所辖区域内各信号设备进行检查，确认设备工作正常后，将控制权交还中央，如出现异常或故障情况，需及时进行汇报和处理。

2）接发列车作业

车站作业主要是接发列车，组织乘客乘降，保证列车接发、乘客乘降的安全与效率。站务员在上岗前，需对工作钥匙、对讲机、手提广播等备品进行检查，巡视站台，确认客运、行车设备设施的状态。在列车进站前，站务员应站于车站客流集中、靠近紧急停车按钮附近的位置接车，密切注视站台乘客动态，制止乘客越出安全线、依靠屏蔽门等行为。若发现危及行车的紧急情况时，应立即按压紧急停车按钮或显示紧急停车手信号。在列车车门即将关闭时，站务员应站于站台扶梯口附近，阻止乘客在关门时往车上冲。车门、屏蔽门关闭后，站务员要确认车门、屏蔽门关好，以及车门与屏蔽门缝隙间无夹人夹物等情况。当列车动车时，站务员应站在紧急停车按钮附近，遇突发情况时，立即按压紧急停车按钮，并通过对讲机呼叫司机停车，并到现场进行妥善处理。

3）车门、屏蔽门故障处理

城市轨道交通的站间间距较短，站点多，在运营时车门、屏蔽门开关频率很高，因而事故率较大。车门发生故障时，由司机切除故障车门，站务员协助现场进行乘客疏导、安全防护、故障告示张贴等。

屏蔽门发生故障时，由于其状态纳入了信号系统联锁条件，异常的状态将导致列车无法出站，或后续列车无法正常接车。为减少对运营的影响，站务员要对故障屏蔽门及时进行处理，在保证安全的前提下，先让列车恢复运行，之后再进行维修处理。一般以下几种情况需要站务员处理。

① 单个或少数屏蔽门故障时，需要站务员使用专用钥匙将故障单元屏蔽门的开关模式打至隔离位，将故障屏蔽门切除。

② 整列或大多数屏蔽门故障无法及时切除，或屏蔽门检测回路故障影响信号系统正常开放进路时，需要站务员操作就地控制盘，切除屏蔽门与信号系统的互锁关系，具体操作为：操作互锁解除，确认互锁解除信号指示灯亮后，向司机显示手信号，指挥列出发车。同时，站务员要严密监视站台情况，保持站台乘客与开启的屏蔽门有一定的安全距离，确保行车安全。

4）人工办理进路

信号设备发生故障改用降级模式组织行车时，列车进路需要车站工作人员人工办理。此种情况下，人工办理进路包含两个方面的内容：一方面，如果车站联锁工作站可以进行操作时，由车站工作人员在工作站上进行操作，办理列车进路；另一方面，若车站联锁工作站无法办理进路时，则由车站人员携带工具前往现场人工办理，一般由车站值班员带领站务员进入轨行区办理进路。在进入轨行区办理进路时，要穿戴好荧光衣、安全帽等防护用品，同时还要检查办理进路的行车备品是否准备齐全。办理进路的行车备品主要有红闪灯、手摇把、道岔钥匙、信号灯、钩锁器、锁头、无线电话等。

到达现场后，应首先将红闪灯设置在来车方向站台端墙外轨道中央，使用闪烁的红色灯作为防护信号。转换道岔时，单转辙机的道岔一人操作，另一人防护确认；双转辙机的道岔则是双人操作，共同防护确认，依照手摇道岔“六部曲”进行操作。手摇道岔“六部曲”如下。

① 一看：看道岔开通位置是否正确，是否有钩锁器，是否需要改变位置。

② 二开：打开并拆下钩锁器，将道岔断电。

③ 三摇：将道岔摇至所需要的位置。

④ 四确认：手指尖轨确认道岔位置，另一人复诵。

⑤ 五加锁：将道岔使用钩锁器加锁。

⑥ 六汇报：向车站值班员报告道岔开通位置及加锁情况。

5）电话闭塞法组织行车

信号系统发生故障无法对列车及进路进行干预时，为了保持城市轨道交通运营的持续性，各城市轨道交通企业通常规定了一些应急的人工组织行车方法，即电话闭塞法，以便在信号设备故障时可以维持运营，保证行车安全。

电话闭塞法行车时，列车进路需要人工办理。为确保行车安全，采用电话闭塞法时需要遵循以下几个原则。

① 每个闭塞区间只允许一列列车占用。

② 列车占用闭塞区间的凭证为路票，闭塞区间内的信号机显示视为无效。

③ 人工办理进路时，按照由远及近的顺序办理。

④ 车站准备好接车进路后方可办理闭塞手续。

车站行车人员办理电话闭塞法的内容、程序与办法如下。

① 进路准备：故障联锁站正线上的道岔均要开通正线位置，并使用钩锁器加锁，两端终点站的折返道岔在操作至正确位置后，使用钩锁器钩锁，但只加钩锁器，不用锁头加锁。

② 办理闭塞：发车站向接车站请求闭塞，接车站确认接车进路已准备好，接车站台空闲后，方同意闭塞，并给出承认闭塞的电话记录号码。

③ 发出列车：发车站确认闭塞的电话记录号码后，填写路票交给列车司机，并与司机共同确认路票信息正确无误后，向司机显示发车手信号，司机凭车站人员发车手信号动车运行至前方车站。

④ 闭塞解除：接车站在列车停车位置向司机显示停车手信号，列车整列到达停妥后，向列车司机收取路票，核对无误后，闭塞自动解除。

6）折返作业组织

（1）中央控制

列车在进行折返作业前，应清客、关门。列车折返进路由中央 ATS 自动排列或行车调度员人工排列。

在自动排列折返进路时，折返列车凭发车表示器的稳定白灯（或绿灯）显示进入折返线或停车位置。在人工排列折返进路时，折返列车凭调车信号进入折返线或停车位置。随后司机立即办理列车换向作业，并凭防护信号机的允许显示进入出发正线。

（2）车站控制

车站控制时，除列车折返进路由车站值班人员人工排列外，其余与中央控制时相同。

3.5 车站联锁设备故障时的行车作业

1. 车站联锁设备故障时，按电话闭塞法组织行车

当车站联锁设备故障，在中央 MMI 或车站 LOW 工作站上不能人工排列进路，需人工现场手摇道岔准备进路时，需根据行车调度员发布的电话闭塞法组织行车的调度命令，严格按照电话闭塞法的接发列车作业程序和要求执行。

1）按电话闭塞法组织行车时的发车

① 车站值班员发现联锁设备出现异常后，立即报告行车调度员，通知值班站长、信号工区人员，并在《施工检修作业登记簿》内登记。

② 车站值班员派有关人员到现场检查确认进路空闲，无危及行车安全的情况。

③ 行车调度员及时向有关车站及司机发布调度命令：从×点×分起，在×站至×站间采用电话闭塞法组织行车。

④ 车站和行车调度员共同确认第一趟发出的列车运行前方区间空闲后，向接车站请求闭塞。

⑤ 接车站根据收到的同方向前次列车在前方站出发的电话报点记录，并确认接车进路准备妥当后，方可同意闭塞，发出同意接车的电话记录号码，发车站复诵，并填写《行车日志》。

⑥ 发车站在查明区间空闲，确认发车进路准备妥当后，方可根据取得的接车站同意接车的电话记录号码，指示站台接发车人员填发行车凭证——路票，准备发车。

⑦ 接发车人员按要求填写好路票，核对无误后，方可交与司机，并向车站控制室汇报。

⑧ 司机接到路票后方可关门，凭车站的发车信号动车。

⑨ 列车尾部离开站台头端墙时，车站值班员向行车调度员及后方站报点：×次×站×点×分开，并填写《行车日志》。

2）按电话闭塞法组织行车时的接车

① 接受行车调度员发布的按电话闭塞法组织行车的调度命令。

② 听取发车站发车请求，并根据调度命令与行车调度员共同确认区间空闲，根据《行车日志》确认后方区间及站内线路空闲。

③ 车站值班员向准备进路人员下达准备接车进路的命令，并听取复诵。

④ 车站值班员得到接车进路准备妥当的报告后，向发车站发出同意接车的电话记录号码，并听取复诵。

⑤ 通知站台接发车人员准备接车。

⑥ 接发车人员在站台头端墙指定处显示停车信号，向司机收回路票，并打“×”，同时报告车站控制室“路票收回”。

⑦ 车站控制室通过 CCTV 监视列车到达。

2. 车站联锁设备出现异常时的处理

道岔区段出现红光带造成进路排不出时的处理如下。

① 车站值班员应立即报告行车调度员、信号工区人员、值班站长，并在《施工检修作业登记簿》内登记。

② 行车调度员放权站控后，车站值班员应利用其他进路，确保正常接发列车。

③ 若必须使用该进路时，车站值班员可使用单操道岔的方法，将道岔转换至所需位置并单锁，在确认线路空闲及安全前提下，开放引导信号接发列车。

④ 值班站长接到故障报告后应到车站控制室把关，协助车站值班员做好行车组织工作。

⑤ 信号工区人员检修完毕，并在《施工检修作业登记簿》上登记签认正常后，车站值班员经试排进路，确认正常并签认后，方可通知行车调度员设备恢复正常使用。

3. 控制台挤岔铃响时的处理

1）道岔区段无列车占用时

① 车站值班员立即报告行车调度员，接受控制权，通知值班站长派扳道员到现场查看，通知信号工区人员，并在《施工检修作业登记簿》内登记。

② 扳道员到现场检查，道岔无不良病害，清除尖轨与基本轨间异物后，车站值班员单操道岔检测，若恢复正常即可报行车调度员恢复正常使用。

③ 若不能恢复正常使用可手摇道岔，待信号工区人员检修完毕，并在《施工检修作业登记簿》内登记签认正常，车站值班员经试排进路确认正常并签认后，通知行车调度员设备恢复正常使用。

2）道岔区段有列车占用时

① 车站值班员立即报告行车调度员，并提醒行车调度员通知司机禁止动车，通知值班站长派扳道员到现场监护，禁止动车，通知信号、工务工区人员，并在《施工检修作业登记簿》上登记。

② 值班站长应立即报段调并在车站控制室及现场把关。

③ 信号、工务工区人员到场确定处理意见后，按工务抢修工长意见办理行车业务。

④ 道岔修复须由信号、工务工区人员在《施工检修作业登记簿》上登记签认正常，车站值班员经试排进路确认正常并签认后，方可通知行车调度员设备恢复正常使用。

4. 道岔故障时的处理

1）道岔发生病害危及行车安全时

① 车站值班员应立即报告行车调度员，禁止列车通过该道岔，若线路上有列车，车站值班员应指派扳道员到现场保护，防止列车驶经该道岔，通知工务工区人员抢修，并在《施工检修作业登记簿》上登记。

② 车站值班员应通知值班站长在车站控制室把关。

③ 工务工区人员抢修完毕在《施工检修作业登记簿》上登记签认正常后，车站值班员试排进路或单操道岔试验正常后，方可通知行车调度员设备恢复正常使用。

④ 在恢复正常使用前，车站值班员应利用其他进路确保正常接发列车。

2）道岔失去表示或道岔电气故障必须手摇时

（1）处理原则

① 入现场检查道岔时，应确认道岔各部件良好，道岔尖轨与基本轨间无卡异物，道岔滑床板无异物卡住。

② 确认道岔非机械故障时，应人工排列列车进路接发列车。手摇道岔必须严格遵守“六步曲”。

③ 一条进路上有多副道岔，摇岔人员仅对故障道岔按照规定进行处理。其他正常道岔不需作任何处理，但可与行车调度员确认开通位置。

④ 按照“先通后复”原则，值班站长负责现场指挥。没有得到行车调度员允许，现场不得进行影响行车的抢修作业。

（2）处理要点

① 值班站长及有关摇岔人员听到故障报警后，应立即赶到车站控制室查明故障情况，了解有关进路安排。

② 车站值班员应立即报告行车调度员，通知信号工区人员、值班站长，并在《施工检修作业登记簿》内登记。

③ 值班站长应派有关人员携带手摇道岔工具，穿戴好防护用品到指定地点待命，途中应与行车调度员取得联系以得到行车调度员允许到现场手摇道岔的许可，值班站长在车站控制室把关。

④ 手摇道岔人员应严格按照车站值班员指令准备列车进路，认真执行手摇道岔作业制度。

⑤ 信号工区人员抢修完毕并在《施工检修作业登记簿》上登记签认正常后，车站值班员试排进路或单操道岔试验正常后，方可通知行车调度员设备恢复正常使用。

5. 分路不良的处理

① 行车调度员指示相关车站，禁止扳动相关道岔。

② 车站人员确认当前列车位置及道岔位置，并向行车调度员报告。

③ 需要使用此道岔时，需获行车调度员授权，道岔扳到需要位置后要进行道岔单锁。

④ 分路不良的轨道电路存车时，列车停稳后在分路不良区段内两端加短路线。

实训 3.1 车站接发列车作业

实训 3.1.1 实训目的

1. 掌握城市轨道交通行车组织中车站接发列车作业流程。
2. 掌握车站值班员在接发列车作业过程中的岗位职责。

实训 3.1.2 实训内容

以某城市轨道交通接发列车作业流程为例，以小组为单位，分析并模拟演练车站接发列车作业。具体要求如下。

1. 分析岗位操作标准，确认小组成员角色。
2. 根据车站接发列车作业流程图（见图 3－10），编写各个角色情景对话。
3. 模拟演练车站接发列车作业。

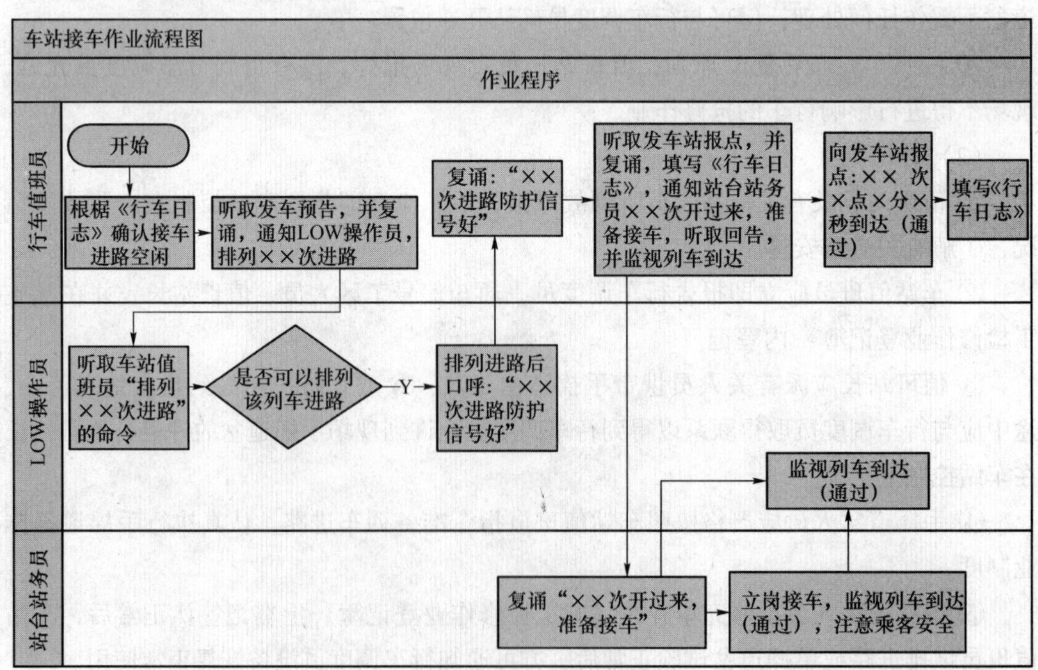

(a)

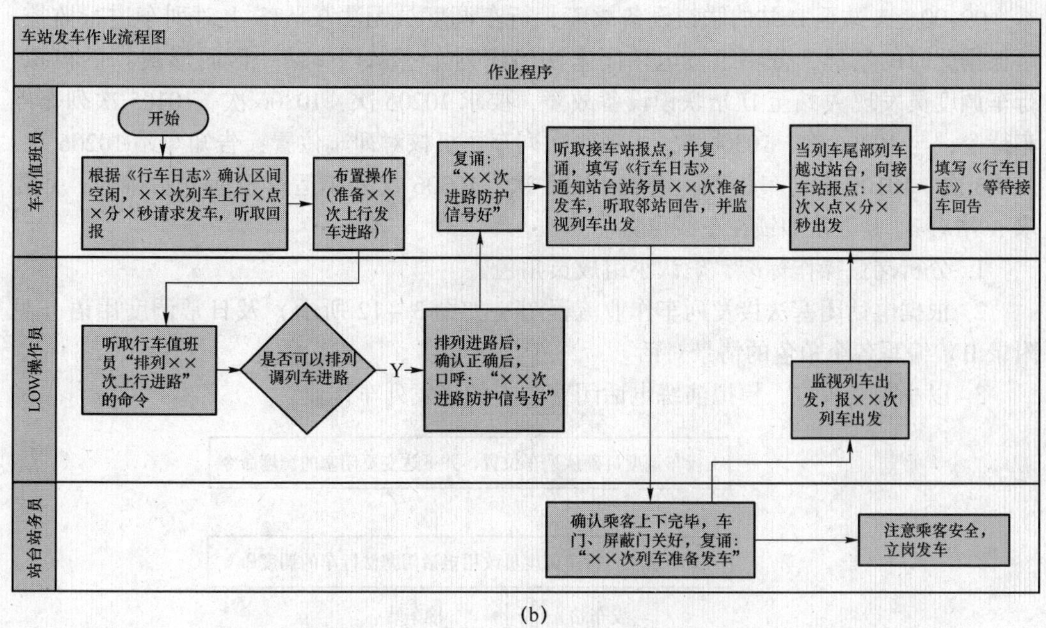

(b)

图 3－10　车站接发列车流程图

实训 3.2　电话闭塞法行车作业

实训 3.2.1　实训目的

1. 掌握电话闭塞法接发列车作业的使用条件。
2. 掌握书面命令操作注意事项。
3. 掌握列车自动控制系统中列车作业流程、路票填写规则。
4. 掌握城市轨道交通行车组织中电话闭塞法接发列车作业流程。
5. 掌握车站值班员在接发列车过程中的岗位职责与作业标准。

实训 3.2.2　实训内容

情景：某地铁部分线路的简易示意图如图 3－11 所示。

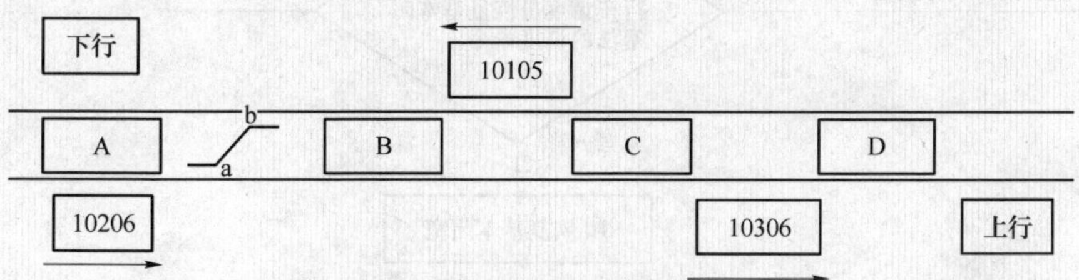

图 3－11　地铁部分线路简易示意图

09:00，A 站至 D 站的联锁设备故障，行车调度员无法在 ATS 上对列车进行监控。请根据此时的情况，分小组按电话闭塞法组织列车（采用一站一区间形式）的模拟。行车调度员发现 A 站至 D 站联锁设备故障，要求 10206 次、10306 次、10105 次列车停车待令；与 10206 次、10306 次、10105 次列车司机核对列车位置；告知车站 10206 次、10306 次、10105 次列车位置；组织 10105 次、10306 次列车运行至前方站待令；并要求 A 站对 a、b 道岔加锁在正线位置。

1. 分析岗位操作标准，确认小组成员角色。

2. 根据电话闭塞法接发列车作业流程图（如图 3－12 所示）及日常调度用语（见附录 B）编写各个角色的情景对话。

3. 以小组为单位，模拟演练电话闭塞法下的接发列车作业。

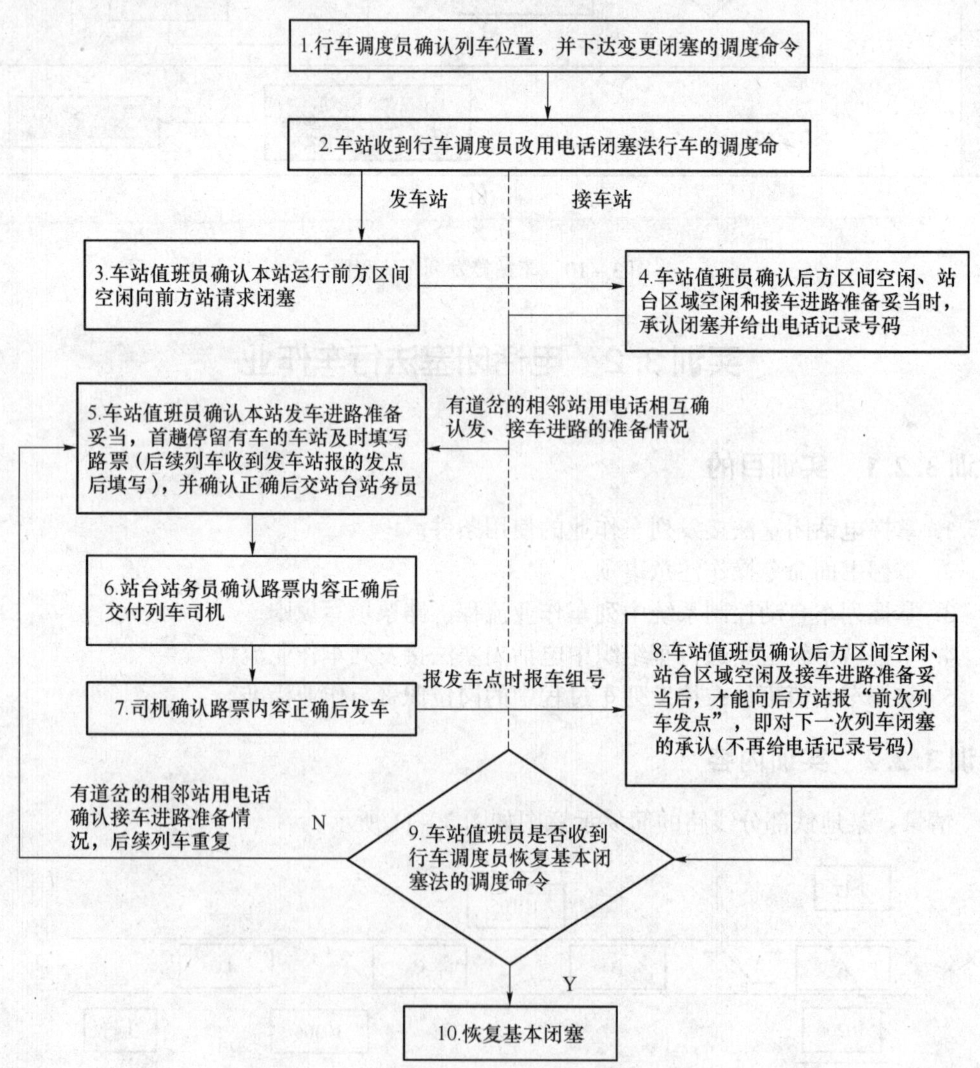

图 3－12　电话闭塞法接发列车作业流程图

4 车辆段行车作业组织

【模块描述】

城市轨道交通的行车组织中，车辆段行车组织是一个重要的组成部分，主要包括列车进出车辆段作业及车辆段内调车作业。车辆段具有什么功能，是如何组织列车运行的，通过本模块的学习，就能解决这些问题。

【知识目标】

1. 熟悉车辆段区域分布情况；
2. 掌握车辆段行车指挥体系及行车岗位职责；
3. 掌握列车在正常情况下及联锁设备故障情况下的出入场作业程序；
4. 掌握车辆段调车作业组织程序。

【能力目标】

1. 能够在正常情况下组织列车出入场；
2. 能在车辆段联锁设备故障情况下组织按电话闭塞法行车；
3. 能组织车辆段内列车调车转线。

【情景导入】

凌晨六点，某车辆段首次列车出库时遇 SIV 故障，网压为零，不能升弓，车场调度员准备使用内燃车救援。车辆段信号楼无法保障运用列车正常出场，行车调度员立即调整列车交路，变更运用列车出场顺序，行车调度员通过 ATS 监控，确认列车出库情况。行车调度员询问车场调度员后，确认入段线（受电弓检测棚处）接触网拉弧，组织工作车牵引列车通过故障点出段，受拉弧影响的其他停车线路的列车只能经入段线出库。半小时后，正线运用列车 10 列中，实际出段 7 列，导致首班车晚点 15 分钟，掉线 3 列次。

【知识准备】

城市轨道交通车辆保有量大，其运行时间和运行距离也很长，相应地，对车辆的技术要求、安全可靠性要求也很高，所以对车辆的运用、维护保养、检修等非常重要，需要专门的场地和机构来完成。

4.1 车辆段概述

车辆段是对车辆进行运营管理、停放及维修养护的地方，主要分为三大部分：停车库（场）、检修库和办公生活设施等。车辆段按功能主要划分为检修区和运营区，检修区主要负责所有的检修工作，运营区主要负责段属车辆的停放、列检和乘务工作。

1. 车辆段区域分类

1）停车库

停车库如图 4－1 所示，其主要功能及设备情况如下。

① 用于收车后停车作业和停放备用车辆。

② 可进行简单的维修保养作业。

③ 可进行车辆编组、清扫、整备。

④ 日常管理工作。

⑤ 含检车线、停车线、洗车线、列检线等线路。

图 4－1　车辆段停车库

2）检修库

检修库如图 4－2 所示，主要功能及设备情况如下。

① 专门用于车辆检修作业，配有检修设备。

② 包括列检库、月检库、定修库、架修库、大修库。

③ 含列检线、出入库线、试车线、镟轮线、检修线等线路。

2. 车辆段技术设备

1）运输设备

运输设备主要包括轨道平地两用电动牵引车、移车台、轨道车、转轨设备等。车辆段运输设备如图 4－3 所示。

2）升降设备

升降设备包括架车机、落轮升降台等。车辆段升降设备如图 4－4 所示。

图 4－2　车辆段检修库

图 4－3　车辆段运输设备

图 4－4　车辆段升降设备

3）清洗设备

清洗设备包括洗车机、转向架冲洗机、高压清洗机、超声波洗涤机等。车辆段清洗设备如图 4－5 所示。

图4-5　车辆段清洗设备

4）修理加工设备

修理加工设备包括不落轮镟床、轮对压装机、整流子下刻焊接机、轨道打磨机等。车辆段修理加工设备如图4-6所示。

图4-6　车辆段修理加工设备

5）检测设备

检测设备包括超声波轮对探伤仪、轮缘轮距测量仪、车门驱动空气压力测量装置等。

6）试验设备

试验设备包括列车静调试验台、转向架试验台等。车辆段试验设备如图4-7所示。

图4-7　车辆段试验设备

4.2 车辆段行车作业

车辆段行车指挥体系如图4-8所示。

车场调度室是停车场/车辆段（以下统称车场）的行车指挥中心。在乘务段领导下，坚持安全第一、集中领导、统一指挥、逐级负责的原则，确保运营生产安全。

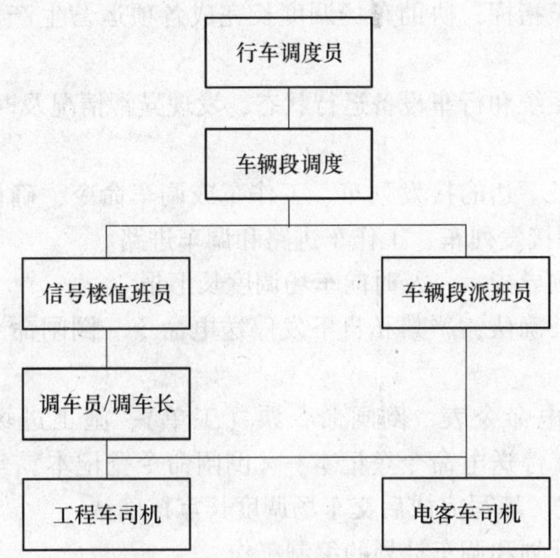

图4-8 车辆段行车指挥体系

1. 车场岗位职责

车场（车辆段）调度（车场调度长和车场调度员的统称，以下简称场调）的任务是组织电动列车或工作车（含内燃机车）出入车场、车场内调车、车场内接触网停送电、车场调度室消防系统设备监控、编制列车运用计划、下达施工进场作业令及其他抢修令等。

1）车场调度长职责

① 负责指挥当班安全生产工作，组织车场调度员完成各项运营生产任务，确保运营生产安全。

② 及时、正确处理运营生产过程中的突发事件，防止事故发生。

③ 掌握场内股道占用情况，确认具备办理接发列车、工作车及调车条件后，安排并监督车场调度员办理接发列车、工作车进路和调车进路。

④ 指挥列车、工作车出入场及调车作业。

⑤ 掌握场内接触网停送电状态，正确下达停送电命令、倒闸命令和口头命令。

⑥ 认真审核施工进场作业令，负责施工计划下达及作业销令，并及时告知车场调度员。

⑦ 认真审核停送电命令表、倒闸命令票（工单），填写正确后方能签字下发。

⑧ 监督车场调度员及时、正确填写生产台账，更新车辆占用及停送电揭示板和相关记录。

⑨ 负责填写《交接班登记本》，组织交接班工作。

⑩ 审核车场调度员编制的车辆运用计划、调车计划。

⑪ 当班期间及时进行信息沟通工作，确保各类运营安全信息报送准确。设备故障时要及时通知相关部门维修处理。

⑫ 完成上级安排的其他临时工作。

2）车场调度员职责

① 服从车场调度长指挥，协助车场调度长完成各项运营生产任务，确保运营生产安全。

② 监视供电复示系统和行车设备运行状态，发现异常情况及时向车场调度长报告，并做好登记工作。

③ 接到车场调度长下达的接发列车、工作车或调车命令，确认命令与计划一致且满足条件后，方能办理接发列车、工作车进路和调车进路。

④ 接到上级有关领导指示，及时向车场调度长汇报。

⑤ 未经车场调度长确认，严禁私自下发停送电命令、倒闸命令、施工进场作业令等各种命令。

⑥ 准确填写停送电命令表、倒闸命令票（工单）、施工进场作业令，并及时在《进场作业令登记本》《停送电命令登记本》《倒闸命令登记本》等各种台账（除车场调度长填写的）上登记，填写完成后交车场调度长审核确认。

⑦ 负责车辆运用计划和调车计划的编制工作。

⑧ 负责更新车辆占用及停送电揭示板内容。

⑨ 完成上级安排的其他临时工作。

2. 安全规定

① 按规定时间在规定地点出勤，严禁班前 6 小时内饮酒，身体状况符合工作要求。

② 按规定着装，穿戴好劳保用品，戴好工作证（员工牌）。

③ 车场内所有接触网设备，自第一次受电后即视为带电状态，所有人员必须与接触网时刻保持 700 mm 以上的安全距离。

④ 进入各库应按规定路线或在规定通道内行走，不得翻越安全栏栅，穿越轨道线路；紧急状况时，不能乱跑，应走紧急通道和出口。

⑤ 工作时间精神集中，不做与工作无关的事，不得嬉戏打闹。

⑥ 实习员工操作时必须有师傅带领并负责其安全，实习期未满或批准定岗作业前严禁单独作业。

⑦ 脱离本岗位连续 30 天及以上的人员需重新参加段级安全和业务培训，经考试合格后方可独立上岗操作。

⑧ 场调必须学习和执行相关调度规程及班组相关作业制度，掌握各项设备的性能和操作方法，并经考试合格后方可进行操作。

⑨ 场调要严格执行岗位互控制度，严禁擅离职守。

⑩ 每半年参加相关安全考试，考试合格后方能上岗工作。

⑪ 严禁在车场调度室内吸烟及使用明火，严禁使用大功率电器设备及其他未经允

许的电器设备。

⑫ 熟悉各项规章制度，掌握各项应急预案处理方法。

⑬ 当班期间做到信息沟通及时、准确、到位。设备故障时要及时通知相关部门处理，并做好登记工作。

3. 车场接发列车作业

1）一般要求

① 电动列车出车场时，凭发车线路开放的信号机显示和场调的口头命令动车。在转换轨处运行模式按《轨道交通电动列车（地铁）驾驶安全和操作规程》要求执行。

② 电动列车发车时，已到列车出库时间，但场调仍未开放进路和通知发车，司机应主动向场调询问原因。

③ 电动列车在车场内运行时，司机要不间断地进行瞭望，确认进路和信号，并注意运行前方的接触网状态，防止列车进入无网区。

④ 回场电动列车和工作车必须在进场信号机前方一度停车，无论信号是开放还是关闭状态，司机与场调联系确认接车线路及注意事项后，再按信号机显示动车。

2）电动列车车场接发列车作业

场调须根据每日的列车运用计划掌握列车出入车场时间，并在列车出入车场 20 min 前停止影响接发列车的作业，根据实际情况提前办理接车进路。

当控制台故障不能办理进路时，场调应通知外勤值班员现场人工操作道岔，准备进路。

车场调度长及时、准确地在《行车日志》上记录列车邻站发车时间（以邻站报点为准）、到达时间（以全列车越过指定线路或区段的出场信号机为准）、车场发车时间（以场调通知司机发车时间为准）及停放线路，并向行车调度员和邻站报点。

电动列车出场作业程序如表 4－1 所示。

表 4－1　电动列车出场作业程序

项目	车场调度长	车场调度员	司机	安全要点
出场准备	（1）复核：出场列车的编组号、时间、出场线别及停放位置正确，并复诵； （2）复核：供电复示系统（无供电复示系统时通过《倒闸命令登记本》和《停送电命令登记本》）、揭示板确认出场进路接触网已送电且全线空闲； （3）应答：“××车××线（××段）带电，可以升弓”	（1）根据车辆运用计划口述出场列车的编组号、时间、出场线别及停放位置； （2）通过供电复示系统（无供电复示系统时通过《倒闸命令登记本》和《停送电命令登记本》）、揭示板确认出场进路接触网已送电且全线空闲	（1）整备作业，联系车场调度长：“场调，××车××线（××段）请求升弓”； （2）确认正确后，应答：“××车××线（××段）带电，可以升弓，××车明白”	（1）确认无影响出场的施工作业、调车作业； （2）供电复示系统或揭示板显示进路供电状态正常； （3）如出场列车有特殊要求，行车调度员应及时通知场调

续表

项目	车场调度长	车场调度员	司机	安全要点
办理出场	（4）通知车场调度员："××车××线（××段）至出（或入）场线出场，开放信号"，听取复诵无误后，命令："执行"； （5）确认信号正确，应答："××线××段至出（或入）场线出场信号好（了）"	（3）复诵："××车××线（××段）至出（或入）场线出场，开放信号"； （4）开放出场信号，口呼："××线（××段）"，按下始端按钮，口呼："出（或入）场线"，按下终端按钮，确认光带（表示灯）、信号显示正确，口呼："信号好（了）"		（4）办理进路，开放信号时，执行"一看、二确认、三呼唤，四按（点）"程序及"眼看、手指、口呼"制度； （5）眼看：看准应操作的按钮，手指：中、食指并拢成"剑指"，指向应操纵的按钮（计算机联锁设备为鼠标对准应确认的按钮），口呼：规定用语，吐字清楚
	（6）填写《行车日志》			
				（6）再次确认接触网供电状态
列车出场	（7）收到列车整备作业完毕的汇报后，应呼："××车××线（××段）至出（或入）场线出场进路好（了），确认信号正确后出场"； （8）出场进路未办理完毕时，应呼："××车原地待令"		（3）列车整备作业完毕后报场调："场调，××车整备作业完毕，具备上线条件"； （4）接受场调通知并复诵："××线（××段）至出（或入）场线出场进路好（了），确认信号正确后出场，××车明白"； （5）收到原地待令的通知时，应答："原地待令，××车明白"	（7）司机确认信号正确后按《轨道交通电动列车（地铁）驾驶安全和操作规程》要求动车
列车报点	（9）向邻站、行车调度员报点，填写《行车日志》	（5）通过控制台、监控器等设备确认列车出场		（8）不间断监控控制台、监控器等设备状态
列车出清	（10）确认车场调度员摆放正确	（6）列车出清后，将揭示板与现场摆放一致，口呼："××车已出场"		（9）认真确认，保持与现场一致

4.3 车辆段调车作业

除正线列车在车站到达、发车、通过及在区间内运行，参与运营活动以外的所有为了编组、解体列车，摘挂、取送车辆，以及转线等车辆在线路上有目的的移动统称为调车。

4.3.1 一般要求

1. 调车作业分类

调车作业分为有电调车和无电调车。

有电调车是指调车车列需要直接从接触网受电的调车作业。

无电调车是指调车车列不需要从接触网受电或无网区的调车作业。

2. 调车作业的领导及指挥

① 车场调车工作，由场调统一领导，外勤值班员单一指挥。

② 场调编制好调车作业通知单（以下简称调车单）后，须在车场调度室当面向外勤值班员传达（外勤值班室距离车场调度室较远时，可使用传真进行调车单传达，但必须传达清楚）。场调须向外勤值班员传达作业意图和安全注意事项。

③ 外勤值班员负责向参与调车作业的相关人员（含内燃机车司机）当面传达计划、作业分工，做好安全预想，每一个调车人员做好调车作业准备后方可开始调车作业。

④ 内燃机车司机在调车作业中应做到：

a）正确、及时地配合完成调车任务；

b）负责操纵内燃机车，做好整备，保证机车、车辆质量良好；

c）时刻注意确认信号，不间断地进行瞭望，认真执行呼唤应答制度，正确、及时地执行信号显示（作业指令）的要求；没有信号（指令）不准动车，信号（指令）不清立即停车。

3. 调车作业的技术要求

① 调车作业时，外勤值班员应正确、及时地显示信号；内燃机车司机要认真确认信号并鸣笛回示。

② 推进车辆连挂（或向尽头线推送车辆）时，要显示100 m、50 m、30 m距离信号，没有显示100 m、50 m、30 m距离信号，不准挂车，没有司机回示，应立即显示停车信号。

③ 推送车辆时，要先试拉。车列前部应有人瞭望，及时不间断地显示信号。

④ 当调车指挥人确认停留车位置有困难时，应派人显示停留车位置信号。

⑤ 调车作业时，遇特殊情况或因车场设备条件限制影响人身或作业安全，需在另一侧作业时，外勤值班员必须通知司机确认后方可全部改另一侧作业。

⑥ 调车作业摘车时，应停稳，做好防溜措施后方可摘开车钩；挂车时，没有连挂妥当，不准撤除防溜措施。

4. 调车作业要遵守相关的速度及安全距离规定

① 在空线上牵引运行时，不准超过15 km/h；推进运行时，不准超过10 km/h。工程车库、检修库、运用库内限速3 km/h。

② 距停留车位置100 m、50 m、30 m时，速度不准超过7 km/h、5 km/h、3 km/h，接近被连挂的车辆时，速度不准超过5 km/h。

③ 在尽头线上调车时，距线路终端应有10 m的安全距离；遇特殊情况，必须近于10 m时，速度不准超过3 km/h。

④ 电动列车在有接触网终点的线路上调车时，应控制速度，电动列车距接触网终点标应有10 m的安全距离。

⑤ 遇天气不良等非正常情况，应适当降低速度。

4.3.2 调车计划

1. 调车计划编制

① 调车计划以调车单的形式予以表现，场调根据场内列车检修计划、施工计划及现场具体情况等编制调车单，并将电子文档、纸质文件进行保存。

② 场调在车场调度室当面向外勤值班员传达调车单（外勤值班室与车场调度室距离较远时，可使用传真进行调车单传达，但必须传达清楚）。

③ 外勤值班员收到调车单后，确认内容正确并在调车单内签字确认，当有异议时应当面指出（外勤值班室与车场调度室距离较远时，应通过录音电话确认内容正确并向场调汇报外勤值班员工号，当有异议时应及时指出）。

④ 调车单一式三份，一份场调存档，两份交外勤值班员作业。外勤值班室与车场调度室距离较远，使用传真进行调车单传达时，外勤值班员收到调车单传真件后签字并传真回复场调。外勤值班员将调车单复印后交予调车相关人员（含内燃机车司机），并当面传达。

⑤ 外勤值班员严格按调车单内容组织调车，调车作业完毕后及时报告场调。

2. 调车计划变更

调车计划需要变更时，场调须重新编制调车单。

3. 调车单填写要求

① 日期：自零时（00:00）起更换日期。

② 车号：工作车（含内燃机车）或电动列车的编组号码。

③ 编号：自当班起开始编号（01～99），无电与有电调车分别用W、Y表示，如01－W、01－Y。

④ 计划时间：计划的预计起止时分。

⑤ 示意图：线路上用“□”表示被调车辆，框内填记所有被调车辆编组号，车辆编组号间用顿号隔开。

⑥ 线路（股道）栏：线路（股道）编号或简称。

⑦ 摘挂车数栏：所要摘挂的车数。

⑧ 作业方法栏：挂车为“＋”，摘车为“－”，单机为“△”，双机为“△△”。

⑨ 记事栏：注明需要补充的内容。

⑩ 列车从××线牵出，在记事栏内注明“出”；经过牵出线或其他线折返时，在记事栏内注明“过”；列车到达最终线路时，在记事栏内注明“停”。

4.3.3 有电调车作业

1. 有电调车注意事项

(1) 调车作业前确认调车区域接触网供电正常，线路空闲且无影响调车的施工作业。

(2) 列车尾部须越过指定信号机，场调在得到司机越过指定信号机的回复后，方能办理折返调车进路。

(3) 有电调车进路由调车司机负责确认。

2. 有电调车作业程序

有电调车作业程序见表4-2。

表4-2 有电调车作业程序

项目	车场调度长	车场调度员	外勤值班员	安全要点
调车计划编制传达	(1) 复核：车场调度员编制的调车单编制正确合理，并签字； (2) 向外勤值班员传达调车计划	(1) 根据作业要求编制调车单并签字； (2) 交车场调度长复核	(1) 接受调车单并做好安全预想	(1) 车场调度长向外勤值班员传达清楚作业意图及安全注意事项
调车准备	(3) 复核：所调列车的编组号、时间及停放位置； (4) 复核：通过供电复示系统（无供电复示系统时通过《倒闸命令登记本》和《停送电命令登记本》）、揭示板共同确认调车的进路接触网已送电和进路空闲； (5) 应答：“××车××线（××段）带电，可以升弓”	(3) 根据调车单口述所调列车的编组号、时间及停放位置； (4) 通过供电复示系统（无供电复示系统时通过《倒闸命令登记本》和《停送电命令登记本》）、揭示板共同确认调车的进路接触网已送电和进路空闲	(2) 列车整备作业，联系车场调度长：“场调，××车××线（××段）请求升弓”； (3) 确认正确后，应答：“××车明白”	(2) 通过供电复示系统或揭示板确认线路供电状态正常，具备调车条件
调车进路办理	(6) 收到列车整备作业完毕的汇报后，通知车场调度员：“××车××线（××段）至××线调车，开放信号”，听取复诵无误后，命令：“执行”； (7) 确认信号正确，应答：“××线（××段）至××线调车信号好（了）”	(5) 复诵：“××车××线（××段）至××线调车，开放信号”； (6) 开放调车信号，口呼：“××线（××段）”，按下始端按钮；口呼：“××线”，按下终端按钮；确认光带（表示灯）、信号显示正确，口呼：“信号好（了）”	(4) 列车整备作业完毕后，口呼：“场调，××车准备完毕，请开通××线（××段）至××线调车进路”	(3) 办理进路，开放信号时，执行“一看、二确认、三呼唤，四按（点）”程序及“眼看、手指、口呼”制度； (4) 眼看：看准应操作的按钮，手指：中、食指并拢成“剑指”，指向应操纵的按钮（计算机联锁设备为鼠标对准应确认的按钮），口呼：规定用语，吐字清楚

续表

项目	车场调度长	车场调度员	外勤值班员	安全要点
	（8）进路办理完毕后，应答：“××车××线（××段）至××线调车进路好（了）”； （9）进路未办理完毕时，应呼：“××车原地待令”		（5）接受场调通知并复诵：“××线（××段）至××线调车进路好（了），××车明白”； （6）收到原地待令的通知时，应答：“原地待令，××车明白”	（5）外勤值班员确认信号正确后按城市轨道交通电动列车驾驶有关要求动车； （6）后续调车勾数按此方式办理
调车进路办理			（7）列车行至目标位置，向场调汇报，呼：“场调，××车在××线（××段）停妥，列车已降弓，外勤值班员工号××）”	
	（10）确认正确，应答：“××车已停妥并降弓，外勤值班员工号××，场调明白”； （11）列车运行至指定地点后，通知车场调度员执行干一勾、划一勾制度	（7）列车运行至指定地点后，执行干一勾、划一勾制度		（7）不间断监控控制台、监控器等设备状态
调车完毕	（12）确认车场调度员摆放正确	（8）将揭示板与现场摆放一致：“××车停××线（××段）”		（8）认真确认，保持与现场一致

4.4　车辆段联锁设备故障时的行车作业

1. 控制台集中联锁瘫痪时的行车作业组织

① 控制台集中联锁失效时，应立即报告部门领导、行车调度员，及时通知通号部生产调度室和工建部生产调度室，并在《设备故障登记本》上登记。

② 控制台集中联锁停用时，场调必须得到行车调度员下达出入场线停用基本闭塞法改用电话闭塞法行车的调度命令后方可办理行车作业。

③ 控制台集中联锁停用时，列车出入场按电话闭塞法办理，进路由场调向外勤值班员亲自布置，进路准备妥当后，场调收到外勤值班员进路正确，道岔锁闭的报告后，才能与邻站办理闭塞。

④ 控制台集中联锁故障恢复后，应选择适当时机停止一切列车出入场和调车作业，会同通号维修人员一起试验，设备试验良好后，通号维修负责人在《设备故障登记本》上按规定记录恢复正常使用时间。

2. 场内道岔故障应急处理

1）关键指引

① 发现故障后，立即通知外勤值班员、通号部生产调度室和工建部生产调度室组织抢修。

② 现场人员手摇道岔时，必须认真确认道岔位置正确锁闭。

2）车场处理程序

车场处理程序见表4－3。

表4－3 车场处理程序

	负责人员及行动	
发现与报告	场调	发现道岔故障，立即向通号部生产调度室、工建部生产调度室报修，并通知外勤值班员； 立即通知行车调度员、外勤值班员、资讯助理； 通知段长； 在《设备故障登记本》内做好故障登记； 通知备用车或后续列车做好出库准备
处理情况	通号部生产调度室	接到场调的报修通知后，立即组织人员进行抢修处理； 安排人员到车场调度室进行故障确认和安全防护
	工建部生产调度室	接到场调的报修通知后，立即组织人员进行抢修处理； 安排人员携带应急工具赶赴故障现场； 到达作业现场后，向场调汇报现场情况
	外勤值班员	接到场调的通知后，立即组织人员到现场查看
	行车调度员	做好故障跟踪了解
	工建维修人员	向场调申请施工进场抢修令； 现场检查确认工建设备
	通号维修人员	向场调申请施工进场抢修令； 现场检查确认通号设备
	场调	在图定时间内道岔故障排除，通号和工建维修负责人签字或进行电话录音，确认设备恢复行车条件，按计划执行； 在图定时间内道岔故障未排除，安排其他线路列车出入时，如车辆须过该道岔，向现场外勤值班员下达手摇道岔的命令； 将进路上的其他道岔单操单锁； 如通号维修人员无人在车场调度室防护，现场负责人确认所有人员撤离至安全区域，使用录音电话告知场调后，场调应在无车通过故障道岔区域时，配合外勤值班员操纵道岔
	外勤值班员	接收场调人工准备进路的命令后，断开转辙机的安全节点，把手摇转辙机转到相应位置，一人操作，一人监护，观察岔尖是否密贴； 将故障道岔手摇至指定位置并加钩锁器锁闭； 现场检查道岔操作正确并锁闭后，向场调汇报具备行车条件

续表

<table>
<tr><td></td><td colspan="2">负责人员及行动</td></tr>
<tr><td rowspan="5">处理情况</td><td>场调</td><td>接受外勤值班员现场道岔正确、锁闭，具备行车条件的汇报；
接通光带，确认进路正确；
通知列车乘务员因××号道岔故障，进路开通，确认进路正确后动车</td></tr>
<tr><td>列车乘务员</td><td>按照场调的指挥确认进路正确后动车</td></tr>
<tr><td>通号维修人员</td><td>通号维修人员将故障道岔修复后报场调；
与场调共同确认道岔试验正常，在《设备故障登记本》内签字销记</td></tr>
<tr><td>工建维修人员</td><td>工建维修人员将故障道岔修复后报场调；
与场调共同确认道岔试验正常，在《设备故障登记本》内签字销记</td></tr>
<tr><td>场调</td><td>与通号、工建维修人员共同确认道岔试验正常，在《设备故障登记本》内销记；
向行车调度员、资讯助理汇报场内道岔处理情况；
向段长汇报场内道岔处理情况</td></tr>
</table>

实训 4.1 车辆段有电调车作业

实训 4.1.1 实训目的

1. 掌握车辆段行车作业的岗位结构及各个岗位操作标准；
2. 掌握车场调度员调度命令下达过程；
3. 掌握车辆段调车作业基本要求；
4. 掌握调车计划编制流程；
5. 掌握车辆段列车进路办理流程；
6. 掌握车辆段有电调车作业流程。

实训 4.1.2 实训内容

基于某城市轨道交通有电调车作业操作规程，以小组为单位，模拟某车辆段有电调车作业。

1. 分析车辆段内调车作业岗位操作标准，确认小组成员角色；
2. 根据有关有电调车作业规章及有电调车作业流程图（见图 4-9），运用常见行车标准用语，编写各个角色的情景对话（包括车场调度员、行车调度员使用标准用语下达口头命令）；
3. 正确编制调车单等调车资料；
4. 以小组为单位模拟车辆段内有电调车作业。

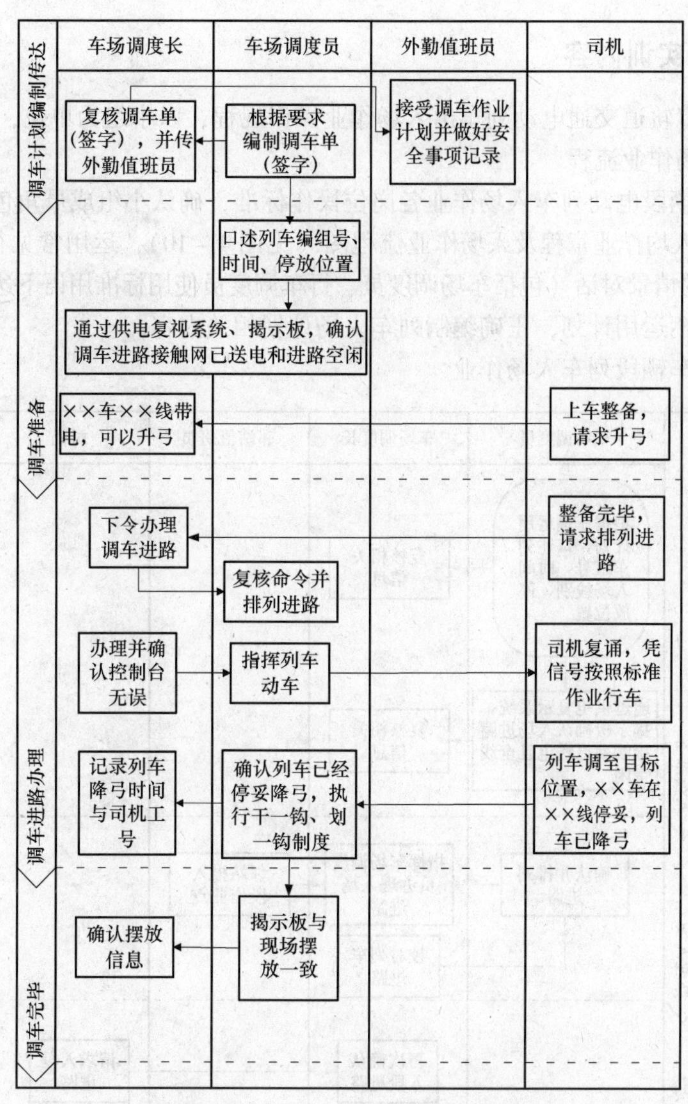

图 4－9　有电调车作业流程图

实训 4.2　列车入场作业

实训 4.2.1　实训目的

1. 掌握车辆段行车作业中的岗位结构及各个岗位操作标准；
2. 掌握车场调度员调度命令下达过程；
3. 掌握车辆段列车进路办理流程；
4. 掌握列车入场作业流程。

实训 4.2.2 实训内容

基于某城市轨道交通电动列车出入场作业操作规程，以小组为单位，模拟相应车辆段电动列车入场作业流程。

1. 分析车辆段电动列车入场作业各岗位操作标准，确认小组成员角色；

2. 根据出入均作业章程及入场作业流程图（见图4-10），运用常见行车标准用语，编写各个角色的情景对话（包括车场调度员、行车调度员使用标准用语下达口头命令）；

3. 根据车辆运用计划，正确编制列车入场计划相关内容；

4. 模拟某车辆段列车入场作业。

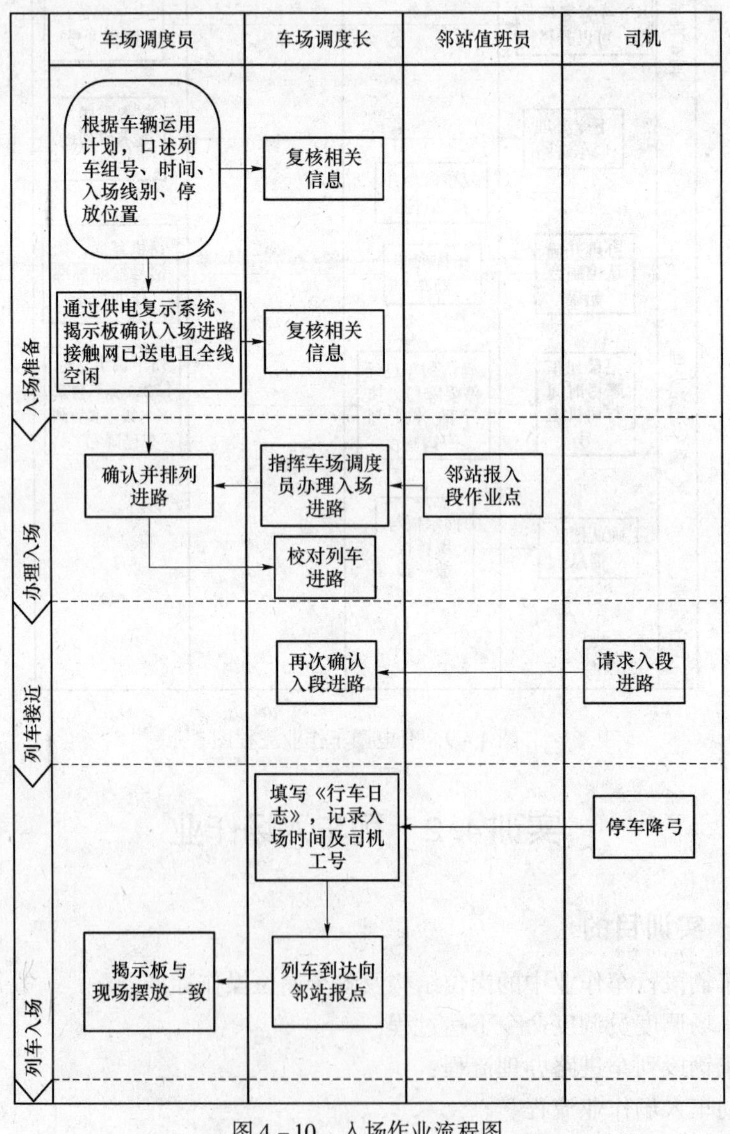

图4-10 入场作业流程图

5　非正常情况下的行车组织

【模块描述】

无论是行车指挥自动化、调度集中控制、调度监督下的自动运行控制或半自动运行控制，均会出现信号控制系统故障导致行车控制权下放的情形，从而转为非正常情况下的行车组织。非正常情况的列车运行主要是设备故障、自然灾害、人为因素三大类原因造成的，需要制定相应的应急措施，保证非正常情况下的安全运行。

【知识目标】

1. 掌握导致非正常情况行车的各种原因；
2. 掌握特殊情况下的列车运行组织措施；
3. 熟悉非正常情况下的行车应急预案的制定；
4. 掌握典型行车事故应急处理程序。

【能力目标】

1. 能够分析产生非正常情况行车的原因；
2. 能够处理非正常情况下的行车组织。

【情景导入】

上海地铁 1 号线信号系统故障导致列车侧面冲撞事故

2009 年 12 月 22 日 5:40，上海地铁 1 号线陕西南路—人民广场区段接触网失电，10312 次（0147 年）停在故障区段上行区间。接到事故报告后，行车调度员立即命令维保人员进行设备抢修，并于 6:20 令人民广场站人员下区间疏散 0147 车的乘客。同时行车调度员对运行方案进行调整，莘庄至徐家汇、火车站至富锦路开行小交路，徐家汇至火车站启动公交应急预案（见图 5 - 1）。

正当行车调度员全力处理接触网失电事故时，执行富锦路至火车站小交路运行任务的 12396 次（0117 车）在火车站下行站台停站清客后，火车站行车值班员手动排列折 4 线进路，司机掉头后以人工驾驶模式动车准备进入折返线。此时后续 12896 次（0150 车）以 ATO 模式从中山北路开往火车站，速度为 60 km/h。由于中山北路至火车站区

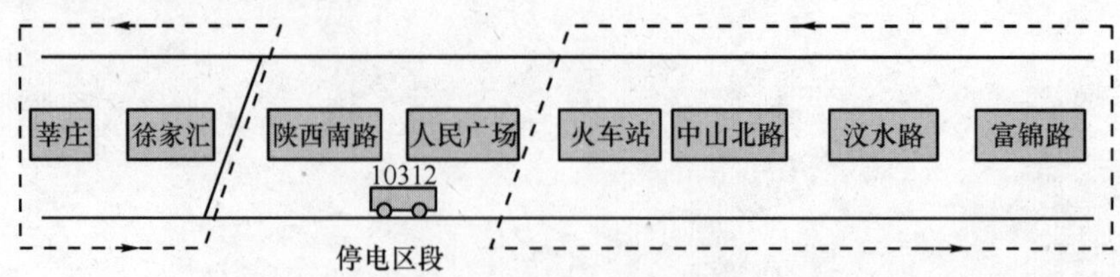

图 5-1　莘庄至徐家汇、火车站至富锦路小交路运行，
徐家汇至火车站启动公交应急预案示意图

间是弯道，0150 车通过弯道后司机发现火车站防护信号机为红灯，而此时列车无明显减速现象，0150 车司机立即紧急制动，在惯性作下 0150 车左侧车头以 10 km/h 的速度与 0117 车第四节车厢发生碰撞（见图 5-2）。

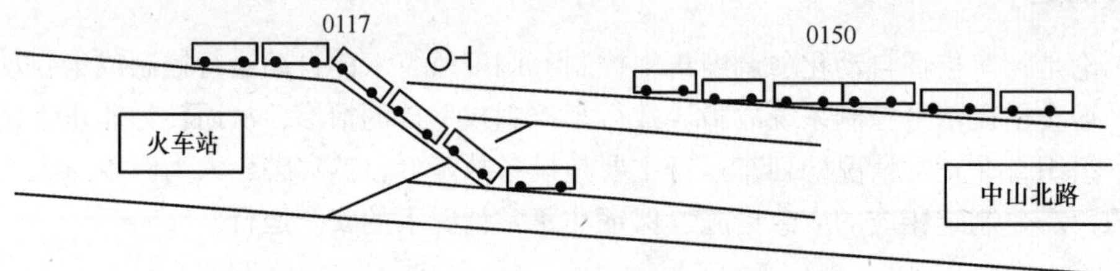

图 5-2　0150 车与 0117 车碰撞示意图

碰撞事故发生后，行车调度员立即通知全线车站，将本线运营调整为莘庄至徐家汇、汶水路至富锦路小交路运行，徐家汇至汶水路启动公交应急预案（见图 5-3）。同时安排在 0150 车后运行的 0140 车清客到事故区间转运 0150 车上的受困乘客。11:00，救援和乘客转运工作基本完成，行车秩序逐步恢复。

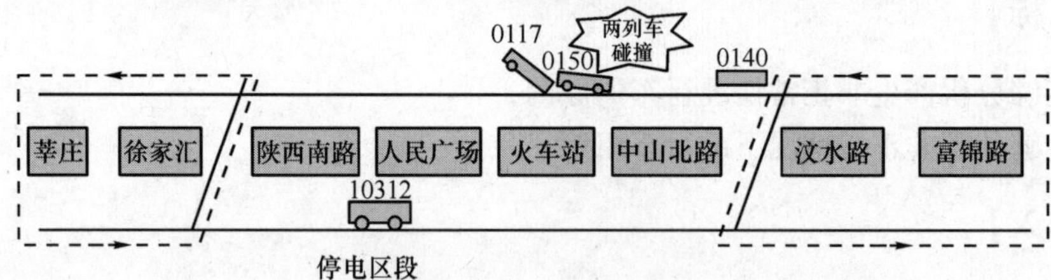

图 5-3　莘庄至徐家汇、汶水路至富锦路小交路运行，
徐家汇至汶水路启动公交应急预案示意图

【知识准备】

非正常情况下的行车组织是相对于正常情况下的行车组织而言的，其主要是指由于人、设备或环境等因素导致不能继续采用正常情况下的行车组织方法组织行车的情况。

5.1　非正常情况下的行车组织概述

城市轨道交通由于采用了较多的先进设备，自动化程度较高，出现意外情况的概率

较小。但是一旦出现故障，如果处理不当，就很容易导致大面积的晚点，严重的甚至造成人员伤亡。因此，城市轨道交通运营单位都非常重视非正常情况下的行车组织，并制定了详细的应急处理方法和预案，在日常的培训和管理中，重点加强员工对非正常情况下应急处理能力的培训，提高员工的应急处理水平，降低事故造成的影响程度。

非正常情况根据发生的原因主要分为设备故障、自然灾害、人为因素三大类。

5.1.1 设备故障

一般对于列车正常运行影响较大的设备故障包括列车故障、信号设备故障、道岔故障、供电系统故障、轨道故障、通信系统故障及屏闭门故障等。

1. 列车故障

在正线上运行的列车发生故障，一般由当值司机负责处理，针对列车性能的不同，各大城市轨道交通运营单位都会制定相关的《列车故障处理指南》供司机参考使用。一般对于不影响运行的列车故障，司机继续驾驶列车按运营计划运行，直至列车退出服务回车辆段维修。

对于不易长时间运行的列车，尽量使列车继续运行到设有故障列车存车线的车站，待乘客全部下车后，进入存车线停留，并在适当时回车辆段修理，或清客后直接回车辆段。

如果列车因故障在区间或车站无法开动，则需采取列车救援措施，将故障列车牵引或推进到就近的设有存车线的车站。以下介绍开行救援列车的相关内容。

1）救援列车的请求与派遣

① 列车的故障在规定时间内未能排除，且不能动车时，司机及时报告行车调度员，由控制中心值班主任确定处理办法，当决定救援时，司机做好救援的防护连挂工作。

② 正线发生列车故障需救援时，行车调度员及时通知相关换乘点的司机，事后应通报派班员。需车辆段出车时应及时通知信号楼值班员，由信号楼值班员负责车辆段内的组织安排。

③ 请求救援的列车需要疏散乘客时，行车调度员发出口头命令通知司机和有关车站，做好乘客疏散及救援工作。司机除引导乘客下车外，还必须做好列车的防护及协助救援工作。

④ 当向封锁线路发出救援列车时，不办理行车闭塞手续，以行车调度员的调度命令作为进入该封锁线路的许可。

2）救援有关规定

① 已申请救援的列车严禁动车，司机应打开故障列车的标志灯作为防护信号，并做好与救援列车的连挂准备工作。

② 申请救援的列车司机在连挂之前可继续排除故障，但不能起动列车，如故障排除则报告行车调度员取消救援。

③ 救援列车应距故障列车规定距离外停车，听候救援负责人的指挥。

④ 在未接到开通封锁线路的调度命令前，不得将救援列车以外的其他列车开往该线路。

⑤ 行车调度员发布救援列车进入封锁线路的调度命令前必须确保救援列车已经清客。

3）救援列车作业要求及操作要点

（1）做好救援故障列车前的准备工作

① 清客。

救援列车必须在就近站台进行清客作业；故障列车停在站台或部分已进入站台的，必须进行清客作业。

② 建立无线通信。

救援列车、故障列车与行车调度员间建立无线通信，并进行通话测试。

③ 选择驾驶模式。

a）如果使用正向牵引方式，完成清客作业后，司机应前往另一端的驾驶室，得到行车调度员授权后，选用受限制的人工驾驶模式前往故障列车现场，并在故障列车规定距离外停车，然后以调车方法与故障列车进行连挂。

b）如果使用推进运行方式，完成清客作业后，司机应选用 ATP 监督下的人工驾驶模式前往故障列车现场。接近故障列车时必须得到行车调度员授权，选用受限制的人工驾驶模式，并停在故障列车前不少于规定距离处，然后进行挂接。

（2）救援列车与故障列车进行连挂作业

① 救援列车司机必须确定故障列车已将故障切除，方可进行连挂作业。

② 完成挂接后，救援列车、故障列车司机必须将“列车连挂”开关扳到“通”位，并经相互确定后，进行制动系统测试。

③ 得到行车调度员授权后，救援列车司机可使用以下驾驶模式及指定速度将故障列车驶离正线：

a）使用正向牵引方式：救援列车司机可使用 ATP 监督下的人工驾驶模式以不高于指定速度驾驶列车。

b）使用推进运行方式：救援列车司机可使用受限制的人工驾驶模式以不高于指定速度驾驶列车，在途中必须依据故障列车司机指示驾驶，如在规定时间（如 5 s）内得不到故障列车司机指示，救援列车司机必须停车。

④ 行车调度员决定救援或接到故障列车司机的救援请求后，向有关车站、司机、检修调度员、运转派班员发布开行救援列车的命令，及时组织备用车上线。采用无 ATP 保护的列车救援或因挤岔、脱轨、线路故障等可能会影响后续列车行车安全的救援时，必须发布封锁线路的命令。

⑤ 原则上救援列车空车前往救援。救援列车司机接到救援命令，播放两次清客广播后，可关闭客室照明，2 min 内未能清客完毕，带客前往救援。列车到达存车线前，安排车站公安配合再次清客。

⑥ 救援列车应距故障列车 20 m 外停车，以 5 km/h 速度接近故障列车 3 m 处一度停车，听候救援负责人（故障列车司机）的指挥。故障列车在连挂之前可继续排除故障，但不能动车，如故障排除则报告行车调度员取消救援。

⑦ 向封锁线路发出救援列车时，不办理行车闭塞手续，以行车调度员的调度命令

作为进入该封锁线路的许可。在未接到开通封锁线路的调度命令前，不得将救援列车以外的其他列车开往该线路。

⑧ 行车调度员发布救援列车进入封锁线路的调度命令时，必须确保救援列车已经清客。

2. 信号设备故障

国内的城市轨道交通系统正线基本都采用了列车自动控制系统信号设备，由控制中心和车站两级控制。

正线有道岔并配有联锁设备的车站称为联锁站，一般使用计算机联锁系统。计算机联锁系统具有追踪进路功能，列车每出清一段轨道电路，设定的进路就会自动逐段解锁。

信号设备故障主要包括列车自动监控系统故障、列车自动防护系统故障、列车自动驾驶系统故障、联锁故障、轨道电路故障等。对于信号设备故障，由于轨道交通系统采用的信号设备不同，故处理的具体规定也不同，但基本原理是相同的。下面以国内采用计算机联锁系统及列车自动控制系统的轨道交通系统为例，介绍信号设备故障时的行车组织方法。

1）ATS 系统故障时的行车组织

（1）控制中心行车调度员

① 正常情况下，城市轨道交通列车运行实行中央控制，由控制中心行车调度员通过 ATS 系统监控全线列车运行。

② 当 ATS 系统故障时（如 ATS 工作站无显示），需要控制中心行车调度员人工控制线路上的信号机和道岔，办理列车进路，组织和指挥列车运行。

③ 控制中心行车调度员应通过专用调度电话授权给联锁站值班员，转换列车运行控制模式，实行临时性的站控，通知相关车站通过 LOW 工作站监控列车运行状态，发现问题及时上报控制中心行车调度员。

（2）联锁站值班员

① 确认 LOW 工作站上的远程终端单元（remote terminal unit，RTU）降级模式是否激活。

② 当 LOW 工作站上的 RTU 降级模式激活时，保持原状态。

③ 若 LOW 工作站上的 RTU 降级模式未激活时，各 LOW 工作站应在确认列车进站停稳后人工在 LOW 工作站上取消运营停车点。

④ 当列车折返或出入车辆段时，联锁区的 RTU 降级模式未激活时，应在 LOW 工作站上设置相关列车进路。

（3）司机

① 当 ATS 系统故障时，行车调度员通知司机在 PTI 显示屏终端上输入当时车次号，当转换驾驶台换向运行时，输入新的列车识别号（即目的地码和车次号），直至行车调度员通知停止输入为止。

② 车站向行车调度员报告各次列车的到发点及停站时间，至行车调度员收回控制

权时止。

③ 行车调度员通过人工铺画列车运行图的方式，掌握全线列车运行情况及列车具体位置，至 ATS 系统设备恢复正常，收回控制权时止。

④ 当车站在 LOW 工作站上取消不了运营停车点时，应立即报告行车调度员，由行车调度员通知司机，用 RM 模式驾驶列车出站，直至转换为 ATO 模式。

⑤ 当车站取消运营停车点而列车目标速度仍为零，且超过 30 s 时，司机应及时报告行车调度员，由行车调度员指示司机开车。ATO 模式恢复正常时，应向行车调度员报告。

2）ATP 系统故障时的行车组织

（1）ATP 车载设备故障

当 ATP 车载设备故障时，列车运行完全不受 ATP 保护，司机应以 URM 模式驾驶。行车组织方法如下。

① 控制中心行车调度员。

a）行车调度员应通知车站派监控员上车协助司机瞭望、监控速度表，提醒司机控制速度，必要时立即按压紧急停车按钮。当列车在区间无法添乘监控员时，可限速 40 km/h 运行至前方站，监控员上车后按 URM 模式以规定速度运行。

b）行车调度员命令司机以 URM 模式驾驶列车至前方终点站（根据情况可在中间有存车线的车站）退出运行。

c）行车调度员应随时注意 ATP 车载设备故障的列车运行情况，严格控制、确保列车间的最小行车间隔在一站两区间以上。

② 司机。

a）司机应立即向行车调度员报告无法接受 ATP 限速命令，按行车调度员指示要求执行。

b）出清故障区段经过两个轨道电路还未恢复 ATO 模式时，司机报告行车调度员。行车调度员指示司机以 RM 模式驾驶列车至前方车站或终点站。

c）司机到达前方车站仍无法接受 ATP 限速命令，则报告行车调度员。

（2）ATP 轨旁设备故障

当 ATP 轨旁设备故障时，ATO 轨旁设备接收不到限速命令，无法按自动闭塞法行车，此时的行车组织如下。

① 控制中心行车调度员。

a）行车调度员确定故障区间，命令司机在此区间以 RM 模式驾驶列车。

b）列车在运行中因道岔显示故障造成紧急停车（停在岔区）时，车站报告行车调度员、设备维修调度员，行车调度员通知司机限速 15 km/h 离开岔区后，及时安排人员带钩锁器到现场将道岔锁定。

② 司机。

a）司机应立即向行车调度员报告无法接受 ATP 限速命令，按行车调度员指示要求执行。

b）司机在运行时一直未能切换到 ATO 模式时，则以 RM 模式驾驶列车至终点站。

c）列车在站台收不到 ATP 码时，司机报告行车调度员，在得到行车调度员同意后，方可使用 RM 模式动车。

（3）当 ATP 轨旁设备故障影响范围较大时

由控制中心值班主任决定该区段列车是否采用 URM 模式驾驶或该区段采用自动站间闭塞。

（4）当 ATP 轨旁设备大规模故障时

按电话闭塞法组织行车。相关车站值班站长要及时回到车站控制室负责组织车站行车作业，并根据行车调度员发布的调度命令就地组织行车，安排车站值班员到站台接发列车，通知相邻车站采用电话闭塞法组织行车，并把调度命令内容通知给司机。

3）ATO 系统故障时的行车组织

① 列车 ATO 系统故障时，司机立即报告行车调度员，经行车调度员同意后，切换 RM 模式运行。

② 若有备用车，行车调度员则安排 ATO 系统故障列车运行至终点站退出运行，备用车替换运行。

③ 当屏蔽门不能联动时，车站派员添乘，协助司机开关屏蔽门。

4）信号联锁系统故障

当信号联锁系统故障时，一般采用电话闭塞法组织行车，电话闭塞法是在没有机械、电气设备控制的条件下，仅凭电话联系来保证列车空间间隔的行车闭塞法，安全程度较低。

5）轨道电路故障

轨道电路故障一般分为区间轨道电路故障和车站道岔区段轨道电路故障。轨道电路故障表现为红光带、粉红光带、灰显等现象，这会影响列车进路的排列，列车将无法收到速度码。

（1）区间轨道电路故障

列车在故障轨道电路区段停车后，司机根据行车调度员指示转换为 RM 模式。列车重新启动，出清故障区段若干轨道电路区段并收到速度码后，由司机手动恢复为 ATO 模式。

（2）车站道岔区段轨道电路故障

此类故障将直接影响列车自动监控系统的自动和人工设置进路，行车调度员可授权区域联锁工作站以单独操作的方式，将进路中的道岔转换到规定位置并锁闭（无法转换时，由人工现场手摇、加锁），然后开放有关信号的引导信号。列车根据引导信号的指示，以 RM 模式运行，出清故障区段若干轨道电路区段后，列车自动转换为 SM 模式，此时司机手动恢复为 ATO 模式。

3. 道岔故障

道岔故障一般分为电气故障和机械故障，电气故障一般属于信号系统层面的故障，而机械故障属于轨道层面的故障。当出现正线挤岔时，按照事故处理，组织抢险救援。

1）道岔电气故障

道岔电气故障一般表现为道岔灰显、道岔短闪和道岔长闪。

① 出现道岔灰显时，一般由信号专业人员通过重新启动计算机等手段来恢复，如重新启动不成功，则人工排列进路组织行车。

② 出现道岔短闪时，行车调度员应对故障道岔进行转换试验，经两次转换仍不能恢复正常时，就应安排车站人员立即进行人工排列进路，同时通知信号和轨道专业人员现场处理。

③ 出现道岔长闪时，首先应通过是否有列车占用来判断是否挤岔。如非挤岔，在确认故障道岔区段进路空闲（无绿光带）后，进行“挤岔恢复”操作；如果有绿光带，操作“强解道岔”后，执行“挤岔恢复”命令，并对道岔进行转换试验。如仍无效，安排车站人员立即进行人工排列进路，同时通知信号和轨道专业人员现场处理。

2）道岔机械故障

道岔机械故障表现为道岔尖轨尖端部分密贴而竖切部分不密贴、挤切销断、尖轨断裂等，一般还会表现出道岔电气故障的现象。处理此类故障时，一般由现场人员确认，如仍能通过人工现场手摇道岔排列进路方式组织行车，则按照“先通后复”的原则一边组织行车，一边组织抢修；如无法人工现场排列进路，应立即组织抢修。

3）正线挤岔

当列车从道岔到尖轨方向运行时，如果道岔位置不对，则车轮会将尖轨挤开，导致挤岔。列车一旦挤岔，一般会报警，为防止脱轨，列车挤岔后不得后退，必须在专业人员的监护下缓慢运行出道岔区，或固定好道岔后，列车再向后退行。

处理挤岔时，首先应确认列车车次、挤岔车辆号和具体轮对、被挤的道岔，特别注意挤岔的列车是否倾斜并侵入邻线，如果影响邻线，应及时扣停邻线接近列车。其次，需了解列车载客量及人员伤亡情况，积极组织乘客疏散，通知邻线运行列车停止运行并加强瞭望，积极抢修道岔，妥善组织不受影响区段的列车运营，必须求援时，则认真组织救援确保安全。若挤岔后脱轨，应封锁事故区段，根据具体情况灵活使用线路，最大限度地满足行车安全和客运服务要求。

4. 供电系统故障

供电系统故障包括变电系统故障和接触网故障。发生故障时，应采取相应的故障处理运行模式，尽量不影响列车运行；如果故障严重，导致区段行车中断，则在恢复正常工作前，一般通过小交路运行加单线双向运行或公交接驳的方式来组织行车。

1）变电系统故障

一般根据停电的范围对变电系统故障进行分级，按不同级别提出不同的行车方式，以尽可能维持运营。一些城市轨道交通运营单位将停电分为一级停电事件、二级停电事件和三级停电事件。

（1）一级停电事件

一级停电事件是指所有城市轨道交通供电主变电所停电，导致地铁被迫停车的事件。

一级停电事件产生的主要原因为整个城市或局部地区电网发生故障而造成大面积停电，造成所有城市轨道交通车站、车辆段停电。恢复故障的时间受到地方供电局处理故

障时间的制约，具有不可控制的特点。停电时间有可能超过各应急电源的允许使用时间。此时一般采取停运方式将乘客疏导出站，待电力恢复后再重新组织运营。

（2）二级停电事件

二级停电事件是指城市轨道交通供电系统出现一个以上，但不是所有变电所停电，导致大范围的车站或车辆段全部交流电源停电、接触网停电而造成的局部中断行车事件。

此时，一般应尝试由其他变电所跨越供电来维持正常运营，如无法实施时，只能通过小交路运行加单线双向运行或者公交接驳的方式组织乘客运输，调动受阻区域的列车，组织乘客疏散。

（3）三级停电事件

三级停电事件是指局部车站或车辆段出现两路 35 kV 交流电源停电，导致局部接触网停电，而造成的局部中断行车事件。出现此类情况时，一般应采取越区供电方式来维持正常运营，如无法实施时，一般采取小交路运行加单线双向运行或公交接驳的方式来组织乘客运输，调动受阻区域的列车组织乘客疏散。

2）接触网故障

接触网故障现象一般分为接触网设备状态异常、接触网瞬时失压、接触网永久失压三种现象，不同的现象，行车组织方法也有所不同。

（1）接触网设备状态异常

接触网设备状态异常是指接触网在运行中，发生拉弧、异响（车辆受电弓状态异常，在列车运行时，可能会与接触网腕臂或定位器发生碰撞，发生连续的拉弧、异响），接触线高度、水平位置发生明显变化，接触网线索断线或下垂，腕臂/定位器及其他零部件脱落等但未发生接触网失压的故障情况。遇此类情况时，一般组织列车空车限速进入该区段进行检查和试验，如仍发生拉弧、异响，则需安排专业人员现场查看后再组织行车。如发现接触线高度、水平位置发生明显变化，接触网线索断线或下垂，腕臂/定位器及其他零部件脱落等，列车须立即停车，并由专业人员抢修恢复后再组织行车。

（2）接触网瞬时失压

接触网瞬时失压是指接触网设备由于状态异常或其他物体短接接触网带电部分引起的跳闸及电客车故障引起的接触网跳闸，在变电所直流断路器重合闸后成功恢复供电的故障情况。如是电客车故障造成的，一般需要组织列车救援，将该列车退送到备用线、停车线后，再恢复正常运营。如是其他因素引起的，一般组织列车空车限速进入该区段进行检查和试验，如仍发生跳闸，则需安排专业人员现场查看后再组织行车。

（3）接触网永久失压

接触网永久失压是指自瞬时失压起 1 min 后仍未恢复供电的故障情况。这种情况一般是由于电客车对地短路、接触网线索断线或下垂后对地短路、接触网绝缘子击穿、弓网缠绕后对地短路、其他物体短接接触网带电部分而造成接触网永久接地等引起的。遇到这种情况，应按照线路中断的方式维持有限的运营服务。

5. 轨道故障

1）轨道故障的含义及现象

轨道故障是指轨道设施状态不良，主要包括钢轨损伤和轨道设备不良两类。发生轨道故障时，一般情况下需要限速运行，严重时会造成行车中断。

钢轨损伤主要是指线路钢轨折断、钢轨重伤、辙叉重伤、胀轨跑道和接头两块夹板同时折断等情况，此时列车一般需限速运行，严重时会造成行车中断。

轨道设备不良主要是指线路几何尺寸不良、轨面波磨、道床破损等情况，造成列车晃动、列车过岔异响。轨道设备不良时，应视情况决定是否限速。如情况严重，则在运营期间临时抢修，采用小交路运行加单线双向运行或者公交接驳的方式来组织行车。

2）轨道故障行车组织方法

（1）钢轨损伤

运营时间发现钢轨损伤，根据发现故障的类别和严重程度，现场查看后决定采取停运或限速，限速一般为 25 km/h、15 km/h 或 5 km/h；经处理后视设备状态，由抢修负责人申报开通和逐步提速。

非运营时间发现轨道故障时，根据发现故障的类别和严重程度，力争尽快恢复设备良好状态，避免或减少因设备原因影响运营。如当时不能完全消除设备故障，抢修负责人视情况申报慢行或停运，慢行一般采用 25 km/h、15 km/h 或 5 km/h 的速度，经整改后视设备状态逐步提升至正常速度；如设备达不到安全条件必须停运时，轨道专业人员须以最大努力尽快恢复设备规定的技术状态。

（2）轨道设备不良

运营时间发现轨道设备不良时，可通过限速、添乘等方式尽快确定设备技术状态，查明轨道设备不良的类别和程度，及时安排维修和保养计划予以消除。其中，线路异常晃车、轮轨异响时，行车调度员须立即通知轨道、车辆专业人员添乘，检查事发区段和事发列车，确认异响原因，并注意事发区段是否有红光带或部分红光带，及时通知信号人员；组织后续第一列车限速 25 km/h 通过该区段，如运行正常，再安排第二列车限速 25 km/h 通过，如依然正常，则可恢复正常行车。恢复正常行车后，如再发生异常晃车、轮轨异响，则再按限速 25 km/h 组织行车，经轨道专业人员添乘确认或抵达现场检查后，由其确认行车速度。如该区段限速 25 km/h 仍出现异常晃车、轮轨异响时，该区段应立即中断行车，已进入该区段的列车需退回后方车站，安排轨道专业人员现场检查，由轨道专业人员根据现场检查结果确定该区段的行车速度。

6. 通信系统故障

城市轨道交通通信系统一般由传输子系统、无线通信子系统、公务电话子系统、专用电话子系统、时钟子系统、广播子系统、电视监控子系统组成。由于城市轨道交通采用先进的信号系统组织运营，通信系统故障对列车的正常运行影响相对较少，所以出现故障时，一般是由相应的替代系统或人员来替代该系统的功能，以保证车站和列车在短时间内能维持正常的运行。以下介绍某城市轨道交通在无线通信子系统发生故障时组织行车的过程，其他系统故障根据城市轨道交通设备的特点采用备用设备来维持。

1）确认故障

司机（行车调度员）如在3 min内使用车载无线调度台（控制中心无线调度台）无法正常呼叫行车调度员（司机）时，使用紧急呼叫功能及采用无线便携调度台拨号呼叫行车调度员（司机）。如仍无法联系行车调度员（司机），可确认无线通信瘫痪。

2）信息通报

在发生故障时，司机首先选择手机方式，直接与行车调度员取得联系，或使用端门直通电话通过车站向行车调度员报告。行车调度员得知消息后，通知无线专业人员处理故障，并通知车站派人到司机立岗处负责与司机联络。

3）行车组织方法

在信号及车辆设备均正常的情况下，行车调度员不干预列车运行。若未发生影响行车安全和乘客安全的事件时，司机可不与行车调度员联系，凭收到的速度码行车。若列车在区间因不明原因而制动，且停车时间超过3 min仍无法与行车调度员联系，确认前方进路安全后，司机可使用限速下的人工驾驶模式行车，进站停妥后向行车调度员汇报。

7. 屏蔽门故障

随着屏蔽门技术的不断发展，从人员安全、降低能耗及净化环境等角度考虑，各地城市轨道交通在新线设计中都考虑安装屏蔽门或安全门，同时，也逐步在既有线路上加装屏蔽门或安全门。

车站屏蔽门的控制方式分为系统级控制、站台级控制和就地级控制。系统级控制一般由车辆通过信号系统来触发和控制，屏蔽门的状态与车载信号系统建立联锁关系，屏蔽门出现异常时，通常车载信号系统无法建立行车条件，因此，屏蔽门故障一般会影响列车的正常运行。

1）处理屏蔽门故障的原则和规定

在处理屏蔽门故障时，应遵循以下原则和规定。

① 发生屏蔽门故障时，应坚持“在确保安全的前提下，先发车后处理”的原则，当无法隔离（旁路）时，应先发车再处理。

② 对不能关闭的单个或多个滑动门，必须设置安全防护栏或安排专人看护。

③ 故障屏蔽门修复后，由行车调度员负责组织，车站和司机配合，利用下一列列车进行一次相应侧的屏蔽门开关试验。

2）屏蔽门故障的处理

（1）屏蔽门破裂的处理

如是滑动门或应急门破裂，应将该门隔离（旁路）、断电。如是玻璃掉下来，则将其左右相邻的两个滑动门隔离（旁路）、断电后处于常开状态，使用封箱胶纸将破碎的玻璃贴住，并设置隔离带和张贴告示牌。如屏蔽门玻璃破碎并掉落轨道，应视影响列车运行与否，立即或利用行车间隔进行处理。

（2）整侧滑动门不能同步开启

当整侧滑动门不能同步开启，若使用头端墙屏蔽门就地控制盘重新开门一次无效时，则按每节车厢不少于一个门的要求，手动打开滑动门供乘客上下，并将其隔离（旁路）和断电。

（3）一个或数个滑动门不能正常打开

当一个或数个滑动门不能正常打开时，引导乘客从正常的滑动门上下车，在故障滑动门上粘贴故障告示。

（4）一个或多个滑动门不能正常关闭

当一个或多个滑动门不能正常关闭时，能立即隔离的，隔离后发车；若不能立即隔离的，确保防护措施到位后组织发车。

（5）整侧滑动门不能正常关闭

当整侧滑动门不能正常关闭时，车站工作人员将开启的滑动门做好安全防护（或人工看护）后，向司机显示“好了”信号，然后发车。

5.1.2 自然灾害

1. 自然灾害对轨道交通运营的影响

自然灾害通常是指强台风、暴雨、雷暴、暴雪、地震等。自然灾害一方面可以直接影响正常行车组织，另一方面会导致系统设备故障，从而影响正常行车。

① 强台风由于风力大，会对地面线路、车辆段的设备和设施造成较大的影响，同时也会带来暴雨，引发车站出入口进水的可能，从而影响车站的正常运作。

② 暴雨通常会对车站出入口造成进水的威胁，同时，暴雨还可能造成山体滑坡，可能造成地面线路中断。

③ 雷暴通常对电气设备的影响最大，可能造成供电系统跳闸，设备损坏。

④ 暴雪通常对地面线路的威胁最大，会使列车限速运行或使道岔无法转动，情况严重的会导致地面线路的接触网断线，最终造成行车中断。

⑤ 地震主要对城市轨道交通的构筑物造成影响，强度大的地震会造成隧道、建筑物坍塌，导致线路中断，且中断不是短时间内能够恢复的。由于地震有太大的不确定性，并且不以人的意志为转移，所以在处理上只能在微震期间将乘客疏散出站，减少人员伤亡，降低损失。

2. 恶劣天气时的行车组织

在恶劣的天气条件下，以确保行车安全为原则，采取降低运行速度，严格控制一个站间区间只准同方向一列车占用的办法组织行车。

1）恶劣天气行车组织作业

当遭遇恶劣天气影响运营时，车站（高架及地面）应做到以下几点。

① 各岗位要按照分工加强对各自负责区域的检查和巡视，发现危及运营安全的情况时，立即向控制中心行车调度员、设备维修调度员汇报。

② 车站值班站长在得到恶劣天气的消息后，要立即向全体员工发出信息通报，对关键岗位提出安全工作要求，并赶赴现场了解情况，组织人员、物资进行先期处理。

③ 遇恶劣天气影响司机瞭望或危及运营安全时，司机立即向行车调度员汇报。特殊地段（出入基地、进站、曲间弯道）操纵列车，应采取减速运行、加强瞭望等安全

措施，确保列车运营正常。

④ 站务员应提前出场接车，对接车线路接触网、路轨状况及候车乘客密切观察，发现有危及行车及人身安全情况时，应及时采取有效措施（按下紧急停车按钮）将列车拦停。

⑤ 控制中心根据气象预报的预警信息，立即向运营公司领导和有关部门、中心通报，当大雾、暴风、暴雨、暴雪、严寒等恶劣天气来临时，提供不同等级的预警、预报。

⑥ 控制中心根据各类天气的影响程度和相应级别向运营公司领导报告，经同意后指挥机构和现场处置机构自然成立。

⑦ 控制中心对恶劣气候条件下的防范措施进行检查、指导，及时向车站发布运营信息。

⑧ 控制中心执行指挥机构指令，对不具备安全运营条件的车站下达关闭命令，启动公交接驳方案。

⑨ 控制中心组织具备运营条件的车站维持运营。

2）大风天气行车组织作业

① 站务员应正确佩戴工作帽，防止意外发生。

② 留意接触网是否有异物垂悬及轨道是否有异物阻塞，并及时报告行车调度员处理。

③ 值班站长应指派专人对站台上的可移动物品进行加固。

3）冬季雪天行车组织作业

① 值班站长应及时采取防滑措施，并指派保洁人员随时对站台上的积雪进行清扫。

② 有道岔的车站应及时开启道岔加热装置。

4）高温天气行车组织作业

① 站务员要留意乘客候车情况，保证乘客远离安全线，发现有乘客中暑不适，立即组织施救，以免影响行车安全。

② 注意自身状况，如有不适，必须及时报告上级主管以做好工作安排。

5）雷雨天气行车组织作业

① 值班站长应指派保洁人员随时对站台上的积水进行清扫，并采取有效措施。

② 站务员在作业时，应注意防滑。

③ 随时观察接触网情况，发现异常立即报告行车调度员。

3. 地震

当发生高震级地震时，线路、轨道肯定会发生不同程度的移位与变形，排水系统和其他建筑物也将遭受严重破坏，全线应立即停止运营，车站开放所有通道引导乘客出站。停在区间的列车在线路条件允许的情况下，司机以低速驾驶列车进入前方就近站清客；如线路已经严重破坏，则通过区间隧道疏散车上乘客。

地震过后，组织对全线设备进行检查、测试、抢修，确认各系统技术状态正常后，再决定恢复全线正常运营。

5.1.3 人为因素

人为因素包括内部员工和外部人员的因素，一般涉及人的生理、心理等方面，因而对行车组织影响的人为因素很多。本节结合一些实例，介绍不同情况的处理方法。

1. 轨行区拾物的处理

1）轨行区拾物处理原则

① 发现乘客物品掉落轨道后，首先确认物品是否影响行车。

② 使用夹物钳时，应注意不要高举钳子，以免与接触网接触，危及安全。

③ 当需要取物时，要向行车调度员请示，得到行车调度员同意后才能实施，并做好安全防护，疏散周围围观乘客。

④ 打开屏蔽门时要做好该门的安全隔离工作，防止乘客误进入该屏蔽门，而发生乘客掉落轨道，危及乘客安全的事故。

2）轨行区拾物时站台工作人员处理要点

① 接到乘客通知后马上将情况报告车站控制室，并安抚乘客。

② 立即到现场查明情况，向车站控制室汇报情况。

③ 尽快拿夹物钳、隔离带到现场，隔离该处屏蔽门。得到值班站长指示后，用钥匙打开该处屏蔽门，到物品掉落处将物品夹起。

④ 得到值班站长指示后，恢复屏蔽门的使用，撤回隔离带。

2. 发生火灾时的行车事故处理

1）火灾事故报告

一旦车站发生火灾，驾驶员应立即报告控制中心，并报告 119 火警和 110 报警中心，报告要点如下。

① 火灾的确切地点。

② 火灾原因的初步判断。

③ 火灾蔓延趋势及方向。

④ 现场扑救力量。

⑤ 人员伤亡及救助情况。

⑥ 设备损失及对线路行车的影响。

2）灭火自救

① 移走可燃物。将燃烧点附近的可燃物迅速移开，以防止火势蔓延，没有可燃物，燃烧自然就会中止。

② 冷却降低燃烧物的温度。燃烧物的温度降到燃点以下，燃烧就会停止。

③ 隔绝空气。燃烧物得不到充足的氧气也会熄灭。

④ 切断电源。发生火灾后，应迅速切断电源，防止火灾事故扩大。

⑤ 引导消防人员进入灭火现场。如果火势很大，依靠员工无法控制时，应在消防人员到达后，引导消防人员进入灭火现场。

3）逃生帮助

① 指导乘客有效逃生，避免烟熏窒息。火灾发生后，烟雾是人员伤亡的第一杀手。应指导乘客捂住鼻子，低头弯腰（腰贴地）快速跑离烟雾区，避免中毒。

② 启动隧道通风排烟系统，输送新鲜空气，将烟雾向远离乘客疏散方向的一端排出。

4）火灾处理

（1）车站火灾

① 值班站长证实火灾后，在火情较小时，安排人员扑救；火情影响行车时应立即上报行车调度员，并报告119火警中心，同时提醒乘客远离火灾现场。

② 车站疏散。车站人员应非常熟悉疏散线路及疏散集合地，接到疏散指示后，应立即停止售票，关闭售票机和充值机，组织乘客迅速撤离车站。

③ 火灾后的处理。行车调度员应停止所有须经过该站的列车运行，严禁将列车放入着火车站，并通知行车值班员对车站现场进行监控。待事故隐患彻底消除后，列车开行，车站重新恢复运营。

（2）列车火灾

① 司机报告灾情及进行前期处置工作。

② 列车着火后，应安抚乘客情绪，把车内火灾情况向行车调度员进行报告，并指导乘客使用车厢中的灭火器灭火自救。

③ 列车在区间发生火灾时的处理。发生火灾的列车处于区间时，应尽量将列车驶入前方站，再进行处理。这样便于利用站台疏散乘客和组织扑救火灾。

④ 行车调度员的处理。行车调度员应停止续行列车的开行，并停止相邻线路的行车，等彻底灭火后，组织开行救援列车，将着火列车拉至附近的停车场、车辆段或侧线。

3. 列车冒进信号的行车事故处理

1）列车冒进信号后未压上道岔时的处理

（1）司机的处理

确认列车冒进信号的原因、停车位置及与防护信号机的距离、前方无道岔或前方有道岔但未压上等情况后，向控制中心行车调度员报告。通过广播说明情况，安抚乘客。得到行车调度员退行的指示后，根据车站有关人员的手信号，以较低速度退行进站，停于站内列车停车位置标处。待列车退行到站停妥后，根据具体情况开关车门，保证乘客上下车。

（2）车站值班员的处理

发现列车冒进信号后，确认列车运行前方没有道岔或有道岔但未压上，立即向控制中心行车调度员报告。接到行车调度员准许列车退行回车站的指示后，安排有关人员向司机发出退行信号，指示列车退行回车站，停于规定位置处。维持好站台秩序，防止乘客拥挤，发生危险。

（3）行车调度员的处理

得到列车冒进信号的报告后，立即指示该列车司机停车，不得再移动列车，停止续行列车的运行，将其尽量驶往就近车站停留，避免停在区间。

2）列车冒进信号后压上道岔时的处理

（1）司机的处理

列车冒进信号，经查看压上前方道岔后，检查是否挤岔或脱轨，并立即向控制中心行车调度员报告。不得移动列车，避免未脱轨造成脱轨，扩大事故。通过广播说明情况，安抚乘客，等待维修人员到达后，进行处理。

（2）车站值班员的处理

得知列车冒进信号后，根据行车调度员的指示，前往现场检查，确认列车压上道岔，查看道岔破坏程度，列车是否挤岔或脱轨，并将道岔锁闭到适当位置。向控制中心行车调度员报告停车地点、道岔当前位置、道岔是否破坏、是否影响邻线行车。按照行车调度员的安排，进行清客和列车救援。

（3）行车调度员的处理

得到列车冒进信号并压上道岔的报告后，立即指示该列车驾驶员停车，不得再移动列车，防止扩大事故。停止续行列车的运行，将其尽量驶往就近车站停留，避免停在区间。指示附近车站派人前往现场检查，了解道岔破坏程度、列车是否挤岔或脱轨。根据事故的严重程度，决定是否清客。当事故列车驶离现场后，对轨道及道岔进行检查和试验，恢复列车运行。

4. 乘客进入轨道的行车事故处理

1）乘客进入轨道后迅速返回站台的处理

（1）站务员的处理

① 发现有乘客进入轨道后迅速按下站台上距离自己最近的紧急停车按钮，同时通知行车值班员。

② 劝说并帮助进入轨道的乘客迅速返回站台。

③ 乘客返回站台后，将其带到安全地区，并及时通知行车值班员。

（2）车站值班员的处理

① 当得到站务员的通知或者从电视监控器中发现有乘客进入轨道时，若站台上紧急停车按钮还未按下，则迅速按下车站控制室内的紧急停车按钮。

② 立即向值班站长和行车调度员报告。

③ 密切监视事件的发展。

④ 待站务员汇报乘客返回站台后，向值班站长及行车调度员报告。

⑤ 记录好事件处理的全过程。

（3）值班站长的处理

① 得到信息后，迅速赶往事发现场。

② 在乘客返回站台后，对其进行说服教育工作，并征询派出所的处理意见。

③ 向站长和行车调度员进行汇报。

（4）行车调度员的处理

① 得到信息后立即采取措施，防止其他列车进入受影响的区域，同时提醒站务员立即按下紧急停车按钮。

② 迅速通知控制中心调度主任。

③ 通知派出所。

④ 在值班站长报告事件处理完毕后，检查、确定是否具备行车条件，组织相关部门恢复行车。

2）乘客进入轨道后跑向区间的处理

（1）站务员的处理

① 发现有乘客进入轨道后迅速按下站台上距离自己最近的紧急停车按钮，同时马

上对其进行警告。

② 告知车站值班员和值班站长乘客进入轨道的股道、跑动的方向、与站台的距离等信息。

③ 维护站台乘车秩序，避免乘客围观造成新的乘客进入轨道。

④ 听从值班站长安排，处理好事件。

(2) 车站值班员的处理

① 收到站务员的通知或者从电视监控器中发现有乘客进入轨道时，若站台上紧急停车按钮还未按下，则迅速按下车站控制室内的紧急停车按钮。

② 迅速通知行车调度员和值班站长，同时密切监视事件的发展。

③ 马上通知站务人员扣停从本站发往该区间的列车，同时立即通知邻站禁止向该区间发车。

④ 通过广播及时疏散事故发生地周围的乘客，防止乘客围观造成新的乘客进入轨道。

⑤ 根据值班站长的指示，通知站长、派出所等相关人员和部门。

⑥ 随时将事件的发展情况向行车调度员报告，并将行车调度员的信息传达至相关人员。

⑦ 记录好事件处理的全过程。

(3) 值班站长的处理

① 收到相关信息后，迅速前往事发现场。

② 通知行车值班员与派出所等相关单位，并告知站长。

③ 组织本站的站务人员，维护好乘车秩序。

④ 在民警不能及时到达的情况下，向行车调度员申请下路轨，在保证安全的前提下跟踪进入轨道的人员，密切监视进入轨道人员的动向，劝说其返回站台。

⑤ 在遵守公司规章制度和保证人身安全的前提下，配合民警进行相关处理。

⑥ 事件处理完毕，在检查现场情况正常、确认线路出清后，向行车调度员报告事件已处理完毕，申请恢复行车，并及时通知站长。

(4) 行车调度员的处理

① 收到相关信息后，立即采取措施，防止其他列车进入受影响的区域，同时提醒站务员立即按下紧急停车按钮。

② 迅速通知控制中心调度主任。

③ 及时通知派出所等相关部门。

④ 在值班站长报告事件处理完毕，检查、确定具备行车条件后，组织相关部门恢复行车。

3) 乘客进入轨道后导致身体受伤、无法返回站台的处理

(1) 站务员的处理

① 发现有乘客进入轨道后迅速按下站台上距离自己最近的紧急停车按钮。

② 如果乘客受伤，立即通知行车值班员及值班站长，报告乘客进入轨道的位置、受伤情况等相关信息。

③ 维护站台乘车秩序，避免乘客围观造成新的乘客进入轨道。

④ 听从值班站长安排，处理好事件。

（2）行车值班员的处理

① 收到站务员的通知或者从电视监控器中发现有乘客落轨时，若站台上紧急停车按钮还未按下，则迅速按下车站控制室内的紧急停车按钮。

② 迅速通知行车调度员和值班站长，同时密切监视事件的发展。

③ 通过广播及时疏散事故发生地周围的乘客，防止乘客围观造成新的乘客进入轨道。

④ 根据值班站长的指示，通知站长、派出所、120 急救中心等相关部门。

⑤ 随时将事件的发展情况向行车调度员报告，并将行车调度员的信息传达至相关人员。

⑥ 记录好事件处理的全过程。

（3）值班站长的处理

① 收到相关信息后，迅速前往事发现场，并通知行车值班员，告知站长。

② 如果乘客受伤，值班站长应本着救死扶伤的精神，在现场安抚乘客情绪，同时询问乘客是否需要就医。

③ 如乘客提出就医要求，值班站长应通知行车值班员，并与派出所及 120 急救中心进行联系。

④ 组织本站人员，维护好乘车秩序，迅速将伤者移离轨道。

⑤ 事件处理完毕，在检查现场情况正常、确认线路出清后，向行车调度员报告事件已处理完毕，申请恢复行车，并及时通知站长。

（4）行车调度员的处理

① 收到相关信息后立即采取措施，防止其他列车进入受影响的区域，同时提醒站务员立即按下紧急停车按钮。

② 迅速通知控制中心调度主任。

③ 通知派出所和 120 急救中心。

④ 在值班站长报告事件处理完毕，检查、确定具备行车条件后，组织相关部门恢复行车。

5.1.4 特殊情况下的列车运行组织措施

特殊情况下的列车运行组织措施是指在正常的行车组织办法受到干扰的情况下，在列车运行控制上采取的一系列非正常措施，包括列车救援、列车退行、列车反方向运行、列车推进运行、扣车、开放引导信号接发车等。

1. 列车救援

列车在正线上由于失去动力或因故障无法在规定时间内（其长度一般取决于行车间隔）动车时，就需进行列车救援，将故障列车出清正线，恢复正线的正常运营。

列车救援一般由司机申请，行车调度员发布命令组织实施，如果司机处理故障时间较长，也会由行车调度员根据线路堵塞情况及有关规定直接发布命令组织实施。

2. 列车退行

在非正常情况下，客车部分或全部车厢越过站台需退回站台内办理乘降作业，或列车从区间返回发车站为退行，可以推进或牵引运行。行车调度员和列车司机的处理过程如下。

1）行车调度员

① 通知列车退行目的地车站的值班站长有关退行的安排，确保涉及退行的路段上没有其他车辆占用及列车经过的信号机没有显示危险信号，实施适当保护方法以保障退行时列车的安全。

② 指示列车司机及副司机前往尾端的驾驶室，并进行无线通信设备测试，以确保通信功能正常。

③ 授权列车司机以 RM 模式行驶至目的地车站，并提醒列车司机沿途必须留意道岔的位置及站间的状况，确保列车司机清楚退行的安排。

④ 当完成退行后，指示列车司机进一步的行动（如列车清客）。当事故处理完毕后，安排恢复正常行车。

⑤ 行车调度员在确认后方相邻区间没有列车占用，并将后续列车扣停在后方站，方可同意列车退行。

2）列车司机

① 清楚退行安排后，必须复述行车调度员的指示以作确认。

② 按行车调度员的指示，协同副司机前往尾端的驾驶室，进行无线通信设备测试，以确保通信正常。

③ 得到行车调度员授权后，以 RM 模式开往目的地车站，沿途要间歇地鸣笛，并需在副司机的协助下留意线路、道岔的位置是否与行车调度员的指示相符，是否出现突发情况。如发现不正常情况，必须立刻停车，向行车调度报告及求证后，方可继续行车。

④ 当到达目的地车站并完成列车清客后，留在车内等待行车调度员进一步的指示。

⑤ 列车因故在站间停车需要退行时，司机必须及时报告行车调度员，在得到行车调度员的命令后方可退行。

⑥ 退行列车到达车站后，司机应及时向行车调度员报告，同时根据行车调度员的命令处理。

⑦ 列车退行进入车站时，车站接车人员于进站站台端处显示引导信号，列车在进站站台端外必须一度停车，确认引导信号正确后方可进站（后端推进退回车站难以确认时车站应做好站台防护工作）。

⑧ 退行列车停在站台后，协助车站人员清客，当列车完成清客后，按行车调度员的指示办理。

3. 列车反方向运行

正常情况下上行方向列车在上行线运行，下行方向列车在下行线运行。根据需要当上行方向列车在下行线运行或下行方向列车在上行线运行时，称为列车反方向运行。

1）在 ATP 正常使用时

① 列车反方向运行时，在各站不能通过、自动停车，没有跳停功能，停站时间由司机掌握。

② 列车反方向运行时，在 LOW 工作站上排列进路，列车根据 ATP 允许速度以 SM 模式运行。行车凭证为列车收到的速度码，遇 ATP 轨旁设备故障时，行车调度员通知驾驶员以 RM 模式运行。

③ 列车反方向运行前必须得到行车调度员的命令准许。

2）在反方向 ATP 故障或反方向无 ATP 的轨旁区段时

① 在没有 ATP 保护的情况下，除降级运营时组织单线双方向运行或开行救援列车外，载客列车原则上不能反方向运行。工程列车（工程车）在明确行车计划和进路排列好的情况下方可反方向运行。

② 反方向运行时，按电话闭塞法组织行车。行车调度员在下达反方向运行命令前，确认反方向行驶列车前方至少两个站间区间空闲（救援除外）。在车站尾端墙处向正方向来车方向显示红色防护手信号。

4. 列车推进运行

在列车尾端驾驶室操纵列车运行或救援列车推送故障列车运行为推进运行。

当列车头端驾驶室出现故障的情况下，可在列车尾端驾驶室推进运行。对故障列车实施救援时，也可以推进运行。

列车推进运行时须遵守以下规定。

① 列车推进运行，必须得到行车调度员的调度命令，应有引导员在列车头部引导。无人引导时，禁止列车推进运行。

② 因天气影响，难以辨认信号时，禁止列车推进运行。

③ 在 30‰及以上的下坡道推进运行时，禁止在该坡道上进行停车作业，并注意列车的运行安全。

5. 扣车

① 当列车需要扣停时，行车调度员应在人机界面（MMI）上操作，并通知司机和车站值班员在车站操作。

② 当车站需要扣车时，由车站值班站长（值班员）在信号单元控制台上操作，并及时通知司机及行车调度员扣车，紧急情况按紧急停车按钮。

③ 扣车原则上是“谁扣谁放”，只有在 ATS 系统故障时，对原 MMI 扣停的列车，经行车调度员授权后由相关车站放行。

④ 取消扣车作业时，行车调度员或车站行车值班员应确认列车停稳后方可操作。

在 LCP 盘上进行有效扣车的前提条件如下。

① 列车是以 SM、ATO 及 AR 模式运行。

② 列车未进入站台，红灯闪烁，同时在 LOW 工作站上发生 B 类报警（记录了对应的站台区段的扣车提示内容，并发出报警声音），此时应单击 LOW 工作站基础窗口上的音响按钮，消除报警声音。

若在 LCP 盘上对扣车进行“放行”时，须在 LCP 盘上按压“取消扣车”按钮，信

号单元控制台上相应的指示灯灭，然后再按压相应的“扣车”按钮一次，最后再按压相应的“取消扣车”按钮一次。同时LOW工作站上相应的B类报警有“扣车恢复”的提示信息。

如果信号单元控制台上的运营停车点指示灯亮黄灯，扣车操作有效。在ATS系统正常时，如果信号单元控制台上的运营停车点指示灯灭，扣车操作有效，因为此时运营停车点已经被取消。在ATS系统故障时，系统信号将自动进入LOW人工控制模式，此时只要运营停车点未取消，扣车操作有效。

6. 开放引导信号接发车

在排列进路时，当不能正常开放信号时，需开放引导信号。在开放引导信号接发车时，须遵循以下规定。

① 需开放引导信号时，如该进路的监控区段出现红光带或粉红光带，车站应立刻派人到现场检查（如有杂物侵限，立即清除），确认无杂物侵限后，开放引导信号。

② 开放引导信号发车，当列车占用起始信号机之前的轨道电路时，在LOW工作站上操作“开放引导”命令，进路防护信号机开放引导信号后，列车要在60 s内进入该进路。

③ 列车在关闭状态的进路防护信号机前停车后，方可开放引导信号，具体操作如下。

a）司机应立即用无线电话向行车调度员（车站值班员）呼叫“××次在××信号机前停车”。

b）行车调度员（车站值班员）听到司机“××次在××信号机前停车”的呼叫后，立即通知车站开放引导信号，并确认引导信号开放好后，用无线电台应答司机“××信号机引导信号开放好”。

c）司机听取“××信号机引导信号开放好”的应答并复诵，确认引导信号开放好后，按规定速度立即动车。

5.2 非正常情况下的行车应急预案

应急预案是针对各种可能发生的事故或突发事件所需的应急行动而制定的指导性文件，是应急救援系统的重要组成部分。其目的是指导应急行动按计划有序进行，防止因行动组织不力或现场救援工作的混乱而延误事故应急救援，从而减少人员伤亡和财产损失。

5.2.1 应急预案的制定

应急预案的制定应该分层次、分级别。

突发事件按照性质、严重程度、影响范围和可控性等因素由高到低分为四个级别：特别严重（一级）、严重（二级）、较重（三级）和一般（四级）。轨道交通突发事件分级与响应表如表5-1所示。

表 5－1　轨道交通突发事件分级与响应表

分级	分级定义	预案举例	应急响应到场人员
一级（特别严重）	（1）造成列车延误预计超过 60 min 的突发事件； （2）发生人身伤亡的运营突发事件； （3）发生火灾，火势已无法控制（需公安消防部门处理）	《地下车站的火灾应急预案》 《地震应急预案》 《列车脱轨、颠覆应急预案》 《区间乘客步行疏散救援应急预案》	（1）集团公司主管领导（视情况到场指挥）； （2）集团公司分管运营领导； （3）集团公司分管安全领导； （4）安全保卫部主要负责人； （5）网络运管中心主任、副主任； （6）各运营公司经理、副经理； （7）物资部主要负责人； （8）办公室主要负责人； （9）各应急抢险救援队成员
二级（严重）	（1）造成列车延误预计超过 30 min 的突发事件； （2）车场等非运营场所发生火灾，火势已无法控制（需公安消防部门处理）	《路基下沉应急预案》 《车场火灾应急预案》 《接触网停电应急行车组织应急预案》	（1）集团公司分管运营领导（视情况到场指挥）； （2）集团公司分管安全领导（视情况到场指挥）； （3）安全保卫部分管运营安全负责人； （4）网络运管中心负责人； （5）相关运营公司经理、副经理； （6）物资部相关负责人（视情况到场指挥）； （7）办公室相关负责人（视情况到场指挥）； （8）各应急抢险救援队成员
三级（较重）	造成列车延误预计超过 10 min 的突发事件	《道岔故障应急处理预案》 《信号系统故障》 《发现物体侵限应急预案》 《车站照明完全熄灭》	（1）网络运行公司总控部与乘务部相关负责人、安质部部长； （2）与设备（事件）有关的运营公司相关部门负责人、安质部部长； （3）与设备（事件）有关的运营公司应急抢险救援队成员
四级（一般）	造成列车延误预计超过 5 min 的突发事件	《屏蔽门、安全门故障应急预案》 《车站突发大客流应急预案》 《双电源故障应急预案》	（1）与设备（事件）有关的运营公司车间级主要负责人； （2）网络运行公司总控部相关专业调度室负责人

5.2.2 应急预案的基本内容

各应急预案在制定时应具备以下内容。

① 运营单位应急处理领导小组的人员组成和职责，应急处理领导小组应负责抢险救援的组织、指挥、决策，并指挥各部门实施各自应急预案，尽快恢复轨道交通运营。

② 抢险信息的报告程序应遵循迅速、准确、客观和逐级报告的原则。

③ 现场处置过程中各部门的组织原则及相关职责。

④ 不同事故情况下的抢险救援策略和人员疏散方案。

⑤ 提供救援人员、通信、物资、医疗救护和生活保障。

5.2.3 应急预案的制度

应急预案在编制完成后，应注意让工作人员熟悉和演练。首先，应急预案必须及时发放给相关工作人员，包括：应急处置指挥人员、参与应急处置人员、可能与事故直接有关人员、可能会受到事故影响的人员。其次，应急预案必须通过模拟演练与培训来强化。通常应急预案中规定的救援办法都需要多单位、多部门的人员进行相关配合使用，因此应急预案在编制完后一定要按照应急预案里提及的人员进行配合模拟演练。

为确保应急预案的实施，应确立以下制度。

① 建立安全规章制度，让安全生产有章可循。完善的安全规章制度是抓好运营安全工作的保障。规章制度是管理工作的基础，建立科学的、完善的、全面的安全生产管理制度，使安全生产有章可循。

② 建立三级安全网络，落实安全生产责任制。坚持“安全第一，预防为主”的工作方针，全面贯彻《安全生产法》，强化制度化、规范化、科学化的安全管理。坚持管生产必须管安全、安全生产各级主要负责人亲自抓的原则，有效发挥“纵管到底、横管到边、专管成线、群管成网”的安全管理网络作用，形成安全工作一级抓一级、一级保一级、一级监督一级的网络化安全监督管理体系。将安全生产目标纳入考核内容，明确各层级的安全职责和安全生产目标，有效落实安全生产责任。

③ 建立安全检查制度，预防运营事故发生。加强监督检查机制是抓好运营安全工作的关键。安全检查是对安全工作实施有效管理的一项重要内容。建立班组每周一查，中心每旬一查，专业管理系统每月一查，公司每季一查的制度，采取定期检查与不定期抽查相结合的方式，严抓隐患整改，按照“五个落实”，即任务落实、人员落实、经费落实、质量落实、时间落实，按期完成整改。在做好安全检查工作的同时，逐步建立安全隐患管理机制，将安全检查和隐患管理统一起来，并落实到工作制度中，形成健全的检查网络，实施有效监控。

④ 建立安全培训制度，营造安全文化氛围。提高员工安全意识和技能是抓好运营安全工作的基础。认真开展安全生产知识培训教育工作，组织各单位负责人和安全生产管理人员参加《安全生产法》培训，取得安全生产资格证。在车站、列车等宣传阵地，

向市民派发安全实用手册，不断提高员工和市民的安全意识。通过广泛开展各类安全生产知识培训教育活动，有效地提高干部职工的安全文化素质。

⑤ 建立应急救援体系，增强应急处置能力。根据国内外城市轨道交通运营救援抢险的经验和突发事件的特点，建立、健全应急预案体系，针对轨道交通运营线路发生火灾、列车脱轨、列车冲突、大面积停电、爆炸、自然灾害及设备故障、客流冲击、恐怖袭击等原因造成影响运营的非正常情况制定相应的应急预案，在国家和地方发生紧急事件、疫病传播情况时，制定相应的应急预案。另外，还要针对部分预案经政府组织相关部门、专家进行评审。

组织员工对各种预案进行学习，按计划进行演练，演练的方式包括培训式、桌面式、突发式，在演练的过程中，每个安全点都安排评估人员把关，使演练活动有序、安全地进行。定期的实战演练可以及时暴露预案的缺陷，发现救援设备是否足够，发现运营设备是否完好，发现员工是否熟悉掌握各种规章，改善各部门间的协调作战能力，增强员工的熟练程度和信心，提高员工的安全意识。通过演练检验规章、设备和预案，提高员工的业务技能，增强员工对事故事件的应急处理能力。

⑥ 建立事故处理机制，落实责任追究制度。建立、健全事故处理机制，按照“四不放过”原则和“安全奖惩办法”，定因、定性、定责，严格惩处，通过教育和处罚使员工吸取教训，提高认识，增强岗位意识、责任意识和纪律意识。将“降低故障率、事件率”作为一项长效工作机制专题研究，开展城市轨道交通事故案例研究，学习先进的运营安全管理制度，博采众长，取长补短，用“投石头原理”防员工思想麻痹，不断“在平静的水面上荡起水花”，让每个员工认识到任何时候都不要把安全生产形势估计得过好，要始终保持一种危机感和忧患感。同时，转变观念，对发生的事故由此及彼，由表及里，透过现象看本质，从领导层、管理层上剖析深层次原因，研究制定有针对性的措施，解决安全工作中的问题，变被动管理为主动管理，变事后惩处为事前预防，不断提高事故分析处理能力。

⑦ 建立警轨联动机制，共保城市轨道交通一方平安。目前，国内城市轨道交通都建立了相应的公安部门，城市轨道交通运营单位要加强与城市轨道交通公安部门的合作，充分依靠公安力量，保障城市轨道交通的平安秩序。建立《警轨联动工作实施办法》，明确联动例会制度、工作联系机制及联动应急机制。通过双方精诚合作，共保城市轨道交通平安。

5.2.4 典型行车事故应急预案处理

1. 设备故障应急预案

1）列车制动不缓解事故应急预案

（1）关键指引

① 操作停放制动开关。

② 重新激活司机控制器。

③ 检查相应空开。

④ 强制缓解停放制动。

（2）处理程序

列车制动不缓解事故处理程序如表 5－2 所示。

表 5－2　列车制动不缓解事故处理程序

	负责人员及行动	
发现与报告	列车司机	在检车库内或正线车站，司机发现全列车或单节停放制动不缓解，及时报告行车调度员或车场调度员
	行车调度员	按规定的报告程序进行汇报
	线路值班主任	马上报告总调度长； 通报邻线线路值班主任
	总调度长	启动应急预案； 执行报告制度，指挥监督预案实施
	资讯助理	按《运营突发事件报告流程》规定进行报告； 及时报告安全保卫部
应急处理	总调度长	根据公司应急救援指挥部负责人的指示发布命令； 及时了解现场情况，随时向上级领导汇报
	线路值班主任	协调各单位进行救援工作； 根据实际情况制定列车运行调整方案
	资讯助理	根据情况发布相应的 PIS 和微博信息
	行车调度员	立刻报告线路值班主任，通知相关部门； 立刻扣停后续列车，已进入区间的后续列车立刻令其停车； 确认故障能否处理，能处理时立刻命令司机处理故障； 司机回复经处理能够运行至前方站或者能安全运行至终点站时，应报告线路值班主任和总调度长，经同意后，令司机加强监控运行至前方站或者终点站掉线，组织备用车顶替运行； 司机回复经处理不能继续运行时，列车在车站时立刻清客，在区间时通知环控调度员开启区间送风模式； 根据司机确定区间救援的要求发布封锁区间和开行救援列车的调度命令； 组织后续列车救援； 通告全线运营受阻，在有条件的区段组织小交路运行； 恢复后通知全线并调整列车运行次序
	列车司机	司机先检查列车是否激活主控，检查主风压力是否小于 450 kPa，若正常重新施加缓解一次； 如果是整列车无法缓解，司机检查“制动控制”“司机室控制”开关是否跳闸，若跳闸则复位，若未跳闸则申请换端缓解，若无效申请救援； 如果是单节车无法缓解，司机到相应车复位“制动控制 1、制动控制 2”空开，若无效，司机施加停放制动、降弓、切除该节车 BC 阀，到车下手动强缓后上车升弓，缓解其余车停放制动，维持列车进站清客掉线，如果列车在车站时则在当前站清客掉线

2）屏蔽门故障应急预案

（1）关键指引

开关屏闭门操作优先级别排序（由低至高）为：信号专业自动控制—列车司机操作 PSL 盘—IBP 盘操作—单个门就地“手动模式”按钮操作—手动解锁操作。

（2）处理程序

屏蔽门故障处理程序如表 5－3 所示。

表 5－3　屏蔽门故障处理程序

	负责人员及行动	
发现与报告	列车司机	报告行车调度员
	行车调度员	接报后，向客运公司机电部生产调度室报修设备故障，同时通知车站值班员做应急处理
	客运公司机电部生产调度室	接报后，通知维修班组人员前往故障现场； 通知专业技术人员前往现场支援； 向部门领导汇报故障情况
应急处理	车站人员	屏蔽门故障致使列车无法正常停车对位时，车站值班员向行车调度员请示是否使用 IBP 盘“互锁解除”功能； 当列车部分车门与屏蔽门对位时，车站人员用专用钥匙开启屏蔽门的滑动门供乘客上下，同时做好乘客安抚工作，并及时报告行车调度员； 当列车部分车门与屏蔽门未对位时，车站人员用专用钥匙开启屏蔽门的应急门供乘客上下，同时做好乘客安抚工作，并及时报告行车调度员； 做好广播安抚乘客工作； 做好安全措施防范和乘客的疏导工作
	列车司机	列车到站由于特殊原因未能使车门与屏蔽门准确对位时，配合车站人员开启屏蔽门的应急门供乘客上下，并及时报告行车调度员； 屏蔽门故障致使列车无法正常停位时，向行车调度员指示是否切除信号联锁
	客运公司机电部维修人员	根据现场情况立即制定应急处理方案和抢修方案； 对损坏设备进行修理和更换； 负责清理现场
处理完毕	列车司机	协助故障调查
	客运公司机电部维修人员	对抢修后的设备进行分析总结； 恢复设备运行； 负责清理现场
	车站人员	配合客运公司机电部维修人员清理现场

3）列车脱轨、颠覆事故应急预案

（1）关键指引

① 处理正线列车脱轨、颠覆事故的重要原则是及时疏散列车上的乘客。

② 及时扣停后续列车，封锁发生事故的区间，避免事故扩大。

③ 正线及车场内发生列车脱轨、颠覆事故后，须立即报告集团公司主管领导、分管运营领导及各运营公司领导。

④ 迅速起复脱轨、颠覆车辆，恢复线路正常运营，尽可能减少事故对运营的影响。

(2) 处理程序

列车脱轨、颠覆事故处理程序如表5-4所示。

表5-4 列车脱轨、颠覆事故处理程序

	负责人员及行动	
发现与报告	列车司机	发生列车脱轨、颠覆事故后，立即紧急停车，报告行车调度员，请求救援； 广播安抚乘客，组织乘客自救、互救； 停车后检查确认列车脱轨、颠覆状况，将情况如实报告行车调度员或车场调度员； 向应急处理负责人报告事故现场情况
	车站值班员	发现列车发生脱轨、颠覆事故后，立即报告行车调度员； 报告值班站长，通知各岗位做好步行疏散救援准备工作
	行车调度员	了解列车次、车组号，列车脱轨、颠覆事故概况； 报告线路值班主任、环控调度员等，并通知资讯助理，通知相关专业部生产调度室
	线路值班主任	马上报告总调度长； 通报邻线线路值班主任
	总调度长	启动应急预案； 执行报告制度，指挥监督预案实施
	资讯助理	按《运营突发事件报告流程》规定进行报告； 及时报告公安轨道支队、119火警中心、120急救中心
事故处理、列车运行调整	总调度长	根据公司应急救援指挥部负责人的指示发布命令； 及时了解现场情况，随时向上级领导汇报
	线路值班主任	协调各单位进行救援工作； 根据实际情况制定列车运行调整方案
	资讯助理	根据情况发布相应的PIS和微博信息
	行车调度员	扣停后续列车，对已进入事故区间的列车，命令其退回后方车站； 封锁发生事故的区间，若事故影响邻线列车运行，则一并封锁； 命令电力调度员对发生事故区段的接触网紧急停电； 按《区间乘客步行疏散预案》疏散乘客； 及时发布开行救援列车的命令； 安排救援列车（内燃机车）将发生脱轨、颠覆事故的列车，牵引（或推进）运行到就近车站存车线或车辆段，安排备用车出段顶替； 在具备运行条件的区段，组织列车小交路运行，调整列车运行秩序； 配合现场事故处理，做好脱轨、颠覆列车的救援起复工作； 起复后，确认接地线拆除和线路出清后，通知电力调度员送电
	电力调度员	按行车调度员命令紧急停电

续表

	负责人员及行动	
事故处理、列车运行调整	环控调度员	根据事故现场情况，开启相应的通风模式； 检查、监视通风情况
	值班站长	担任应急处理临时负责人，按《区间乘客步行疏散预案》疏散乘客，抢救事故列车上的受伤乘客； 应急处理领导小组到场后，向其汇报有关情况，协助其工作
	车站值班员	立即按压 AFC 紧急按钮，打开全部进、出站闸机，立即封站； 通知车站人员、保安，按预案规定到各自岗位维持秩序、疏散乘客； 通过 CCTV 观察站台情况，保持与行车调度员的联系，随时报告处理进度
	列车司机	待车站救援人员到达后，疏散乘客； 配合事故救援队起复脱轨、颠覆列车
	工建、机电、通号人员	检查线路、道岔、供电、机电和通讯、信号设施设备，及时抢修受损设施设备
	应急处理领导小组	接到报告后，立即赶赴现场确定起复救援方案； 负责指挥各单位进行救援抢险工作； 事故救援完毕，确定具备送电和行车条件后，向总调度长下达送电和恢复正常运营命令

2. 突发事件应急预案

以地下车站的火灾应急预案为例。

（1）关键指引

① 处理地下车站火灾事件的原则是及时疏散乘客，扑灭初期火灾。

② 及时报告公安轨道支队、119 火警中心、120 急救中心等。

③ 环控调度员执行相应的环控火灾工况控制模式。

④ 行车调度员及时拦停有关列车，根据实际情况调整列车运行。

（2）处理程序

地下车站火灾事件处理程序如表 5 – 5 所示。

表 5 – 5　地下车站火灾事件处理程序

	负责人员及行动	
发现与报告	车站人员（含安检、保安、保洁等）	发现站厅、站台及通道发生火情时，立即向车站值班员报告，并进行先期处置
	列车司机	发现车站站台发生火情，立即报告行车调度员
	车站值班员	立即派人到现场确认火灾地点、着火情况和伤亡等情况，向值班站长报告； 通过 FAS 系统发现车站发生火灾时，立即派人到现场确认，确认后立即报告环控调度员和行车调度员； 及时报告安全保卫部、公安轨道支队、119 火警中心、120 急救中心； 向涉及的接口单位通报火灾信息

续表

	负责人员及行动	
发现与报告	行车调度员	接到车站值班员关于车站发生火灾事件的报告后，立即报告线路值班主任、环控调度员，并通知相关专业部生产调度室
	环控调度员	通过综合监控系统发现地下车站发生火灾时，立即命令车站值班员派人到现场确认； 立即向环控工程师、线路值班主任报告车站发生火灾； 通知客运公司机电部生产调度室
	环控工程师	立即向室主任报告地下车站火灾情况； 负责提供技术支持，协助环控调度员处置
	线路值班主任	接到报告后，立即向总调度长报告； 通报邻线线路值班主任
	总调度长	立即启动地下车站火灾应急预案； 执行报告制度，指挥监督预案实施
	资讯助理	按《运营突发事件报告流程》规定进行报告
灭火疏散、列车运行调整	总调度长	根据公司应急救援指挥部负责人的指示发布命令； 及时了解现场情况，随时向上级领导汇报
	线路值班主任	协调各单位进行救援工作； 根据实际情况制定列车运行调整方案
	资讯助理	根据情况发布相应的PIS和微博信息
	行车调度员	命令在站的上下行列车立即开车； 拦停开往本站的上下行列车，来不及拦停时，应命令列车立即停车并退回后方站，若后方站有车占用时，命令列车不停车通过本站； 扣停后续列车； 向全线发布运营受阻信息，在具备运行条件的区段，组织列车小交路运行，调整列车运行秩序
	环控调度员	环控工程师审核处置方案，经总调度长批准同意后，由环控调度员开启相应的火灾工况控制模式； 若中央级控制无法操作时，及时下放站控； 若气体灭火保护房着火，通知车站人员确认房间无人并关好门窗，启动气体灭火系统进行灭火，喷气完毕10 min后，环控调度员先开启排气模式，再通知车站人员到现场确认灭火情况； 确认火灾工况控制模式正确运行，随时与事故车站保持联系，及时掌握现场情况； 检查、监视通风情况，并随时报告环控工程师和线路值班主任
	值班站长	启动应急预案，自动担当现场处理负责人； 负责组织封站、疏散乘客、扑灭初期火灾； 协助医务人员抢救伤员，组织乘客自救、互救

续表

<table>
<tr><td colspan="3">负责人员及行动</td></tr>
<tr><td rowspan="6">灭火疏散、列车调整</td><td>车站值班员</td><td>收到值班站长封站的命令后，立即报告行车调度员；
立即按压 AFC 紧急按钮，打开全部进、出站闸机；
立即对车站所有区域（公共区、设备区等）进行广播，通知人员疏散；
如果中央级无法操作，环控调度员下放站控后，由车站值班员在车站级操作，操作失败后在 IBP 盘上操作；
若联动切除非消防电源失败，得到环控调度员命令后在 FAS 主机上手动操作切除非消防电源；
通过 CCTV 观察车站情况，保持与行车调度员和环控调度员联系，随时报告处理进度</td></tr>
<tr><td>列车司机</td><td>按行车调度员命令退回后方站；
如进站时发现车站站台发生火灾，按调度命令不停车通过发生火灾的车站；
在站的上下行列车立即动车开往前方站；
广播安抚乘客；
线上所有列车司机接行车调度员命令后，广播向乘客进行通报，引导前往该站的乘客换乘其他交通工具</td></tr>
<tr><td>车站人员（含安检、保安、保洁等）</td><td>启动应急预案，立即封站，到进站口阻止乘客进站，引导公安、消防、医务人员进站；
做好防护后，负责维持车站疏散秩序，做好解释工作；
锁闭钱箱、票亭，保护票款安全；
随时向值班站长报告各自区域情况；
协助医务人员抢救伤员，组织乘客自救、互救</td></tr>
<tr><td>中心站站长</td><td>指导值班站长现场处置；
立即赶赴现场；
调集中心站范围内的人员及物资进行支援</td></tr>
<tr><td>应急处理领导小组</td><td>应急处理领导小组到车站后，接替值班站长或中心站站长担当应急处理负责人；
指挥各单位员工配合医务人员抢救伤员；
根据公安轨道支队可以恢复运营的通知，通知总调度长恢复运营</td></tr>
</table>

3. 人为事故应急预案（行车调度员调整列车运行方式的应急预案）

以载客列车反方向运行应急预案为例。

（1）关键指引

① 启用此方案前，应征得网络运行公司总控部部长及以上领导同意后实施。

② 通知双线变单线的各车站应加强乘客广播及站台乘客的组织工作，避免乘客上错列车。

③ 使用此方案可减少停运区段，但线路通过能力大大降低，因此，要及时合理地调整运行交路，避免列车在单线区段拥堵。

④ 列车反方向运行时，只允许 CTC 模式下的一列列车进入反方向运行区间，并及时在反方向区段上行、下行两端扣停其余列车。

⑤ 行车调度员应加强 ATS 监控，反方向运行列车的进路由行车调度员人工遥控办理。如人工不能办理时，由车站值班员根据行车调度员命令办理。

(2) 处理程序

载客列车反方向运行处理程序见表 5 - 6。

表 5 - 6　载客列车反方向运行处理程序

	负责人员及行动	
发现与报告	列车司机	发现线路、设备等不具备行车条件后，立即停车； 报告行车调度员故障地点的准确位置
	车站人员	发现车站区域内不具备行车条件后，立即按压紧急停车按钮； 报告行车调度员； 通知本站员工做好应急处置工作
	电力调度员	发现接触网失电后立即通知行车调度员
	行车调度员	接到报告后，马上报告线路值班主任； 扣停相关列车； 调整列车运行交路
	线路值班主任	接到报告后，立即向总调度长报告； 通报邻线线路值班主任
	总调度长	启动应急预案； 执行报告制度，指挥监督预案实施
	资讯助理	按《运营突发事件报告流程》规定进行报告； 根据影响情况发布相应的 PIS 和微博信息
处理过程	总调度长	根据公司应急救援指挥部负责人的通知宣布应急处理完毕，及时恢复正常行车
	线路值班主任	立即报告总调度长； 通报邻线线路值班主任
	行车调度员	查明故障现象，通知相关单位处理； 选择合理的反方向运行区域，扣停正向运行列车； 信号系统正常时，反方向载客列车的进路由行车调度员通过 ATS 系统排列，开通整个反方向运行区段。以反方向运行区域的起始站为一个闭塞区间； 及时告知车站及列车司机列车运行交路； 正反方向运行的列车在共用区段交替发车
	电力调度员	通知相关部门对失电区域接触网进行抢修
	列车司机	根据行车调度员命令和信号显示行车
	车站人员	利用车站广播，发布列车运行信息； 根据行车调度员的通知，了解列车运行方向，合理组织客运工作

实训5.1 非正常情况下行车组织案例分析

实训5.1.1 实训目的

1. 具备行车事故案例分析能力；
2. 掌握非正常情况下各个行车岗位的操作标准；
3. 掌握非正常情况下的行车组织。

实训5.1.2 实训内容

结合某城市轨道交通行车事故案例，完成以下任务。

1. 总结案例中的事故概要；
2. 分析事故中各岗位参与人员的操作标准；
3. 分析事故中各项操作的执行标准；
4. 模拟演练事故处理经过。

案例：非正常情况下接发列车车站示意图见图5－4。

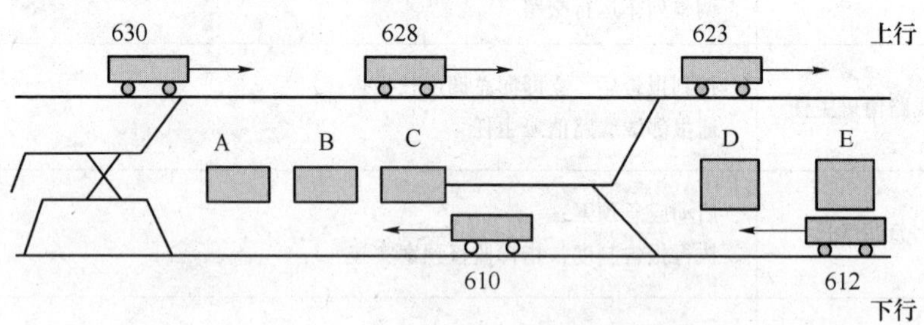

图5－4 非正常情况下接发列车车站示意图

事故分析报告如下。

18:59，623次列车司机报：在D车站上行站台MP2车（驾驶端TC1端）保持制动不缓解，行车调度员（以下简称行调）令司机按规定处理，并报设备维修调度员、信号楼值班员。

19:02，行调询问623次列车司机处理情况，司机申请RM模式动车，行调同意。

19:04，623次列车司机报：623次列车降为RM模式后，MP2车仍保持制动不缓解，无法动车。

19:04，行调通知全线车站运营受阻信息。

19:05，行调令623次列车司机在D车站上行站台清客，司机回复：车门未对好，需退行清客。行调确认安全后，令其切除ATP退回站台清客，并通知D车站协助清客。

19:07，623次列车司机报：D车站上行站台清客完毕。行调令其继续处理故障。

19:08，行调询问司机处理情况，司机回复正在处理仍无法动车，行调令其换端后再继续处理。

19:15，623次列车司机报：623次列车经处理后现在可以动车但需要限速，行调令

其待令。

19:16，行调令D车站（站控状态）排列D车站至E车站上行进路。

19:17，行调令623次列车司机凭信号按规定速度运行至E车站上行站台停车待令。

19:20，623次列车司机报：623次列车已在E车站上行站台停稳。

19:27，后续列车628次列车在D车站上行站台停稳，（准备变更交路）D车站报：D车站上行站台至D车站折返线进路（X1004至X1010信号机）无法排列，行调报设备维修调度员。

19:28，行调令A车站上行630次列车清客，组织其折返至A车站下行站台投入载客。

19:29，经请示领导，行调令D车站将P1002、P1004道岔单操并单锁，排列D车站上行站台至D车站折返线进路（X1004至X1010信号机）。

19:30，D车站回复：D车站上行站台至D车站折返线P1002、P1004道岔已单操并单锁。

19:31，行调令628次列车司机以RM模式运行至（D车站折返线）X1010信号机前恢复正常模式运行。

该故障造成以下问题：

① A车站以远至D车站上行方向下线2列次，下行方向下线3列次；

② A车站至D车站上行方向最大间隔为42 min；

③ D车站至以远上行方向间隔为21 min。

6　施工作业管理

【模块概述】

城市轨道交通施工作业管理是城市轨道交通保证安全运营的重要工作，是维持城市轨道交通系统平安运营的基础，通过合理的施工计划安排，保证设备设施按计划维修，人员按计划培训等，从而保证行车安全，提高运输效率。本模块从施工作业概述、施工计划、施工组织及施工安全管理四个方面进行阐述。

【知识目标】

1. 掌握城市轨道交通施工计划的分类；
2. 掌握城市轨道交通施工组织的相关内容；
3. 熟悉工程车开行的相关规定；
4. 熟悉城市轨道交通施工安全管理的相关内容。

【能力目标】

1. 能够熟练地编制各类施工计划；
2. 能够熟练地组织各类施工作业；
3. 能够意识到施工安全管理的重要性。

【情景导入】

运营结束后，AC7 - 01、AC7 - 03、AC7 - 04、AD7 - 05、AD7 - 07 施工负责人陆续到 A 站车站控制室办理施工请点手续。

23:44，AC7 - 03 和 AC7 - 04 施工负责人到达 A 站车站控制室与车站值班员办理施工请点手续（AC7 - 03 和 AC7 - 04 两项作业均需接触网工班配合停电、挂接地线后，方可进行施工作业）。

00:33，车站值班员与 AC7 - 01、AD7 - 05、AD7 - 07 施工负责人共同确认上述作业已获行车调度员批准。

00:34，AC7 - 03 和 AC7 - 04 施工负责人在车站控制室门外询问车站值班员施工是否已批点，车站值班员回答已经批点，但未与施工负责人共同确认行车调度员是否批点。

01:00，AC7－03 施工负责人与两名施工人员进入已停电但未挂接地线的作业区域进行施工。

01:40，行车调度员来电询问 AC7－03 施工负责人去向，车站值班员回复施工作业人员已进入轨行区。经行车调度员提醒后，车站值班员再次查看施工作业令，发现此项施工作业未经行车调度员批准。后经行车调度员同意，值班站长带一名工作人员进入轨行区寻找该项施工作业人员。

01:41，车站值班员报告值班站长，并通知相邻站派人在站台寻找此项施工作业人员。同时行车值班员反复致电施工负责人未果。

02:00，邻站电话通知 AC7－03 施工作业人员已经停止施工，并出清线路。车站值班员将情况报告行车调度员。

02:06，值班站长及陪同的工作人员出清线路，返回站台。

【知识准备】

行车设备维修施工组织与运营期间的列车运行组织一样，都是很重要的工作，各运营单位都必须有一个专门的部门来负责组织管理，负责维修施工计划的申报、审批、发布、变更等程序，对施工的组织、安全管理等提出严格的要求。

6.1 施工作业概述

1. 施工管理概述

施工，广泛的意义是指按照一定的设计要求完成某项工程。

城市轨道交通技术设备较多，有线路设备及桥隧涵设施、供电设备、信号设备、通信设备、机电设备、车辆及检修设备、自动售检票（AFC）系统、车站设施、建筑设施、人防设施、综合监控系统（ISCS）、乘客信息系统（PIS）、广告灯箱设备等。运营单位由相应专业人员构成，这些多种专业的设备和相应专业的人员共同组成了城市轨道交通这个庞大的系统。为了让这个系统安全、稳定、可靠地运作，必须做好设备设施的定期检修维护，设备的故障处理，车辆和设备的系统调试、维修，以及维修人员和行车人员利用设备进行的培训和演练等。为了实现统一管理，轨道交通行业将设备设施的定期检修维护，设备的故障处理，车辆和设备的系统调试、维修，以及维修人员和行车人员利用设备进行的培训和演练等，统称为施工管理。

2. 城市轨道交通施工作业原则

① 城市轨道交通的施工作业原则上安排在运营结束后的非运营时间内进行，并在运营开始前预留一段时间进行运营前的检查和准备。

② 在运营时间内，遇行车设备故障影响列车运行时，须组织抢修施工作业，并应按“先通后复”的原则对故障设备进行临时处理。运营结束后，再对该行车设备进行全面修复。

③ 城市轨道交通的施工作业，具有时间短、要求高、作业区段相对集中且大部分为夜间施工等特点，必须合理、有效地组织施工时间和作业区段，要求施工单位密切配合，

最大限度地利用较短的施工时间，较好地完成施工任务，确保设备安全、可靠运行。

3. 施工作业时车站人员职责

① 负责查验施工作业人员和施工负责人的相关证件。

② 负责办理施工作业请点和销点手续。

③ 负责在站台端墙处线路设置和撤销区间作业的施工防护。

④ 负责监督施工负责人和配合人员清点进出作业区域的施工作业人员。

⑤ 负责监督车站施工作业安全。

⑥ 负责与施工负责人、配合人员确认施工区域线路出清。

4. 施工作业流程

施工作业分为计划和实施两个阶段。计划阶段包括计划编制、计划申报、部门审批、公司审批。实施阶段包括预请点、审批、作业、销点、核销点。施工作业流程如图 6－1 所示。

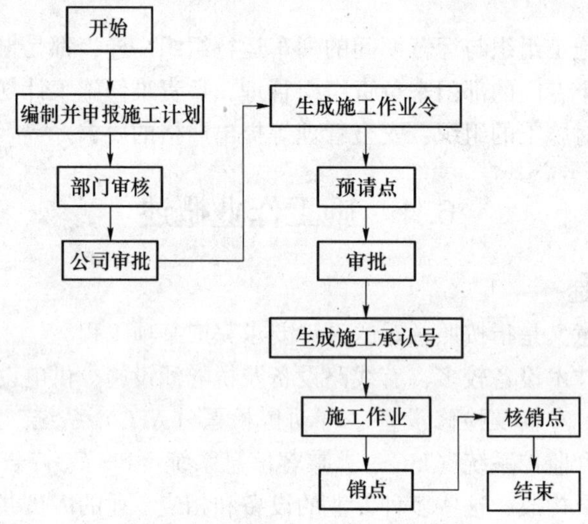

图 6－1　施工作业流程

6.2　施工计划

6.2.1　施工计划概述

1. 施工计划的概念

施工计划，是指将电客车的调试，设备设施的维修、检查、调试，人员利用设备设施的培训、演练等通过统一管理，科学安排后所形成的方案。施工计划内容应该包含：作业日期、作业部门、作业时间、作业内容、作业区域、供电安排、申报人、防护措施、备注（需要特别注意的事项）等。

2. 施工计划的作用和意义

一是有了计划，工作就有了明确的目标和具体的步骤，就可以协调参与人员的行

动，增强工作的主动性，减少盲目性，使工作有条不紊地进行。二是计划可以作为对工作进度和质量的考核标准，对执行者有较强的约束和督促作用。所以，计划既有指导作用，又有推动作用。

城市轨道交通设备种类繁多，涉及专业较多，设备与设备之间相互作用，人与设备之间相互依赖，施工的有效作业时间较短，并只能在晚上作业，因此必须合理、科学地安排施工计划，保证运营安全、准点、快捷。

6.2.2 施工计划分类

为了便于施工计划管理，通常将施工计划按施工作业地点、性质和时间进行分类。

1. 按施工作业地点和性质分类

① 在正线、辅助线施工或影响正线、辅助线行车的施工计划。

② 车辆段的施工或影响车辆段行车的施工计划。

③ 车站、主变电所、控制中心范围内影响客运和服务的施工计划。

国内各城市轨道交通公司根据公司管理模式在以上分类的基础上又进行了细分，如某公司施工计划按施工作业地点和性质分为以下4类。

① 影响正线、辅助线行车的施工为A类，其中开行工程车、电客车的施工为A1类，不开行工程车、电客车的施工为A2类，车站、主变电所、控制中心范围内影响行车设备设施的施工为A3类。

② 车辆段的施工为B类，其中开行电客车、工程车的施工（不含车辆部电客车、工程车的检修作业）为B1类，不开行电客车、工程车但在车辆段线路限界，影响接触网供电，在车辆段线路限界外3 m内搭建相关设施，以及影响车辆段行车的施工为B2类，车辆段内除B1、B2类以外其他影响行车设备设施的施工为B3类。B3类施工主要包括供电、通信、信号、机电等与行车设备有关的检修作业，或其他影响行车设备的作业。

③ 车站、主变电所、控制中心范围内不影响行车的施工为C类，其中大面积影响客运、消防设备正常使用，需动用220 V以上电力及需动火的作业（含外单位进入主变电所、通信设备房、信号设备房、环控电控室、照明配电室、蓄电池室、水泵房、其他气体灭火保护房内作业）为C1类，其他局部影响客运，但经采取措施影响不大且动用简单设备设施（如动用220 V及以下的电力、钻孔等，不违反安全规定）的施工为C2类。

④ 其他施工。按部门职责明确施工管理，在车辆段内进行绿化、道路整改、围墙护栏施工时，综合部负责管理，设施部负责房建及附属设备；检修线、洗车线等库内车辆工艺设备检修由车辆部负责。以上施工作业时不需要申报施工计划和进行施工登记，由设备专业归属部门进行管理，属地部门积极配合。

2. 按时间分类

1）第一种分类

施工计划可分为：月计划、周计划、日补充计划和临时补修计划。

① 月计划：是指以一月为周期编制的计划，属于设备设施正常修程内和开车调试

的作业应纳入月计划。月计划应结合城市轨道交通运营单位月度设备设施检修计划编制。

② 周计划：是指以一周为周期编制的计划，因设备设施检修需要，对在月计划里未列入的进行补充或月计划中需调整变更的计划，称为周计划。

③ 日补充计划：是指提前一天申报的计划，对在月计划和周计划未列入的进行补充或月计划、周计划中需调整变更的计划，称为日补充计划。

④ 临时补修计划：运营时间内因设备临时故障，对设备进行抢修后，须在当天停运后继续进行设备维修作业的计划，称为临时补修计划。

该分类的优点：一是以月计划为大的周期，将较大的作业和设备正常修程内的作业纳入月计划集中管理，减少了日常时间内计划的频繁申报；二是行车人员和与计划有关的其他人员通过月计划有足够的时间进行安全预想。缺点：月计划申报周期比较长，并且月计划占用了轨行区的资源，临时有重要作业时安排困难，且计划兑现率低。

本分类适用于城市轨道交通运营稳定、计划执行性较强的单位。

2）第二种分类

根据时间，施工计划可分为：周计划、日补充计划、临时补修计划。

① 周计划：以周一至周日为周期编制的计划。

② 日补充计划：对未列入周计划的作业进行补充或周计划中需调整变更的计划。

③ 临时补修计划：运营时间内对设备进行临时抢修后，须在当天运营结束后继续对设备进行维修作业的计划。

该分类的优点：计划安排周期较短，相对可安排各项重大作业，计划兑现率高。缺点：计划周期短，工作量大，且会造成行车人员和客运人员预想不足。

本分类适用于城市轨道交通运营单位运营接管初期或设备运行欠稳定期，且计划变化较大的情况。

根据国内各城市轨道交通运营单位的经验，城市轨道交通运营单位接管初期因设备设施安装、调试、整改等变化较大，一般按周计划、日补充计划和临时补修计划执行。城市轨道交通运营稳定后采用月计划、周计划、日补充计划和临时补修计划较好。

6.2.3 施工计划的编制、申报和审批

1. 施工计划的编制原则

① 周计划的安排应在确保安全的前提下考虑均衡性，避免集中作业。

② 处理好列车的开行时间和密度、施工封锁等几方面的关系，避免和克服抢时、争点现象。

③ 施工作业管理系统计划内的各项作业应注明施工日期、作业起止时间、作业内容、作业区域、负责人、安全事项、是否停电及其他应说明的问题。

④ 确保计划的严肃性，规定日补充计划不能超过周计划数的一定比例。施工计划一般需要各工种的相互配合和协调，合理安排，不得随意变更。

2. 施工计划的申报

周计划由申报部门填写申请单，由归口单位收集并协调后，交到施工管理工程师

处，并在施工协调会上统一批复。日补充计划，由于特殊原因，施工单位需要在《车务通告》截稿后向施工管理工程师申请施工，采用日补充计划形式（例如申请时日不够，须延日完工的施工作业等）。临时补修计划，适用于紧急抢修情况，不受周计划及日补充计划限制，此计划将予以优先处理。临时补修计划分为运营期间的补修计划和非运营期间的补修计划。运营期间的补修计划由 OCC 行车调度员或车场调度员根据抢修需要直接在施工作业管理系统中增加作业（增加作业即为批准作业并可开始施工，OCC 行车调度员或车场调度员在增加作业时必须确认作业区域出清或将列车扣停在相应区间并下达不准动的命令）。非运营期间的补修计划由各部门的车间工程师提报并录入施工作业管理系统，提交后电话通知 OCC 行车调度员或车场调度员审批（属正线抢修的报 OCC 行车调度员；属车场范围内抢修的报车场调度员；在车场范围内但影响列车出入车场的抢修需报 OCC 行车调度员确认）。一般情况下施工计划以周计划形式进行审批，如有充分理由可申请日补充计划，如属于紧急抢修情况可申请临时补修计划。施工单位申请施工时需填写施工计划申请表，如表 6－1 所示。

表 6－1　月/周施工计划申请表

作业日期	作业部门	作业时间	作业内容	作业区域	供电安排	申报人	防护措施	备注

3. 施工计划的审批

施工需求部门主要有运营单位内的各系统设备维修部门和委外承包商。在规定时间段内，施工需求部门按要求提报周计划，并将其交到施工管理部门。施工管理部门及时对各部门提交的施工计划进行审核、调整，并召开施工协调会，对互相冲突的作业进行调整，修改完毕予以发布。

日补充计划于开始前一天由各施工需求部门申报，施工管理部门对照周计划进行审批，避免施工冲突。在车站进行的不进入行车区域也不影响行车的施工项目，其日补充计划可由施工单位直接到车站控制室办理，由车站值班员增加登记后即可予以审批。

运营期间的抢修计划由 OCC 行车调度员或车场调度员根据抢修需要，下达调度命令，准许抢修人员进入抢修区域抢修。非运营期间的抢修计划由各施工需求部门提报，控制中心行车调度员或车场调度员审批后，及时进行优先安排。

6.3 施工组织

6.3.1 进场施工管理规定

为了方便管理，规定进入城市轨道交通运营单位管辖范围内的施工必须持有施工凭证。施工作业令是经审批的施工计划得以实施的凭证（见表6－2）。施工凭证需与施工计划一一对应，即一条施工计划一个施工凭证，施工凭证应包含与下发施工计划一致的内容。同时也应考虑施工凭证包含有关安全提示和方便操作的指导办法，且具备较强的可执行性。

表6－2　施工作业令

<table>
<tr><td>作业代码</td><td colspan="5"></td><td colspan="2">作业令号</td><td></td></tr>
<tr><td>作业单位</td><td colspan="5"></td><td colspan="2">申报人</td><td></td></tr>
<tr><td>作业题目</td><td colspan="5"></td><td colspan="2">联系电话</td><td></td></tr>
<tr><td>作业地点</td><td colspan="5"></td><td colspan="2">作业人数</td><td></td></tr>
<tr><td>作业日期</td><td colspan="5"></td><td colspan="2">作业时间</td><td></td></tr>
<tr><td>主要作业内容</td><td colspan="8"></td></tr>
<tr><td>封锁区间</td><td colspan="8"></td></tr>
<tr><td>停电区间</td><td colspan="8"></td></tr>
<tr><td>协作及其他</td><td colspan="8"></td></tr>
<tr><td>计划类型</td><td colspan="8"></td></tr>
<tr><td>发令人</td><td colspan="8"></td></tr>
<tr><td>主站</td><td colspan="5"></td><td colspan="2">负责人</td><td></td></tr>
<tr><td>辅站及责任人</td><td colspan="8"></td></tr>
<tr><td>完成情况</td><td colspan="8"></td></tr>
<tr><td rowspan="2">请点</td><td>时间</td><td></td><td rowspan="2">销点</td><td>时间</td><td></td><td rowspan="2">销令</td><td>时间</td><td></td></tr>
<tr><td>批准人</td><td></td><td>批准人</td><td></td><td>批准人</td><td></td></tr>
</table>

6.3.2　施工时间规定

1. 进场施工开始时间的规定

正线轨行区的作业或影响正线行车设备设施的作业必须待运营结束，且最后一班运营车离开作业区域后，方可开始作业。施工作业在不影响运营的情况下可以提前将作业车组织到相应区域待令，待施工作业条件满足后，组织到作业区域开始作业；车辆段、车站及控制中心不影响正线行车和客运的作业可安排在运营时间段内进行。

2. 施工结束离场时间的规定

正线轨行区的作业施工结束时间必须在运营开始前结束，并需要预留一定的时间让行车和设备操作人员做运营前的检查，一般情况应于首列车开出时间的30 min前结束并销点；车辆段、车站及控制中心不影响正线行车和客运的作业可根据检修的效果结束并销点。

6.3.3　运营时间的设备抢修组织

运营时间的设备抢修对正常运营干扰很大，而抢修作业在运营时间进行也会带来许多潜在的危险，因此，在组织抢修作业时，需根据不同的情况做出不同的安排。

运营期间进行抢修作业时，抢修施工负责人接到需要抢修的命令后直接赶赴车站控制室，车站值班员登录电子系统或口头询问行车调度员，在得到“可以施工”的施工登记或“可以先施工后登记”的批准后，即可通知抢修施工负责人进入抢修地点抢修。在作业完成并线路出清后，及时通知行车调度员销点。

1）进入轨行区的手续

① 轨行区的安全管理由控制中心行车调度员负责，因此进入轨行区需得到行车调度员的批准。对运营时间需进入轨行区的抢修作业，车站应密切配合，加强与行车调度员的联系，了解抢修人员的情况及要求。

② 若行车未中断，则在进入轨行区前，抢修人员须先到车站控制室办理有关手续，在得到行车调度员批准并落实安全防护措施后，方可进入。

③ 若行车中断，车站根据行车调度员指示在站台设立“故障/事故处理点”等候抢修人员，抢修施工负责人可不到车站控制室办理手续，但站务员须对进出轨行区的人数进行清点核实，抢修作业完成后，抢修施工负责人到车站控制室，先补办请点手续，再办理销点手续。

④ 除抢修人员外，其他与抢修有关的人员需进入轨行区时，必须到车站控制室登记，车站控制室与抢修施工负责人联系，征得同意后准许其进入轨行区。

⑤ 对没有运营员工参与或配合的施工作业，站务员要监督和确认抢修人员进入的上下行线是否正确。

2）进入站台或靠近站台的第一个轨道电路区段线路施工的安全措施

① 抢修施工负责人或由抢修施工负责人指派的人员按规定设置红闪灯进行防护。

② 值班站长或行车值班员在车站控制室设备综合控制盘上使用紧急停车按钮对相关轨道区段进行施工防护，并通知行车调度员和站务员。

③ 行车调度员自行或由车站值班员通知后方站（相对于列车运行方向）把列车扣停在后方站。

6.3.4 非运营时间的维修施工组织

1. 请点规定

① 属于A类的作业，施工负责人在施工作业令规定的施工开始时间前30 min到车站请点，当施工条件达到后由车站值班员向行车调度员请点，行车调度员批准后，车站值班员传达允许施工的命令。

② 属于A类的作业，但需由多个车站进入施工作业区域的作业项目，施工负责人除到主站按①办理外，还需核实辅站情况。辅站施工责任人在施工作业令规定的施工开始时间前15 min到达辅站办理登记手续，辅站值班员向主站值班员核实施工事项并请点。主站值班员接到行车调度员允许施工的命令后，传达给施工负责人及辅站值班员，辅站值班员允许辅站施工责任人开始该作业区域的施工。

③ 属于B类的作业，施工负责人到车场调度员处请点，经车场调度员同意，便可施工（车场内进行影响正线行车的作业应经行车调度员批准）。

④ 属于C类的作业，经批准，施工负责人到车站请点。

⑤ 遇作业区域同时包含正线和车场线路时，施工负责人到车场调度员处请点，车场调度员在审核批准该项施工作业后，还须向行车调度员请点，征得同意后，方可施工。

⑥ 如遇作业区域包括几条线的部分线路时，施工负责人均须向各条线的行车调度员请点，经批准后，方可施工。

⑦ 有外单位作业时，由指定的施工主办部门或主配合部门人员协助办理请点后，方可施工。

2. 销点规定

① A类作业，施工作业请点地点仅一个站的，施工负责人在作业区域出清完毕后，报车站值班员，由车站值班员向行车调度员销点。

② B、C类作业施工完毕后，施工负责人在作业区域出清完毕后，报车站值班员或车场调度员销点。

③ 当多站销点时，辅站施工责任人负责本段线路出清并报施工负责人后，在辅站销点；辅站值班员向主站值班员销点；施工负责人负责该项作业区域全部出清后，报主站值班员销点，主站值班员向行车调度员销点。

④ 需异地销点的施工作业，施工负责人应在登记时注明异地销点的地点、人数；登记施工的车站值班员要及时通知异地销点的车站值班员。

⑤ 施工作业只有一组人员进行作业，需异地销点的，销点的时间不得超过行车调度员批准的时间，作业结束后，施工负责人向销点站值班员登记销点，销点站值班员经与施工负责人核对销点的施工内容、施工人数、地点全部无误后，记录施工负责人有效证件、姓名、施工作业令号码、作业人数等，并向请点站值班员核对无误后，准予销点；销点站值班员负责向行车调度员报告销点。

⑥ 当施工作业有多组人员进行，需异地销点的，销点的时间不得超过行车调度员批准的时间，作业结束后，辅站施工负任人负责本段线路出清并报施工负责人，在辅站值班员销点，辅站值班员向在主站登记的销点站值班员销点；施工负责人负责该项作业区域全部出清后统一向在主站登记的销点站值班员销点，销点站值班员经与施工负责人核对销点的施工内容、施工人数、地点全部无误后，记录施工负责人有效证件、姓名、施工作业令号码、作业人数等，并向请点站值班员核对无误后，准予销点，销点站值班员负责向行车调度员报告销点。

6.3.5 工程车的开行

1. 工程车的开行规定

① 工程车可以牵引运行，也可推进运行，推进运行时，前方进路由车长负责瞭望。

② 工程车在正线运行时，凭地面信号行车，工程车与前方列车间须保证有两站两区间的安全距离。在区间或非联锁站作业后折返时，凭调度命令行车。

③ 车站原则上不用接发工程车，但开行装载有超长、超限、集重货物的工程车时，车站须派员工在站台尾端墙监督运行，发现危及行车安全时，应及时报告和显示紧急停

车信号；工程车运行中，司机、车长通过无线车载台或无线电台加强与行车调度员的联系，掌握列车运行计划，确认运行进路。

④ 工程车到达指定的停车站后，行车调度员应及时发布书面命令封锁该作业区域，并布置有关防护措施。待施工结束后，再开通相关线路，安排工程车回场。

⑤ 工程车装载的货物高度超过轨面 3 800 mm 时，接触网必须停电。

⑥ 工程车编挂平板车时，原则上不准在正线进行甩挂作业。

⑦ 工程车在明确列车运行计划和在进路安排好的情况下可反方向运行。

2. 工程车的开行速度限制

工程车开行速度限制在不同的城市轨道交通运营单位有不同的要求，一般会在其《行车组织规则》中做出明确的规定，工程车司机必须掌握好开行速度。表 6－3 所示为某城市轨道交通运营单位工程车的开行速度规定。

表 6－3　工程车开行限制速度

项目	机型	速度/(km/h)		说明
		推进	牵引	
正线运行	JCDT、DA13、JY400	35	60	通过车站时限速 45 km/h（牵引轨检作业车进行轨检作业时可限速 50 km/h），侧向过岔不得超过道岔侧向允许通过速度
车场内运行		25	25	
正线运行	GK0C	35	45	通过车站时限速 30 km/h，侧向过岔不得超过道岔侧向允许通过速度
车场内运行		25	25	各种机型
正线运行	C1－32（磨轨车）	25	60	通过车站时限速 30 km/h，侧向过岔不得超过道岔侧向允许通过速度
车场内运行		25	25	

6.4 施工安全管理

6.4.1 施工安全管理概述

施工安全管理是城市轨道交通系统安全管理的一项重要内容。据资料显示，国内各大城市轨道交通以往发生的安全事故在施工作业期间发生的居多。施工作业涉及的人员、作业条件等多而复杂，一旦管理不善，就容易发生事故。因此，施工安全管理至关重要。施工安全管理包括施工负责人制度、施工安全管理手续和施工安全防护等内容。

1. 施工负责人制度

为了对施工作业过程进行有效监督和控制，每项施工作业必须设一名施工负责人，如果一项施工作业有几个不同的作业地点，那么必须设立多名施工负责人，使每一个作业地点的施工过程都有人监督负责。施工负责人由各单位指定，经统一组织培训合格后方可上岗。

1）施工负责人应具备的条件

一名合格的施工负责人必须具备以下几个条件。

① 应经过城市轨道交通运营单位施工管理办法的培训和考核认证，熟知其内容。

② 熟悉所负责项目作业的性质、内容、办法、步骤、要求等。

③ 具备该项目作业相关的安全知识和技能。

2）施工负责人的职责

施工负责人的职责如下。

① 负责办理该组作业请销点手续。

② 负责该组作业人员和设备的安全管理。

③ 负责作业过程的组织指挥。

④ 负责及时与车站或车辆段、控制中心有关人员等联系作业有关事项。

⑤ 组织设置、撤销作业安全防护设施。

⑥ 负责恢复施工所涉及设备的正常状态，并出清作业区域。

2. 施工安全管理手续

① 城市轨道交通外联承包商在轨道交通范围内施工作业时，必须与城市轨道交通运营单位签订承办商安全生产协议书。

② 施工作业需临时用火、用电时，须经城市轨道交通运营安全主管部门审批并办理临时动火、用电许可相关手续。

③ 进行施工作业前，须按城市轨道交通运营安全管理中的危险作业管理程序确认是否属于危险作业，如属危险作业，应按相关要求办理审批手续。

④ 城市轨道交通部门外人员进入城市轨道交通管理范围进行施工作业前，应办理施工作业人员的出入证，所有施工作业人员进出车站时应遵守相关规定。

⑤ 施工期间，施工作业人员凭有效工作证明文件和身份证明文件进出车站或其他城市轨道交通范围内的区域。

3. 施工安全防护

① 施工安全防护遵循“谁设置、谁撤除”的原则，实行“自控、互控、他控”。

② 凡进入轨行区施工的施工作业人员必须按要求穿荧光衣，并根据作业性质及作业要求使用其他安全防护用品。

③ 在站内线路施工时，由施工负责人或施工负责人指派的维修人员在车站两端墙外的轨道中间设置红闪灯作为防护。

④ 在站间线路施工时，由施工负责人或施工负责人指派的维修人员在该作业区域

外两端轨道的中间设置红闪灯作为防护，如两端车站在靠近作业区域一侧的端墙看不清红闪灯时，站务人员在靠近作业区域一侧的端墙处站台上设置红闪灯作为防护。站间线路施工前，由请点车站值班员通知作业区域另一端车站值班员施工线路的占用情况，施工时两端车站检查是否需在车站设置红闪灯作为防护。施工销点后，销点车站值班员通知另一端车站值班员施工结束，两端车站各自撤除本站设置的红闪灯。

⑤ 在两站之间的区间线路因作业需要开行工程车时，由行车调度员指定的车站值班站长或值班员负责掌握施工情况，监督施工安全。

⑥ 在相邻线没有隔离的线路上施工时，施工作业人员须注意邻线列车的动态，施工作业人员、工器具等不得侵入邻线车辆限界。

⑦ 施工作业人员、工程车在同一区域作业（仅限于开行工程车配合的同一施工作业）时，由施工负责人与车长根据现场情况进行协调。

a）按施工前进方向，工程车在前，施工作业人员在后，原则上不得颠倒；严禁在运行的工程车前后均进行作业。

b）非随车施工作业人员与工程车应有 50 m 以上的安全间隔距离，原则上不得后退；如需要动车时，施工负责人须和车长协商后，在确保人身安全的情况下才能动车。

6.4.2 特殊施工作业要求

特殊施工作业是指在施工作业中容易造成人为失误，导致其他施工作业人员伤亡和设备损坏事故的施工作业。

1. 道岔区域施工要求

① 在施工作业时间内进行的检修需操作道岔时，要做好现场安全防护，加强联系。施工单位或部门在被操作道岔的作业现场应设防护人员，现场防护人员通知并确认所有施工作业人员撤离到安全地点时，方可通知车站控制室等远程操作道岔的人员操作道岔。

② 接触网梯车经过岔区时或需在岔区上停留作业时，应充分利用有效通信工具确认该岔区在相应时段无道岔转换作业后，方可进行。

③ 所有施工作业结束后，车站、控制中心人员须测试检查系统设备工作是否正常，如需操作道岔时，必须在所有施工作业销点并出清线路后，在确保安全的前提下进行。

④ 所有施工作业人员在线路上行走时，严禁足踏岔尖和道岔传动部分，非作业需要，不得将手脚伸入道岔间隙，当听到转辙机转换声或发现道岔转换时，应及时撤离到安全地点。

2. 接触网停电作业要求

① 在接触网下或其带电体附近进行作业时，施工单位或部门应根据作业性质、作业时与接触网的距离及相关规定，在提报计划时选择、确定其作业方式，即不需停电、需停电并挂接地线、需停电但不需挂接地线或必须带电。

② 需停止接触网供电的施工作业，由电力调度员负责停止相关作业区域的接触网供电，需挂接地线的作业必须由具备操作资格的人员在作业区域两端挂好接地线，并设

置红闪灯作为防护。施工单位及部门没有挂接地线操作资格人员的，原则上提报计划时需注明跟随接触网工班作业进行，由接触网工班人员负责在该作业区域两端挂接地线，并设置红闪灯作为防护，其他作业在该接地线的防护下进行作业。如因特殊原因需接触网工班人员专门派人配合挂接地线的作业，施工单位或部门提报计划前必须得到维修部门的同意。

③ 需接触网工班作业挂接地线进行防护的其他作业，施工负责人在作业前需与接触网工班施工负责人联系，确认接地线是否挂好并确认接地线的位置，严格在接地线防护区域内作业。施工作业完成后，须及时通知接触网工班施工负责人，并及时销点。

3. 现场作业安全要求

1）现场作业五必须

① 进入轨行区必须穿荧光衣。

② 登高作业必须系好安全带。

③ 挂拆地线必须穿绝缘靴、戴绝缘手套。

④ 高空作业或高空可能有坠物必须戴安全帽。

⑤ 在轨行区固定地点作业必须放置红闪灯。

2）现场作业七严禁

① 严禁施工作业人员酒后施工。

② 严禁工器具标识有缺失或磨损。

③ 在侧式站台施工时，严禁违规在站台间抛接、传递物品。

④ 施工过程中，严禁施工负责人离场。

⑤ 严禁超范围施工。

⑥ 严禁清场时乱扔垃圾。

⑦ 施工结束后，严禁人员、物料、垃圾不清，所动设备设施不能恢复正常就销点。

实训6.1 施工作业

实训6.1.1 实训目的

1. 掌握施工作业中的岗位结构及各个岗位操作标准；
2. 掌握施工作业令下达过程；
3. 掌握封锁调令作业基本要求；
4. 掌握施工作业请点、销点流程。

实训6.1.2 实训内容

基于某城市轨道交通施工作业操作规程，以小组为单位，模拟正线非运营时间设备检修施工作业，其流程见图6－2。

1. 分析施工作业岗位结构及操作标准，确认小组成员角色；

2. 根据行车组织规章，运用日常调度用语编写各个角色的情景对话（包括行车调度员使用标准用语下达口头命令等）；

3. 根据作业时间准确填记各项台账记录。

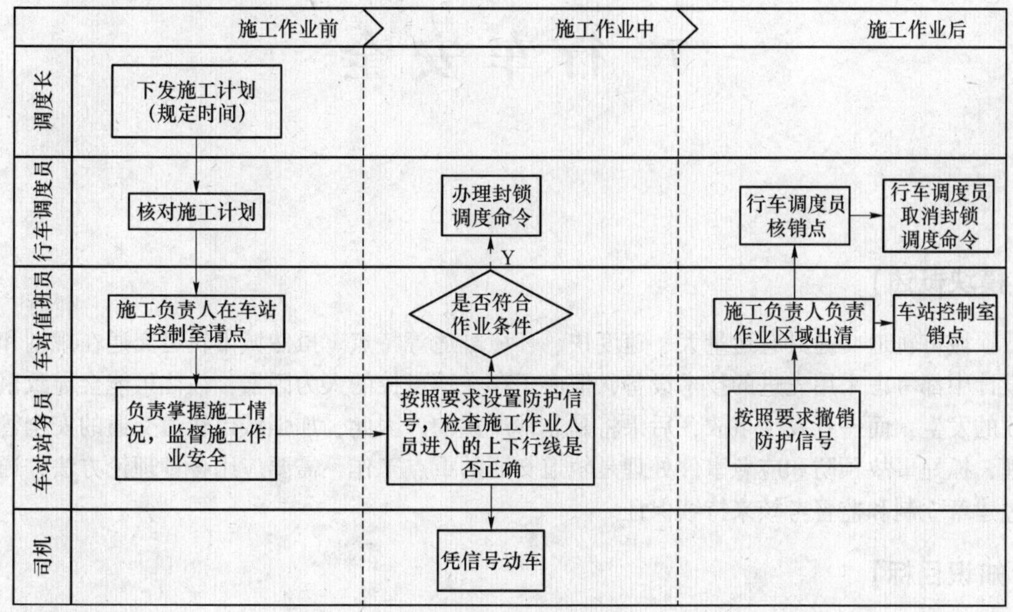

图6-2 非运营时间设备检修施工作业流程

7 行车安全

【模块概述】

城市轨道交通具有运量大、速度快、环境舒适等特点。虽然城市轨道交通在规划和设计中都考虑采用先进的技术设备，但由于存在不可控的人为因素，往往可能会导致事故的发生，而一旦发生事故，后果将是非常严重的。因此，加强城市轨道交通的安全管理，抓好事故预防和应急事件处理是轨道交通的重点工作，需要应用各种理论方法，通过建章立制和监督考核来持续保证。

【知识目标】

1. 熟悉城市轨道交通事件及灾害的特征；
2. 掌握影响城市轨道交通行车安全的因素；
3. 掌握城市轨道交通安全管理的内容；
4. 掌握行车事故的分类及处理原则；
5. 熟悉安全管理制度和安全管理手段；
6. 熟悉安全管理的相关法律法规。

【能力目标】

1. 能为安全、危险、故障、事故、隐患、灾害六个术语下定义；
2. 能够区别故障与事故；
3. 能够举出行车事故类别及构成条件，叙述行车事故处理原则；
4. 能够叙述行车事故通报流程及通报内容。

【情景导入】

某城市轨道交通由于037次列车胎压检测装置（集流环）转轴紧固螺母松动，导致列车运行过程中集流环脱出安装座，脱落的集流环与高速旋转的轮胎及安装座碰撞，集流环报警输出线缆被崩断，致使集流环无法输出报警信号。另外，脱落的集流环与两侧的胎压表碰撞，胎压表撞坏脱落致使同轴上的两个走行轮胎同时漏气，由于胎压集流环没有发出故障报警，司机继续按正常速度驾驶列车，转向架逐渐下沉，辅助轮着地长距离运行，最终导致辅助轮破裂，转向架构架受损，无法运行。行车调度员先后分别收到337次列车司机、325次列车司机、车站值班员关于车辆异响、车厢下沉、轨道梁异物的报告，但未对诸多异常情况引起重视，未能及时做出和下达扣停037次列车的调度命令，并错失上行线三次扣车时机，造成037次列车在相应车站上行站台清客后，在严重故障条件下回场运行，并最终在上行线迫停救援，导致原本一起普通的车辆故障事件升级为较大运营事故，其中存在明显的调度指挥不当行为。

此次事故中，前期司机发现列车在运行过程中有三次异常状况，但仅向行车调度员进行报告，未对所发现问题进行综合判断，并提供合理建议。当班车队长及指导司机登车后，在未打开列车故障转向架走行轮对应的地板盖（MC_1车三轴）进行故障确认的情况下，要求司机继续限速15 km/h运行，造成事件影响进一步扩大。

【知识准备】

城市轨道交通作为大容量的公共交通工具，直接关系到广大乘客的生命安全，安全运营是运营组织工作的基本原则和首要目标。为此必须严格按照有关规定行车，不得违规操作，防止事故的发生。一旦不可避免地发生了事故，应及时、准确地做好事故通报工作及现场应急处置工作，减少事故带来的损失。

7.1 行车安全概述

7.1.1 城市轨道交通安全管理

城市轨道交通车站在特定的空间，形成封闭的环境，聚集密集的人员，通风和疏散困难，这些都是城市轨道交通十分突出的弱点。一旦发生意外事故，伤亡损失往往非常惨重。

近年来，日益发展的城市轨道交通对促进城市经济和社会的快速发展起到了重要作用，但我国城市轨道交通因发展历史较短，存在建设、设计标准低，安全设施及设备不完善，投入不足，安全监督管理体系、事故预防体系和应急处置机制不健全，应对特大安全事故和突发事件的能力较低，安全监管的法律、法规建设滞后等突出问题。

近几年来，随着国际反恐形势的日益严峻，城市轨道交通正成为破坏与恐怖袭击的主要目标之一，其安全工作的特殊性和脆弱性日益突出。城市轨道交通的安全问题正逐渐引起国际、国内社会各界的广泛关注，如何加强城市轨道交通的安全管理，关系到国家经济发展和社会稳定。

1. 有关术语和定义

1）安全

在生产活动领域，关于安全的概念可以归纳为两种，即绝对安全和相对安全。

绝对安全指没有危险，不受威胁，不发生事故或灾害，不存在会引起人员伤亡、设备损坏、系统中断运行的条件。相对安全指安全是相对的，绝对安全是不存在的，只能把绝对安全、零事故作为一个目标来追求，而把安全理解为危险、故障、事故等发生的概率小到可以忽略的程度，以及它们对人与环境造成的伤害控制在可以接受的水平。绝对安全是具有一定危险性条件下的状态，安全并非绝对无事故。

2）危险

在生产活动中，危险是指会引起人员伤亡、设备损坏或系统中断运行的各种不安全因素的集合。这些不安全因素可以是现实的，也可以是潜在的；这些不安全因素可能与设备有关，也可能与人有关，还可能与环境有关。此外，危险还包括各种尚未被人类所知，或虽为人类所知但还未能控制的不安全因素。因此，危险是与安全相对的概念。

3）故障

故障是指因设备质量问题或操作不当导致设备无法正常工作使用，须人工干预或维修的事件。一般故障会造成短时间的列车运行次序混乱，部分列车运行延误；严重故障则会导致事故的发生，甚至造成较长时间的运营中断。

4）事故

事故是指在生产过程中发生的、意外的、失去控制的事件，事故往往会导致人员伤亡、设备损坏或系统中断运行。它侧重后果已经形成，不是与安全相对的概念。在实践中认为不发生危险就是安全的，或者没有出现人员伤亡、设备损坏或系统中断运行等结果就不算事故是不对的。

5）隐患

隐患通常是指一切可能对整个城市轨道交通系统带来损害的不安全因素。隐患是事故发生的必要条件，隐患一旦被识别，要立即予以消除。对于因客观因素影响不能立即消除的隐患，要采取相应的措施减低其危险性增长的速度，降低其发生的概率。

6）灾害

灾害是指出人意料的、突然发生的事件，灾害常常造成灾难性的后果。按照灾害的成因，它可以分为自然灾害和人为灾害，自然灾害以自然变异为主因，人为灾害以人的因素为主因。灾害具有突发性强、猝不及防、灾害程度难以预测和灾害原因复杂等特点。

2. 城市轨道交通事件及灾害的特征

城市轨道交通由于其特殊的运行环境和运行特点，一旦发生由于设备或人为因素造成的突发事件和灾害，不仅会给乘客的生命财产带来威胁，还会造成严重的社会影响。其特征包括以下几种。

1）全线性

城市轨道交通列车具有依赖于单一轨道连续运行的特征，一旦在运行线路上发生突发事件和灾害，就会造成整条线路的运营中断，甚至可能影响其他线路的正常运行，而且在一定时间内难以恢复正常。

2）连带性

城市轨道交通客流量大，而客流在一定时间内局限于有限的封闭区域内，一旦发生突发事件和灾害，除了乘客可能受到直接伤害外，还极易造成其他各类次生、衍生和耦合灾害。

3）局限性

当城市轨道交通发生严重突发事件和灾害，在实施救援时，由于事发地点空间的限制，会给救援工作带来难度。救援工作延续时间越长，灾害的影响程度就越大。

4）全体性

在城市轨道交通车站、隧道及其连通区域，单位面积人数多，在发生突发事件和灾害时，极易造成群死群伤，社会影响极大。

7.1.2　城市轨道交通行车安全的意义及影响因素

1. 城市轨道交通行车安全的意义

安全是城市轨道交通运营的生产线，而行车安全又是城市轨道交通运营安全中最重要、最核心的部分。行车安全是衡量城市轨道交通运营管理水平和各部门工作质量的主要指标之一。

城市轨道交通发生行车事故，轻则造成城市轨道交通财产损失，影响乘客出行和城市交通；重则危及人民的生命和财产安全，影响社会安定，损害城市和国家的声誉。

因此，城市轨道交通行车安全对整个社会生活具有重要的意义。认真贯彻“安全第一，预防为主，综合治理”的方针，时时、事事、处处讲安全，是城市轨道交通运营单位应尽的职责，也是每一个城市轨道交通员工应该履行的责任和义务。

2. 城市轨道交通行车安全的影响因素

现代安全理论认为导致事故的原因包括：人的不安全行为和物的不安全状态。近年来，国内外的城市轨道交通事故统计分析表明，人、车辆、轨道、供电、信号、社会灾害及自然灾害是影响城市轨道交通行车安全的主要因素。

1）人员因素

统计分析表明，一般事故的发生多是因乘客未遵守安全乘车规则而导致的，而险性事故多是由于工作人员疏忽大意引发的。人员因素始终是引发城市轨道交通事故的主要原因，人员因素主要包括以下几种。

① 拥挤。国内部分城市轨道交通线路均发生过由于拥挤造成乘客坠落伤亡，以及上下车期间拥挤踏空，掉落站台与列车之间的缝隙而受伤的事件。

② 乘客不慎落入和故意跳入轨道。在未安装屏蔽门的城市轨道交通车站，每年都会发生乘客落入和故意跳入轨道的事件。据统计，某城市轨道交通 2008 年全年乘客掉落或不经意进入轨行区的事件就发生了 8 起。

③ 工作人员处理措施不当或工作中注意力不集中。工作人员处理措施不当或工作中注意力不集中、疏忽大意，也是造成城市轨道交通事故的主要人员因素之一。例如，美国马萨诸塞州波士顿轨道交通 2009 年 5 月 8 日发生列车追尾事故，造成 49 人受伤，大约 100 人被疏散。经调查，追尾发生时，列车司机正在向女友发送手机短信。

2）车辆因素

① 导致城市轨道交通列车发生重大事故的是列车脱轨，而其主要因素一方面是轨道问题，另一方面是车辆走行部存在问题。

② 其他车辆因素，如车钩问题、车门问题、空气盖板不牢等，往往会发生人身伤

害和设备损坏事故。

3）轨道因素

轨道因素主要指轨道存在裂缝、偏移，导致中断行车及列车脱轨等事故。

4）供电因素

供电因素主要指城市轨道交通供电系统或城市供电网络发生大面积停电等造成列车中断和乘客被困隧道后，从隧道疏散乘客时发生人身伤害等事故。

5）信号因素

信号因素主要指信号系统发生故障，造成行车水平降低。有时会因为信号系统故障而采用人工排列进路组织行车，由于人为因素而发生挤岔、列车冲突等事故。有时因为检修人员接错线路、导致标示错位等，造成列车冲突等事故。

6）社会灾害

社会灾害主要指恐怖袭击，如故意纵火、毒气袭击、爆炸等造成人员伤害的事故。

7）自然灾害

自然灾害主要指恶劣天气、地震等自然灾害造成人员伤害及设施损坏等。

7.1.3 城市轨道交通安全管理的内容

安全管理是城市轨道交通运营管理的重要组成部分。它是以控制危险，防止事故，最大限度地减少事故损失为目标而进行的决策、组织与控制等一系列活动。安全管理涉及以下内容。

1. 技术设备选型

技术设备主要包括车辆、供电设备、信号设备、线路等。由于城市轨道交通的特殊性，火灾始终是轨道交通的第一天敌。因此，城市轨道交通设备的选型应优先满足防火的要求，同时在满足资金预算的条件下，尽可能采用较为先进的技术设备。

2. 作业人员招聘

统计数据表明，因人的失误造成的事故在城市轨道交通系统事故中占70%以上，人的感觉知觉、记忆思维、能力、气质、性格、情绪、疲劳等因素对工作人员的行为有着重要的影响。因此，在作业人员招聘中要重点考虑个人的性别、年龄、学历和身体条件等生理、心理素质是否与岗位要求相适应。

3. 规章制度的制定

城市轨道交通运营单位的各部门根据各自的工作特点及工作职责和范围制定一套完善的规章制度。规章制度应包括安全管理规章制度、各岗位作业指导书、人员绩效考核及奖惩管理制度等，规范人员作业。

4. 应急预案编制与演练

当列车在运行中遭遇各种突发情况，处于非正常运营或紧急运营状态时，总会伴随着发生相应事故。因此，必须针对各种突发情况制定相应的应急预案，对应急机构、人员职责、通报程序、应急资源、事故抢险等程序进行规定。同时，定期进行相关的演练，确保人员准确掌握预案的流程和要求。

5. 安全教育与检查

从业人员的安全意识、安全理念、作业技能、应急技能等必须通过不断地教育、培训及演练，才能得以巩固和提高，安全教育工作要贯穿运营的全过程。而针对规章制度的执行情况、人员在岗状态情况，开展安全检查是较为有效的手段。

6. 事故调查与处理

安全是相对的，事故是不可避免的。事故发生后需做大量的调查和处理工作，总结经验教训，采取防范措施等，以防止同类事故再次发生。另外，事故发生后，通过及时调度、指挥、抢险等一系列处理工作，可以有效缩小事故的影响范围，降低损失。因此，事后处理也是安全管理的一项重点工作。

7. 安全状况统计分析

事故发生有其必然性和偶然性，通过历史数据的收集、分析和总结，针对安全状况做出准确的判断，提出有针对性的措施，能有效地防止事故发生。

7.2 行车事故处理

7.2.1 行车事故分类

凡在行车工作中，因违反规章制度，违反劳动纪律或因技术设备不良及其他原因造成人员伤亡、设备损坏、影响正常行车或危及行车安全的，均构成行车事故。

目前国内各大城市轨道交通对行车事故的分类不尽相同。按照行车事故性质，行车事故分为责任事故和非责任事故。按照事故的性质、损失及对行车造成的影响，行车事故一般分为特别重大事故、重大事故、大事故、险性事故、一般事故和事故苗头，具体介绍如下。

1. 特别重大事故

在运营工作中，造成下列后果之一的为特别重大事故。

① 人员死亡 30 人及其以上的。

② 事故直接经济损失在 1 000 万元及其以上的。

2. 重大事故

在运营工作中，造成下列后果之一的为重大事故。

① 人员死亡 3 人或死亡、重伤 5 人及其以上的。

② 事故直接经济损失在 500 万元及其以上的。

3. 大事故

在运营工作中，造成下列后果之一的为大事故。

① 人员死亡 1 ~ 3 人或重伤 3 人及其以上者。

② 事故直接经济损失在 100 万 ~ 500 万元。

4. 险性事故

凡事故性质严重，但未造成损害后果或损害后果不够大事故及以上事故的，造成下列后果之一的为险性事故。

① 正线列车冲突、列车脱轨、列车分离。

② 向占用区段接入或发出列车。

③ 未准备好进路接入或发出列车。

④ 列车运行中擅自切除车载安全装置。

⑤ 客车错开车门、运行途中开门或车未停稳开门产生紧急制动。

⑥ 列车冒进信号或越过警冲标。

⑦ 未拿或错拿行车凭证发车。

⑧ 列车运行中，齿轮箱吊挂装置、空压机、牵引电机等重要部件脱落。

⑨ 变电、动力供电、接触网系统操作中发生错送电、漏停电。

5. 一般事故

凡事故性质及损害后果不够特别重大、重大、大事故及险性事故的，造成下列后果之一的为一般事故。

① 非正线列车冲突、列车脱轨、列车分离。

② 应停列车全列越过停车标或在站通过。

③ 挤道岔。

④ 通过的列车在已封闭的车站停车，造成后果。

⑤ 列车运行中车辆部件脱落，危及运营安全。

6. 事故苗头

凡在城市轨道交通运营工作中，因违反规章制度，违反劳动纪律或其他原因造成设备损坏，影响正常行车或危及行车安全，但事件性质或损害后果达不到事故的为事故苗头；或者因违章行为性质严重，虽未造成损失，但经安全部门定性为事故苗头的。造成下列后果之一的为事故苗头。

① 车辆、设备故障，中断正线（上下行正线之一）行车 20 min 及以上的。

② 载客列车车门故障无法关闭，且无安全措施行车。

③ 调度电话无录音或者未到规定时间录音丢失，中央处理系统未到规定时间数据丢失。

④ 各类机柜门、检查孔盖未按规定锁闭或设施固定不牢，造成后果。

⑤ 无证操作 LOW 或违章操作安全相关命令。

⑥ 因设备、设施突发故障，造成正线列车限速运行。

行车事故还可以按事故类别分为行车事故、设备事故、工伤事故、火灾事故等。

7.2.2 行车事故处理规则

1. 安全生产方针

① 为贯彻“安全第一、预防为主”的安全生产方针和执行党、政、工、团齐抓共管的原则，城市轨道交通公司各级领导要把安全工作当作首要任务来抓，加强安全管理和安全思想教育，强化职工安全意识，严肃劳动纪律和作业纪律，教育职工自觉执行各项规章制度。

② 做好员工技术培训，提高技术业务水平。加强安全检查，及时消除各类隐患。

搞好设备维修保养，提高设备质量。深入开展安全正点、优质服务的竞赛活动，确保城市轨道交通安全运营。

2. 行车事故处理原则

① 各相关部门处理行车事故时，必须执行“高度集中、统一指挥”的原则。

② 发生事故时，要积极采取措施，迅速抢救，以“先通后复”为原则，尽快恢复运营，尽量减少损失。

③ 坚持“先救人，后救物；先全面，后局部；先正线，后其他”的原则，优先组织人员疏散、伤员抢救，同时兼顾重点设备和环境的防护，将损失降至最低限度。

④ 行车事故发生后，要以事实为依据，以有关法规、规章为准绳，按照“四不放过”原则（事故原因没有查清不放过，事故责任者没有严肃处理不放过，广大职工没有受到教育不放过，防范措施没有落实不放过）处理事故，查明原因，分清责任，吸取教训，制订措施，防止同类事故再次发生。

⑤ 员工在行车事故处理过程中应“兼顾现场保护”原则，以利于公安、消防和事件调查部门的现场取证。

⑥ 应“坚持就近处理”原则，行车事故发生时，在上一级行车事故处理负责人到达前，员工按表 7－1 的规定担任现场临时行车事故处理负责人；在上一级行车事故处理负责人到达现场后，则由上一级行车事故处理负责人担任现场指挥。

表 7－1　行车事故处理负责人列表

序号	行车事故发生处所	现场临时行车事故处理负责人
1	列车上	本列车司机
2	列车在车站	所在站值班站长
3	车站	所在站值班站长
4	区间线路上	行车调度员指定的值班站长
5	车场	车场调度员
6	运营单位其他场所	离现场最近的高职务员工

7.2.3 行车事故通报及调查处理

1. 行车事故通报

1）行车事故通报流程

在区间发生行车事故时，由列车司机立即报告行车调度员，无法和行车调度员联系时，可报告就近车站的车站值班员，由车站值班员转报行车调度员；在车站内或车场内发生行车事故时，由车站值班员或车场调度员报告行车调度员；其他现场目击人员可以通过车站工作人员向行车调度员报告。

行车调度员接到事故报告后，应立即报告上级主管部门，并积极组织救援，防止事故扩大，按照“先通后复”的原则组织指挥事故处理，尽快恢复正常行车。应及时填写《行车事故概况》，通报相关部门。

发生人员伤亡、火灾、爆炸、毒气袭击等事故，需要报告119火警中心、120急救中心或公安派出所时，由值班站长、事故现场目击者在第一时间内报告；列车司机则立即报告控制中心，由控制中心报告119火警中心、120急救中心或公安派出所等外部救援单位。行车事故通报流程如图7-1所示。

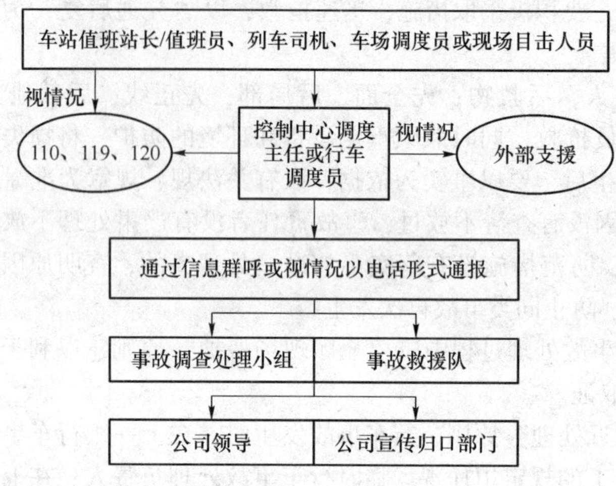

图7-1　行车事故通报流程

2）行车事故通报内容

① 发生时间（月、日、时、分）。

② 发生地点（区间、百米标和上、下行正线）。

③ 列车车次、车组号、关系人员姓名、职务。

④ 事故概况及原因。

⑤ 人员伤亡情况及车辆、线路等轨道设备损坏情况。

⑥ 是否需要救援。

⑦ 是否影响邻线运行。

⑧ 其他必须说明的内容及要求。

在紧急情况下，特别是发生较大的事故时，由于现场情况和环境情况比较复杂、混乱，现场情况可能一时难以全部讲清，此时可先报告上述部分内容，但必须报清事故发生的地点、事故概况、是否需要救援等，以利于行车安全管理部门和领导决策。

必须进行现场事故抢救和救援时，由行车调度员及时通知各相关部门。各相关部门应按行车调度员及上级有关领导的指示做好救援准备，及时出动展开救援工作。

2. 行车事故调查处理程序

特别重大事故按《生产安全事故报告和调查处理条例》调查处理。重大、大事故由运营分公司安全委员会负责组织调查处理；险性事故由安全保卫部负责组织调查处理；一般事故由事故发生部门负责调查处理，并将处理情况报安全保卫部；涉及两个及以上部门并有争议的一般事故，由安全保卫部负责组织调查处理。

1）重大、大事故调查处理程序

① 运营分公司领导接到重大、大事故报告后，要立即组成以分公司总经理或副总

经理为组长，城市轨道交通分局局长为副组长，安全保卫部和有关部门负责人为组员的事故调查处理小组迅速赶赴现场，组织指挥有关人员积极抢救伤员，采取一切措施，迅速恢复运营。同时，做好以下工作。

a）保护、勘查现场，详细检查车辆、线路及其他设备，做好调查记录。绘制现场示意图、进行摄影录像，如技术设备破损故障时，应保存其实物。

b）若事故地点的线路破坏严重，无法检查线路质量，则应对事故地点前后不少于50 m 的线路进行测量，以作为衡量事故地点线路质量的参考依据。

c）对事故关系人员分别调查，由本人写出书面材料。

d）检查有关技术文件的编制、填写情况，必要时将抄件附在调查记录内。

e）提高警惕，注意是否有人为破坏的迹象。

f）必要时召开事故调查会。

g）根据调查结果，初步判定事故原因及责任，及时向运营分公司安全委员会汇报。

② 发生重大、大事故的责任单位，应于事故后三日内写出事故报告，一式四份：事故调查处理小组一份、安全保卫部一份、运营分公司安全委员会一份、事故责任部门一份。

③ 事故调查处理小组接到责任单位事故报告后，由事故调查处理小组组长主持召开事故分析会议，分析事故原因，判明事故责任，制订防范措施。然后，由相关部门主稿重大、大事故调查报告，于七日内报运营分公司安全委员会。

④ 运营分公司安全委员会接到事故调查处理小组的报告后，由运营分运营公司安全委员会主任主持召开事故处理会议，审议事故调查处理小组的调查报告，认定事故性质，并对事故责任人提出处理建议。由安全保卫部写出事故报告提交有关部门，于十日内通报全公司，并呈报上级领导机关。

⑤ 重大、大事故若初步判明系属城市轨道交通外部单位责任时，事故调查处理小组应立即发出电传，通知城市轨道交通外部责任单位，说明情况和原因，要求责任单位迅速派员参加事故分析会议。若双方意见不一致时，可提请司法部门裁决处理。

2）险性、一般事故调查处理程序

① 发生险性事故时，由安全保卫部负责人立即组织有关人员进行调查。发生一般事故时，由各部门负责调查。并召开事故分析会，查明原因及责任者，做出处理建议，制订防范措施，并于五个工作日内将事故报告上报运营分公司安全委员会（或安全保卫部），一式三份，由安全保卫部审核归档。其中，安全保卫部一份，运营分公司安全委员会一份，事故责任部门一份。

② 运营分公司安全委员会认为有必要时，可派人员对一般事故进行调查，并可对事故性质提级处理。

③ 各部门及个人有责任配合事故调查，事故调查人员有权向任何部门及人员调查了解有关情况，并有权限期让其提交书面材料和收集有关资料。拒绝、拖延、影响事故调查的，按分公司有关规定进行处理。

3）其他

① 行车事故若属人为破坏性质，交由城市轨道交通分局调查处理。

② 行车事故的损失费用，根据以责论处的原则，应由责任部门承担（包括城市轨道交通外部责任事故）。

③ 凡涉及城市轨道交通外部人员伤亡的，按相关规定执行。

④ 事故苗头的调查处理按一般事故的程序进行。

3. 行车事故的责任判定

① 事故责任判定的原则：以事实为依据，以规章为准绳。

② 事故责任按责任程度分为全部责任、主要责任、同等责任、次要责任、一定责任和无责任。按责任关系分为直接责任、间接责任。

③ 设备（包括零、配件）质量不良造成事故时，根据设备的质量保证期、使用寿命和损坏情况分析事故原因，判定责任单位。判明产品供应者责任的，列产品供应者责任。设备的所属部门或管理部门，对由设备原因造成的事故，不认真分析、查不出原因的，定该部门责任事故。

④ 对发生的事故或事故苗头涉及两个以上单位的，如双方推托扯皮，不认真配合调查、分析事故，由事故调查处理小组裁处。

⑤ 事故发生部门不认真组织事故调查分析、调查资料不全，列非责任事故依据不足的，定发生部门的责任事故。

⑥ 因承包城市轨道交通设备的施工、维修而造成的行车事故，定施工维修承包单位的责任事故。凡因货物装载不良造成的事故，定装载部门的责任事故。

⑦ 城市轨道交通外部单位责任事故列其他事故。

⑧ 因设备质量等原因发生的事故一律统计在该部门的事故中，能确定责任的列责任事故。如不能确定为城市轨道交通责任的，列该部门其他事故。

⑨ 凡经公司批准的技术革新、科研项目进行试验时，在规定的试验期内，被试验的项目发生事故，不列责任事故。但由于违反操作规程及其他人为事故仍列责任事故。凡已经正式投入使用的各种技术设备，发生行车事故时，一律列责任事故。对非责任事故，事故发生单位统计事故件数，但不影响安全成绩。

⑩ 事故苗头的责任判定按此规定执行。

⑪ 各级安全部门负责对行车事故定性定责，上级安全部门发现下级安全部门对行车事故的定性定责不准确时，有权加以纠正。

4. 统计分析与总结报告

城市轨道交通运营公司安全管理部门应备有《行车事故登记簿》，详细记载各种行车事故的发生、经过、原因及处理情况，定期分析总结，并由各部门专门兼职安全管理人员，对职工进行安全生产教育。

7.3 安全管理运作

7.3.1 安全管理机构设置

根据国家安全生产相关法律法规要求，各生产企业必须组织成立相关的安全管理组织机构和突发公共事件应急处理机构，明确各级负责人的安全生产职责要求。

1. 安全管理组织机构

通常在城市轨道交通运营公司内成立公司级安全委员会，一般由总经理担任组长，组员由公司领导班子成员、各部门或分公司负责人组成。运营公司设立公司级的城市轨道交通运营安全监察部，下属各部门或分公司设立安全室，各部门下属机构直至班组均设有专职的安全管理人员或安全机构，形成安全管理网络。

2. 突发公共事件应急处理机构

突发公共事件应急处理机构由突发公共事件应急处理领导小组和应急处理救援队等组成。发生突发公共事件时，所有运营员工须服从突发公共事件应急处理机构的指挥。

1）突发公共事件应急处理领导小组

城市轨道交通运营公司突发公共事件应急处理领导小组为非常设机构，在启动应急预案时，一般由运营公司负责人及运营生产部门、安全部门及物资保障部门等负责人组成。城市轨道交通运营公司突发公共事件应急处理领导小组负责人为突发公共事件现场处理城市轨道交通方最高负责人。

2）突发公共事件调度指挥中心

城市轨道交通控制中心是城市轨道交通运营公司突发公共事件调度指挥中心。

3）应急处理救援队

应急处理救援队由各专业救援队组成，包括维修救援队、车辆救援队等，各专业救援队队长一般由本专业部门主任工程师以上职务员工担任，队员包括本专业技术业务主管人员和安全监察员或安全员。

4）车站抢险组

车站抢险组一般由城市轨道交通车站当班值班站长及车站其他员工组成，包括前来支援的其他车站工作人员。车站抢险组统一由值班站长负责指挥。

5）物资保障组

物资保障组一般由运营公司物资部门负责。

6）运输保障组

运输保障组一般由运营公司综合部门或后勤部门负责。

7）新闻信息管理组

新闻信息管理组一般由运营公司综合部门负责。

7.3.2 安全管理制度

按照国家法律、法规和规章的要求，城市轨道交通运营公司须制定具体的安全管理制度，明确安全生产管理的要求。

1. 安全生产责任制

安全生产责任制是最基本的安全管理制度，是所有安全制度的核心，是按照安全方针和“管生产必须管安全”的原则，将各级负责人员、各职能部门及其工作人员，在安全方面应做的事情及应负的责任加以明确规定的一种制度。其内容应包括各级人员

（包括管理和生产人员）、各岗位人员的安全生产职责及其应负的安全生产责任。

2. 安全教育制度

安全教育制度的宗旨是搞好安全思想工作，提高安全意识，帮助职工学习安全法律、法规的基本知识。它是认真执行安全规程的前提和保证。安全教育的基本内容包括思想教育、安全技术知识教育和典型事故教育。

1）思想教育

思想教育包括思想认识教育和劳动纪律教育。思想认识教育是通过安全法则、法规方面的教育，提高各级领导和广大职工的政策水平，正确认识安全方针，认真地执行安全法规，做到不违章指挥、不违章作业。劳动纪律教育主要是为了提高管理人员和职工对主动、严格遵守劳动纪律和对实现安全生产的重要性认识。劳动纪律教育要求提高遵守劳动纪律的自觉性，以保障安全生产。

2）安全技术知识教育

安全技术知识教育包括生产技术知识、基本安全防护知识和专业安全技术知识的教育。

生产技术知识包括企业的基本生产概况、生产技术过程、作业方法或工艺流程、产品的结构性能、所使用的各种机器设备的性能和知识，以及装配、包装、运输、检验等知识。

基本安全防护知识包括企业内部特别危险的设备和区域及其安全防护的基本知识和注意事项、个人防护用品的正确使用，以及伤亡事故的报告办法等。

专业安全技术知识指特殊工种的职工必须具备的专业安全技术知识，包括电焊、压力容器、机动车辆驾驶等安全技术知识。

3）典型事故教育

典型事故教育是结合本企业或外企业的事故进行教育。通过典型事故可以使各级领导和职工了解到违章行为、违章指挥给人民生命和国家财产造成的损失，从而提高安全意识，防止类似事故发生。

3. 安全检查制度

安全检查制度是消除隐患、防止事故、改善劳动条件的重要手段，是安全管理的一项重要内容。通过安全检查，发现企业及生产过程中的危险因素，以便有计划地采取措施，以保证安全生产。安全检查的类型包括以下几种。

① 日常性检查，即经常的、普遍的检查。

② 专业性检查，这是有针对性的单个或多个项目的检查。

③ 季节性检查，这是根据季节特点，为保障安全生产的特殊要求所进行的检查。例如：春季风大，要着重防火、防爆；夏季高温、多雨、雷电，要着重防暑、防雷击、防触电等。

④ 节假日前后的检查，这包括节日前的安全生产综合检查、节日后的遵章守纪检查等。

⑤ 不定期检查，这是一种随机进行的现场检查，可能在任何时候对任何地点进行检查。

安全检查要深入基层，依靠职工，坚持领导与群众相结合的原则，组织好检查工作。检查前应根据检查的目的制定专门的检查表。

7.3.3 安全管理综合评价

随着全国各大城市轨道交通的快速发展，轨道交通承担城市公共客运任务的比重将越来越大，对安全、正点运行的要求也越来越高。城市轨道交通系统与设备的可靠性、运营过程的安全性及处理事故和故障的及时性是安全、正点运行最重要的三个因素。正确、客观地评价运营安全状况，提出安全性、可靠性和及时性的改进措施，就需要建立城市轨道交通运营安全评估体系。通过进行城市轨道交通运营安全评估体系方面的研究和探索，对正确评价自身运营安全现状，修正管理偏差，提高运营安全综合管理水平具有十分重大的意义。

随着国内各大城市轨道交通相继投入运营，国内轨道交通行业如能建立科学有效的运营安全评估体系，确定统一、规范的安全评估标准，将对整个轨道交通运营的发展起到很好的促进作用。

2007 年国家建设部和质量监督检验检疫总局联合发布了《地铁运营安全评价标准》，该标准包括基础安全评价和事故风险水平评价。其中，基础安全评价包括安全管理评价、运营组织与管理评价、车辆系统评价、供电系统评价、消防系统与管理评价、线路及轨道系统评价、机电设备评价、通信设备评价、信号设备评价、环境与设备监控系统评价、自动售检票系统评价、车辆段与综合基地评价、土建评价、外部环境评价。该标准自 2008 年 5 月 1 日起实施，各大城市轨道交通在安全评价中以该标准进行评价。

7.3.4 安全管理手段

在运营安全中，人是决定因素。运营安全管理的根本任务就在于依靠科学技术和科学管理，有效地保护和调动人的主观能动性和积极性，预防事故发生，确保运营安全。安全管理手段主要有经济手段、行政手段、思想教育和法律手段。

1. 经济手段

经济手段是通过经济杠杆的作用，即利益的分配和奖惩的实行来调节的。和实际运营中，每一个人在完成生产任务和实现安全目标方面所付出的劳力、做出的贡献是不同的，一旦人为事故发生，造成损失或影响生产任务完成时，这种差异更是有质的区别。对成绩显著或防止事故有功的，以及违章违纪或因违章违纪导致事故和事故苗头发生的人员，均应给予精神和物质奖励，或给予经济上的处罚。

经济上的奖励和处罚不是目的，主要是使相关人员中明辨是非、对照比较、调整自我，使优良的风范得到鼓励和发扬，不良的风气受到批评和抵制，使消极的因素转化为积极的因素，使安全生产处于良性循环状态。实事求是、严肃认真、客观公正地用好经济手段，有利于促进广大职工自觉遵章守纪，做好本职工作，激励他们勤学苦练，不断提高业务素质，形成人人尽心、个个尽责、主动保安全的局面。

2. 行政手段

行政手段是通过一定的行政隶属关系，从上而下地对运营活动中的个人、群众和管理行为表示肯定和否定，以协调人们之间的关系，保持相对平衡的一种重要的调节手段。它主要依靠行政领导机关的职能和权力，采取行政命令、指示、规定、决定等规范人的行为，指导和干预轨道运营安全。

3. 思想教育

思想教育是运营安全管理最经常运用的工作方法和手段。从事故分析得知，除自然灾害和故意破坏外，大多数运营事故是由少数人违章违纪造成的。究其原因，主要是认识上的模糊和思想上的松懈，而这与思想政治工作削弱密切相关。在发展和完善社会主义市场经济的新形势下，要把运营安全搞好，思想政治工作不但不能放松，而且必须加强，应充分发挥思想政治工作的优势。总之，应通过强有力的思想政治工作，教育广大干部和职工把本职工作与运营安全紧密结合起来。

4. 法律手段

法律是用来规定人们必须遵循的行为准则，具有明显的规范性、相对的稳定性和严格的强制性。法律手段是法制社会中普遍用来调整社会关系的一种刚性手段。它通过法定的行为准则来判断是非并强制执行裁决，以使社会关系处于平衡，从而保证社会安定。

法律手段是在其他调解手段已不起作用或无法取代的情况下，用来解决比较复杂的关系和矛盾的。它通过贯彻执行有关法律条文来规范人们安全生产和保护运营安全的行为，以达到维护法律尊严、保证安全生产的目的。

综上所述，运营安全管理手段可归纳为如下两类。

① 柔性调节手段，如思想政治工作（包括情感手段、心理手段、奖励、表彰、晋级、提升等）。

② 刚性调节手段，如经济处罚、行政规定和处分、追究刑事责任等。

经济、行政、思想教育和法律手段有各自的功能和作用，但也有使用上的局限性。例如以经济手段为例，它是通过让职工在经济上得到实惠或受到损失，从而激励他们关心并做到安全生产。但这只是对那些有较高物质利益要求的人起作用，对一些期望值超过奖励数额较多，以及对物质利益不太关心的人来说，它就起不到应有的鞭策和激励作用。操作不当，还会使一些人只顾眼前利益而忽视长远利益，因此就需要其他管理手段相配合。从调节的作用看，各种管理手段都不是孤立的，更不是相互排斥的，而是紧密相连的、相辅相成的。

因此，在运营安全管理工作中，应实事求是，综合运用好各种管理手段，理顺各种复杂关系，化消极因素为积极因素，让广大职工的安全生产积极性和创造性得到更充分的发挥。

7.4　行车安全管理规章

7.4.1　安全管理法律法规

在我国，与城市轨道交通安全管理相关的指导性法律法规主要有《中华人民共和国安全生产法》《中华人民共和国消防法》，而《中华人民共和国宪法》《中华人民共和国劳动法》《工伤保险条例》等在劳动权益和劳动保护方面也对企业安全生产提出相关的要求，在此不一一列举。

1. 中华人民共和国安全生产法（2014 年 8 月 31 日修改）

该法是我国第一部全面规范各行各业安全生产的专门法律，修订后自 2014 年 12 月 1 日起在全国范围内实施。该法规定了安全生产管理应坚持“安全第一、预防为主、综合治理”的方针，明确了在中华人民共和国领域内从事生产经营活动的单位（以下统称为生产经营单位）的安全生产须适用本法。有关法律、行政法规对消防安全和道路交通安全、铁路交通安全、水上交通安全、民用航空安全另有规定的，使用其规定。该法的颁布实施标志着我国安全生产法制建设进入了一个新的发展阶段，对于依法强化我国安全生产监督管理，规范各类生产经营单位的安全生产和作业，依法制裁各种安全生产违法行为，遏制重大、特大事故的发生，保障劳动生产者安全的合法权益，维护人民群众的生命财产安全，具有十分重要的意义。

2. 中华人民共和国消防法（2008 年 10 月 28 日修订）

该法已由中华人民共和国第十一届全国人民代表大会常务委员会第五次会议于 2008 年 10 月 28 日修订通过，修订后的《中华人民共和国消防法》自 2009 年 5 月 1 日起施行。该法明确指出，消防工作贯彻“预防为主、消防结合”的方针，按照政府统一领导、部门依法监管、单位全面负责、公民积极参与的原则，实行消防安全责任制，建立、健全社会的消防工作网络。

7.4.2 安全管理规程、规则

1. 地方性管理办法

1）城市轨道交通运营管理办法

《城市轨道交通运营管理办法》于 2005 年 3 月 1 日经第 53 次部常务会议讨论通过，自 2005 年 8 月 1 日起施行。该办法适用于城市轨道交通的运营及相关的管理活动。该办法的颁布是为了加强城市轨道交通运营管理，保证城市轨道交通正常、安全运营，维护城市轨道交通运营秩序，保障乘客和城市轨道交通运营者的合法权益。

2）各城市轨道交通运营管理条例或办法

在住建部颁布《城市轨道交通运营管理办法》之前，各大城市均根据自身地方特点和有关交通管理要求，制定轨道交通运营管理条例或办法。例如，《北京城市轨道交通安全运营管理办法》等，其内容及要求与住建部颁布的《城市轨道交通运营管理办法》相关内容基本一致。

2. 企业行车管理规章

国内各大城市轨道交通行车方面的规章制度不尽相同，一般都有《技术管理规程》《行车组织规则》《行车事故处理规则》，这些规定是从铁路行车方面的相关规章制度发展过来的，由于城市轨道交通行业的特殊性，内容有所不同。

1）技术管理规程

该规程为运营企业规章制度，主要明确了生产、运营各类城市轨道交通系统的标准要求、使用及操作要求等。有些城市轨道交通运营公司将《技术管理规程》的一些规定要求纳入《行车组织规则》，因而各地不一定都有此规章。

2）行车组织规则

《行车组织规则》俗称《行规》，该规则对行车调度指挥、行车组织原则、行车组织要求、非正常行车组织要求、施工管理等做出了明确的规定。

3）行车事故处理规则

《行车事故处理规则》俗称《事规》，该规则明确了事故的等级划分、事故处理规则、事故通报及调查处理程序要求及事故责任判定标准等。

附录A　行车调度指挥主要调度命令格式

1. 开行工程车进行施工或故障抢修作业

1）加开工程车

因××单位/车间施工（维修）需要，准（车辆基地）××站至××站上（下）行正线加开××次，返程××站至××站（车辆基地）加开××次。

××次车辆基地（××站）开××时××分。

××/××次凭地面信号显示行车。

××次到××站上（下）行线待命。

2）工程车进入封锁线路作业、中途折返

自发令时起，××站至××站上（下）行正线线路封路。

准××次进入该封锁线路并往返运行。

××次作业完毕到××站上（下）行线待令。

3）开通线路

自发令时起，前发××号令取消，××站至××站上（下）行正线线路开通。

2. 救援命令

1）救援列车加开命令

因××次在××站上（下）行线（××站—××站上（下）行线××km+××m）故障请求救援，准××站（车辆基地）—××站上（下）行线加开××次到××站上（下）行线（××站—××站上（下）行线××km+××m）担任救援工作，连挂××次后，推送到××站（车辆基地）[或返程××站—××站上（下）行线开××次到××线（车辆基地）]。

××次由××次（××+××）担任。

注意防护信号和安全。

××次到××站上（下）线待令。

2）封锁命令

自发令时起，××站至××站上（下）行正线线路封锁。

准××次进入该封锁线路进行救援工作。

3）限速命令

根据××部门的要求，自发令时起至另有通知时止，××站至××站上（下）行

（××km+××m—××km+××m，轨道区段××），限速××km/h运行。

各次列车司机加强瞭望，注意安全，出现问题及时采取措施，及时与行车调度员联系。

4）开行调试列车

因××部门调试需要，准车辆基地（××站）至××站上（下）行正线加开××次，××站至××站上（下）行线加开××/××次，××/××次，××站至××站（车辆基地）加开××次。

各次列车按信号显示及调试负责人的指示动车。

××次到××站上（下）行线待令。

5）采取或停止电话闭塞法

（1）采取电话闭塞法

因××站联锁设备故障，自发令时起，××站至××站上（下）行正线实行电话闭塞法组织行车。

列车凭车站发车指示信号动车。

（2）停止使用电话闭塞法

自发令时起，前发××号令取消，××站至××站恢复正常信号行车。

附录B 行车调度指挥日常调度用语

1. 同意施工请点时，行车调度员对车站

"作业代码××，作业单位：××。作业地点：××—××（车站）上（下）行区间。同意××（作业代码）计划请点作业。施工承认号××。同意作业时间：××时××分—××时××分，行调×××（工作号）。"

2. 不同意施工请点时，行车调度员对车站

"作业区域不具备安全条件，××（作业代码）作业等行调通知。"

3. 同意施工延迟销点，行车调度员对车站

"同意××（作业代码）作业延迟到××时××分销点。行调×××（工作号）。"

4. 办理施工销点时，行车调度员对车站

"同意××号（施工承认号）施工销点，销点时间："××时××分。行调×××（工作号）。"

5. 扣车

行车调度员扣车时，对车站："××站，××次行调扣车，行调×××（工作号）。"

行车调度员扣车时，对司机："××次司机，××站行调扣车，行调×××（工作号）。"

6. 取消扣车

行车调度员对车站："××站，上（下）行取消扣车，行调×××（工作号）。"

行车调度员对司机："××次司机，××站上（下）行取消扣车，行调×××（工作号）。"

7. 列车不停站通过

行车调度员对司机："××站，××次上（下）行不停站通过，做好广播。"

行车调度员对司机："××次司机，××站上（下）行不停站通过，做好广播。"

8. 列车增加停站时间，行车调度员对司机

"××次，××站（或至××站）多停××秒。行调×××（工作号）。"

9. 紧急停车，行车调度员对司机

"××次司机，立即紧急停车。行调×××（工作号）。"

10. 车站接收控制权情况下，授权操作安全相关命令，行车调度员对车站

"××站，按规定操作××（安全相关命令），注意安全。"

11. 加开列车

行车调度员对车站：“××站—××站上（下）行加开××次，正常载客（不载客），行调×××（工作号）。”

行车调度员对司机：“××站—××站上（下）行加开××次，正常载客（不载客），行调×××（工作号）。”

12. 抽线时行车调度员通知车站

“××站—××站，××次抽线，各站做好广播。”

13. 通知司机 RM 模式动车时，行车调度员对司机

“××次司机，确认地面信号（进路安全）RM 动车，行调×××（工作号）。”

14. 采用 URM 模式运行时，行车调度员对车站

“××站，××次由你站派出 URM 监控员添乘。命令号××，行调×××（工作号）。”

15. 观察线路、接触网状态需限速时

“××次司机，××站—××站上（下）行线，改手动驾驶，限速×× km/h，注意观察线路、接触网状态。行调×××（工作号）。”

16. 备用车司机上下站台时，行车调度员对车站

“××站，备用车司机上下站台时，做好防护。”

17. 同意轨行区拾物品时，行车调度员对车站

“××站，做好防护拾物品，出清线路立即汇报行调。”

18. 站前折返时

行车调度员对车站：“××次到达以后，站前折返，做好乘客服务。”

行车调度员对司机：“到达××站后，立即清客，站前折返。”

19. 组织小交路，要求车站办理进路时

“××站，××次到达以后，由你站负责排路，将列车组织到上（下）行站台（线）。”

20. 清客救援

1）第一步

（1）对故障车

行车调度员对车站：“××次故障，××站上（下）行清客。行调×××（工作号）。”

行车调度员对司机：“××站清客，做好被救援准备。行调×××（工作号）。”

（2）对救援列车

行车调度员对车站：“××次，××站上（下）行清客，准备救援。行调×××（工作号）。”

行车调度员对司机：“××站清客，准备救援××站上（下）行的××次。行调×××（工作号）。”

2）第二步

行车调度员对车站：“××次在××站上/下行故障，后续的××次连挂好后，牵

引/推进至××地点，行调×××（工作号）。”

行车调度员对司机：“清客完毕后，改开××/××次，连续，连挂故障车后，牵引/推进至××地点，行调×××（工作号）。”

21. 变更电话闭塞法

从××点××分起，在××站至××站间采用电话闭塞（解除）法组织行车，××折返站固定采用×道折返（进/出××站、××站时司机自行切除/恢复ATP运行）。

22. 请求闭塞

请求闭塞：××站行值×××，因××设备故障停止使用，根据××号调度命令，××站至××站间上（下）行线改用电话闭塞（解除）法行车，现查明××站至××站间上（下）行线区间空闲，发车进路准备妥当，上行（下行）××次列车请求闭塞。

承认闭塞：××站行值×××，根据××号调度命令，因××设备故障停止使用，××站至××站间上（下）行线改用电话闭塞（解除）法行车，现查明××站至××站间上（下）行线区间空闲，本站上（下）行线空闲，接车进路准备妥当，××点××分电话记录××号，承认上行（下行）××次列车闭塞。

23. 车场接发车常见用语

开放出场信号，口呼：“××线（××段）”，按下始端按钮；口呼：“出（或入）场线”，按下终端按钮。确认光带（表示灯）、信号显示正确，口呼：“信号好（了）”。

确认信号正确，应答：“××线××段至出（或入）场线出场信号好（了）。”

司机段内整备作业完毕，请求升弓，“场调，××车××线（××段）请求升弓”。

附录C　行车调度指挥相关记录

1. 变更闭塞法调度命令样例

调度命令

×年×月×日×时×分　第01号

<table>
<tr><td rowspan="2">受令处所</td><td rowspan="2">××车辆段、××车站、××车站</td><td>行车调度员姓名</td></tr>
<tr><td>×××</td></tr>
<tr><td>命令内容</td><td colspan="2">自发令时起，××至××车辆段出入段线，××站至××段出入段线停用基本闭塞方法，改用站间闭塞法行车。</td></tr>
</table>

受令车站：　××车辆段、××车站、××车站

车站值班员：×××

2. 封锁并开通线路时调度命令

调度命令

×年×月×日×时×分　第02号

<table>
<tr><td rowspan="2">受令处所</td><td rowspan="2">××车辆段、××车站、××车站</td><td>行车调度员姓名</td></tr>
<tr><td>×××</td></tr>
<tr><td>命令内容</td><td colspan="2">自发令时起，××站至××站上行线封锁，改用站间闭塞法行车。</td></tr>
</table>

受令车站：　××车辆段、××车站、××车站

车站值班员：×××

3. 车场进场作业令

××号线××车场进场作业令

年　月　日　　　　作业单位：　　　　命令编号：

<table>
<tr><td>申请时间</td><td colspan="3">自　年　月　日　时　分至　年　月　日　时　分止</td></tr>
<tr><td>批准时间</td><td colspan="3">自　年　月　日　时　分至　年　月　日　时　分止</td></tr>
<tr><td>作业负责人及成员</td><td colspan="3"></td></tr>
<tr><td>工作地点</td><td></td><td>工作内容</td><td></td></tr>
<tr><td>车辆走行进路</td><td></td><td>是否需升弓</td><td>□是：　□否：</td></tr>
<tr><td>作业性质</td><td>停电：□
范围：</td><td>送电：□
范围：</td><td>远离接触网作业：□</td></tr>
<tr><td>安全措施</td><td>1. 施工负责人须全程监督施工作业，进入轨行区内必须佩戴安全帽，严禁在道岔区轨面行走，禁止长大工具和物件穿越股道或接触网。
2. 停电作业，在施工负责人指定地点按程序验电接牢地线后，所有人员方准开始作业。
3. 作业中任何人不得擅自撤除或移开安全导向指标，不得翻越安全网栅，严禁进入非工作区域。
4. 作业中需用工作车配合作业，应先与车场调度员联系确认好后方能动车。
5. 作业完毕，所有人员、机具撤离现场，清理场地，作业区域满足送电和行车条件后，撤除接地线，须按时销令。
6. 车场随时有车辆进出，注意避让。
7. 施工负责人根据作业性质提出其他安全措施。</td><td colspan="2">1. 施工负责人须全程监督施工作业，进入轨行区内必须佩戴安全帽，严禁在道岔区轨面行走，禁止长大工具和物件穿越股道或接触网。
2. 作业中任何人不得擅自撤除或移开安全导向指标，不得翻越安全网栅，严禁进入非工作区域。
3. 所有检修人员必须与接触网保持700 mm以上安全距离。
4. 作业中需用工作车配合作业，应先与车场调度员联系确认好后方能动车。
5. 作业完毕，所有人员、机具撤离现场，清理场地，作业区域满足送电和行车条件后，须按时销令。
6. 车场随时有车辆进出，注意避让。
7. 施工负责人根据作业性质提出的其他安全措施。</td></tr>
<tr><td colspan="2">作业负责人安全承诺：
签字：
联系电话：
年　月　日</td><td colspan="2">车场调度员：
签字：
联系电话：
年　月　日</td></tr>
<tr><td>销令人：</td><td></td><td>销令时间：</td><td></td></tr>
</table>

4. 电话记录登记簿

电话记录登记簿

月	日	电话记录号码		时间		电话记录内容	发出人姓名
		发	收	发出	收到		
××	××	××		××		××次从××站至××站上行按电话闭塞法发车	××

5. 调车作业通知单

××车辆段调车作业通知单

车号：06　编号：01－Y　计划时间：×月×日×时×分至×月×日×时×分　实际时间：×月×日×时×分至×月×日×时×分

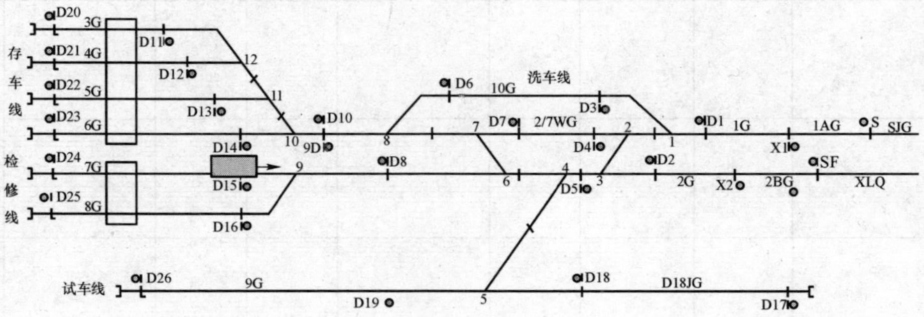

调车计划				
序号	股道	作业方法	摘挂车数	记事
	7G	+	6	出
	2G	－	6	停

注解：挂车为“＋”，摘车为“－”，单机为“△”，双机为“△△”，车数“按车辆节数计算”，示意图中实线为有接触网区域，虚线为无接触网区域。

安全事项

1. ××车辆段内所有调车限速为15 km/h。2. 在进入工程车库前需一度停车，限速为5 km/h入库；在距车挡20 m处一度停车，以3 km/h移动列车至指定位置停车，车辆距车挡保持10 m以上的防护距离。3. 调车距离信号：在100 m内以7 km/h运行，50 m内以5 km/h运行，30 m内以3 km/h运行，20 m一度停车。4. 在距尽头线车挡20 m处一度停车，以3 km/h以下移动列车至指定位置停车，车辆距车挡保持10 m以上的防护距离。5. 如遇特殊情况，车辆需进入10 m的防护距离内须一停再动，严格控制速度，随时做好停车准备。6. 动车前需确认信号、进路。平交道口，加强瞭望、鸣笛。作业中，必须执行确认信号，呼唤应答，不间断瞭望制度控制车速。信号不清，防溜铁鞋未撤除，未显示信号不得动车。在机车停车位置停车后对停留车做好防溜措施。

车场调度：××

运转调度：××

6. 车站行车日志

车站行车日志

____年____月____日星期____ 班次____ 车站值班员________

上行							下行						
列车车次	到达			出发		记事	列车车次	到达			出发		记事
	承认邻站闭塞号码或解除时分	邻站出发时分	本站到达时分	邻站承认闭塞号码或解除时分	本站出发时分			承认邻站闭塞号码或解除时分	邻站出发时分	本站到达时分	邻站承认闭塞号码或解除时分	本站出发时分	

7. 出入段行车日志

××站出入段行车日志

20××年××月××日　星期×　　班次××　值班员：××

车组号或工作车号	车辆数	司机	进路		到站线别	对方承认号码	本方承认号码	出段到达时间	入段到达时间	记事
			出段线	入段线						
632	6	××	××		上行			××	××	

8. 调度命令登记簿

调度命令登记簿

日期	发令时分	命令			复诵人姓名	接收命令人姓名	行车调度员姓名	阅读时刻
		号码	受令处所	内容				
××	××	01	A车站、B车辆段	自发令时起，××至××车辆段出入段线，××站至××段出入段线停用基本闭塞方法，改用站间闭塞法行车	××	××	××	××

9. 车场调度室行车日志

车场调度室行车日志

××年××月××日　星期×　　班次××　　××车辆段　　调度员××																			
出段									入段										
列车车次	股道	确认发车，全部进路、道岔送/停电完毕	××站承认闭塞号及时分	××站解除闭塞号及时分	信号楼出发时间		××站到达时分	记事	列车车次	股道	确认接车，全部进路、道岔送/停电完毕	承认站闭塞号及时间	车辆段解除闭塞号码及时分	××站出发时间	信号楼到达时间		司机姓名	降弓时间	记事
					规定	实际									规定	实际			
×	5G	10：30			10：32	10：35	10：50	无											

参考文献

[1] 耿幸福. 城市轨道交通行车组织[M]. 2版. 北京：人民交通出版社，2012.
[2] 李力. 城市轨道交通运营与管理综合应用[M]. 北京：中国电力出版社，2008.
[3] 张国宝. 城市轨道交通运营组织[M]. 上海：上海科学技术出版社，2006.
[4] 毛保华. 城市轨道交通系统运营管理[M]. 北京：人民交通出版社，2006.
[5] 牛凯兰，牛红霞. 城市轨道交通行车组织[M]. 北京：机械工业出版社，2009.
[6] 永秀. 城市轨道交通行车组织[M]. 北京：中央广播电视大学出版社，2014.
[7] 李慧玲. 城市轨道交通运营调度指挥[M]. 北京：中国铁道出版社，2012.
[8] 史小薇，刘炜. 城市轨道交通行车组织[M]. 重庆：重庆大学出版社，2015.
[9] 李建国. 城市轨道交通概论[M]. 北京：机械工业出版社，2009.
[10] 重庆轨道交通（集团）有限公司. 重庆轨道交通地铁系统行车组织规则[Z]. 2014.
[11] 重庆轨道交通（集团）有限公司. 重庆轨道交通地铁系统运营突发事件应急处置预案[Z]. 2014.
[12] 广州市地下铁道总公司. 广州地铁一、二、八号线行车组织规则[Z]. 2010.
[13] 广州市地下铁道总公司. 广州地铁控制中心应急处理预案[Z]. 2010.